地市一级的巨灾应对

四川省绵阳市应对汶川特大地震案例研究

主　编　俸锡金
副主编　袁　艺　徐　璨　鲜　圣

北京大学出版社
PEKING UNIVERSITY PRESS

图书在版编目(CIP)数据

地市一级的巨灾应对：四川省绵阳市应对汶川特大地震案例研究/俸锡金主编. —北京：北京大学出版社，2016.7

ISBN 978-7-301-27277-0

Ⅰ.①地… Ⅱ.①俸… Ⅲ.①抗震—救灾—研究—绵阳市 Ⅳ.①D632.5

中国版本图书馆CIP数据核字(2016)第162878号

书　　名　地市一级的巨灾应对
——四川省绵阳市应对汶川特大地震案例研究
DISHI YIJI DE JUZAI YINGDUI

著作责任者　俸锡金　主编

责任编辑　高桂芳

标准书号　ISBN 978-7-301-27277-0

出版发行　北京大学出版社

地　　址　北京市海淀区成府路205号　100871

网　　址　http://www.pup.cn

电子信箱　zyjy@pup.cn

新浪微博　@北京大学出版社

电　　话　邮购部 62752015　发行部 62750672　编辑部 62754934

印 刷 者　三河市博文印刷有限公司

经 销 者　新华书店

965毫米×1300毫米　16开本　23.5印张　275千字

2016年7月第1版　2016年7月第1次印刷

定　　价　51.20元

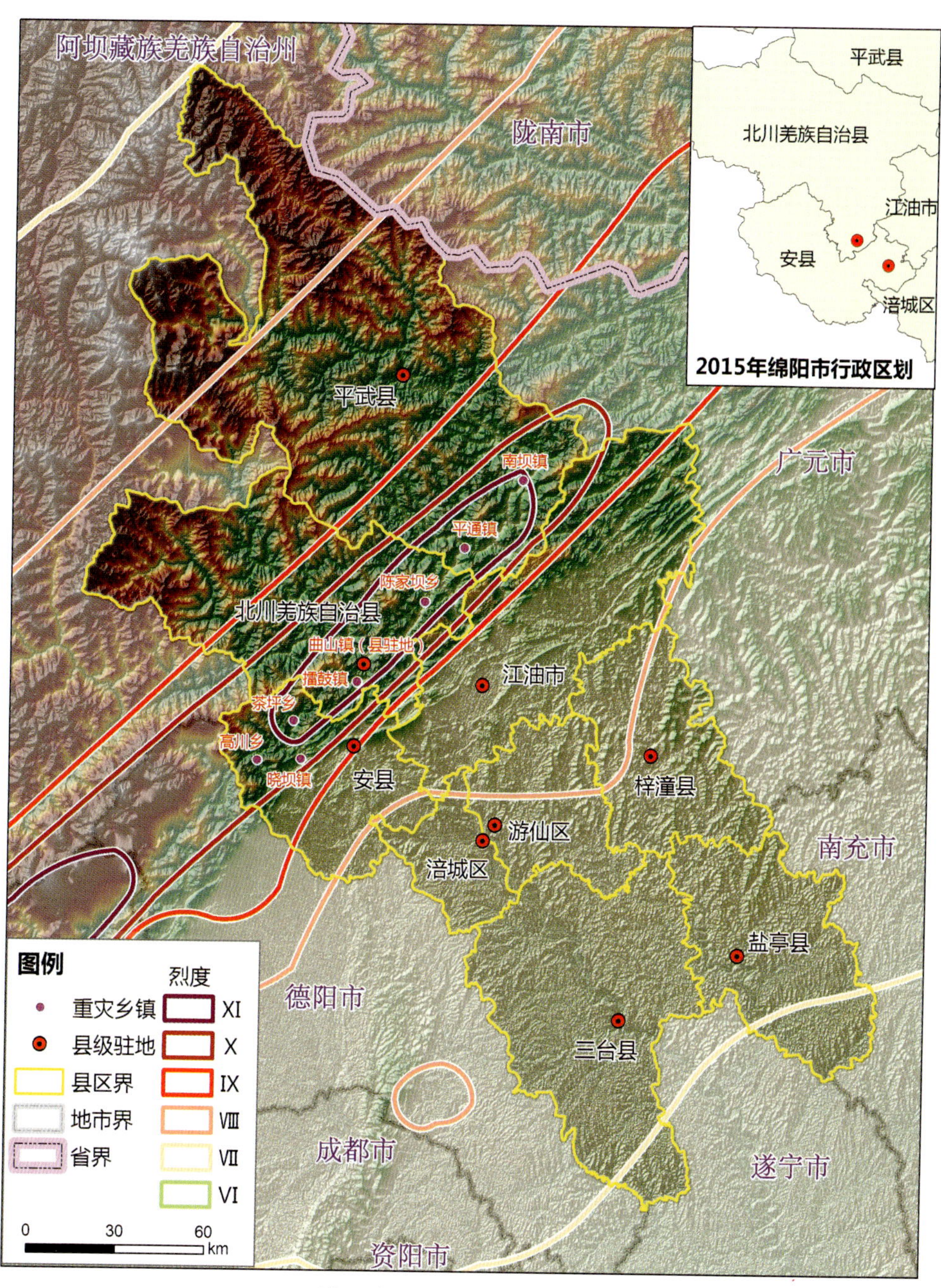

绵阳市地形及行政区划图

序　言

在我国防灾减灾救灾体系中，地市一级党委、政府如何发挥好作用？特别是在有效应对类似汶川特大地震这样的巨灾中，地市一级党委、政府应该或者能够做些什么？这些都是值得认真研究的重要问题。

《地市一级的巨灾应对——四川省绵阳市应对汶川特大地震案例研究》的研究者们，以事件发生和发展的时间序列为轴线，记叙了四川省绵阳市在地震发生后，从应急处置与救援到恢复与重建乃至其后相当一段时间的防灾减灾救灾实践，并借助公共政策和危机管理等理论，对这些实践活动进行了比较客观的评价，形成了一个有说服力的典型案例。特别是该案例从一个地级市的角度进行研究很有特点，应当说是汶川特大地震案例研究的重要补充和最新成果。

由此，我们可以看到：在应对汶川特大地震这样的巨灾中，地市一级党委、政府在第一时间科学决策和有效应对，对先期处置与救援是多么紧迫和不可或缺；在过渡性安置和灾后恢复重建工作中，地市一级党委、政府严格执行中央和四川省委、省政府的各项决策，科学谋划，统筹实施，对确保灾区稳定和可持续发展是多么重要。同时，通过这一案例研究，我们也看到，绵阳市在应对汶川特大地震灾害中也还存在一些问题和不足，在此基础上提出的有关政策建议对其他城市改进和完善防灾减灾救灾工作是颇有意义的。

党的十八大以来，党中央、国务院对防灾减灾工作提出一系列新的更高要求。党的十八届三中全会提出了包括健全防灾减灾救灾体制在内的健全公共安全体系的改革任务。习近平总书记在2015年5月29日主持中共中央政治局第23次集体学习时，要求各级党委、政府要充分认识维护公共安全的重要意义，要努力为人民安居乐业、社会安定有序、国家长治久安编织全方位、立体化的公共安全网；要切实增强抵御和应对自然灾害能力，坚持以防为主、防抗救相结合的方针。2015年12月中央城市工作会议又强调，要把安全放在第一位，把住安全关、质量关，并把安全工作落实到城市工作和城市发展各个环节各个领域。党的十八届五中全会进一步提出了坚持“四个全面”战略布局，牢固树立创新、协调、绿色、开放、共享的发展理念。

作为一名长期从事公共安全与应急管理工作的实践者和研究者，我深感从案例中学习对理解和贯彻党中央、国务院一系列重要指示精神的重要性。案例生动、鲜活、有说服力。通过剖析案例，给人以警示，给人以教育，给人以经验，给人以方法。所以，我特别希望各级领导干部和专业工作者在贯彻落实党中央、国务院关于健全公共安全体系的重大决策部署中，既要重视防灾减灾救灾体系建设，也要加强对防灾减灾救灾案例的研究和学习。

我希望并相信，这本绵阳市应对汶川特大地震的案例研究著作，一定会让读者有所启发并收获良多。

国务院应急管理专家组组长
国家减灾委员会专家委副主任 闪淳昌

2016年3月15日

目 录

第一章 概述 …………………………………………… (1)

第一节 研究的目的和意义 ……………………… (2)

第二节 研究的内容和方法 ……………………… (8)

第三节 制度背景 ……………………………… (19)

第二章 灾害损失与影响 …………………………… (32)

第一节 灾区概况 ……………………………… (32)

第二节 灾害直接破坏与损失 ………………… (37)

第三节 灾害影响 ……………………………… (52)

第三章 应急救灾 …………………………………… (72)

第一节 抢险救援 ……………………………… (73)

第二节 紧急转移安置和生活救助 ………… (100)

第三节 应急保障 …………………………… (134)

第四节 信息发布与媒体报道 ……………… (166)

第五节 相关问题的探讨 …………………… (180)

第四章　过渡性安置 …………………………………………………… (190)
第一节　过渡性安置的总体情况 ………………………………… (191)
第二节　集中安置 ……………………………………………… (202)
第三节　分散安置 ……………………………………………… (221)
第四节　特定人群安置 ………………………………………… (238)
第五节　相关问题的探讨 ……………………………………… (260)

第五章　恢复重建 ………………………………………………………… (273)
第一节　恢复重建规划 ………………………………………… (274)
第二节　恢复重建实施 ………………………………………… (285)
第三节　恢复重建保障 ………………………………………… (299)
第四节　相关问题的探讨 ……………………………………… (322)

第六章　灾后行动与未来发展 ………………………………………… (329)
第一节　防灾减灾的实践探索 ………………………………… (329)
第二节　防灾减灾的未来发展 ………………………………… (348)

主要参考书目 ……………………………………………………………… (364)

后　记 ……………………………………………………………………… (370)

第一章
概述

事隔多年之后，以一个市为个案对“5·12”汶川特大地震[①]抗震救灾实践进行研究，并不是一件容易的事情。首先，随着时间的推移和世事的变迁，资料的完整性不可避免地受到影响；其次，尽管有关汶川特大地震抗震救灾的研究成果和研究资料非常之多，但从地市级层面进行的个案研究却十分之少，开展这样的研究没有更多的经验和方法可循；最后，以一个市应对特大地震灾害的个案总结出来的经验和做法，能否为地市一级灾害应急处置和综合减灾工作提供借鉴和参考，在价值取向上同样存在着不同的看法。“某个特殊的案例研究得再详细，也不一定能有效地提供普遍的原则。”[②]既然如此，我们为什么还要进行这样的研究呢？这将是本章讨论的重点内容。

---

① 以下除引文外，全书均以汶川特大地震来指代“5·12”汶川特大地震。

② 辞海编辑委员会：《辞海》（第六版彩图本），上海：上海辞书出版社2009年版，第0041页。

此外，为让读者更好地了解本案例研究，本章还介绍了案例研究的内容和方法，以及本案例研究的制度背景。

第一节　研究的目的和意义

案例研究的目的和意义，就是要回答“为什么要进行案例研究”这样一个问题。对这一问题的回答，站在不同的角度或研究领域，会给出不同的答案。比如，作为一家从事社会科学应用研究公司总裁的罗伯特·K. 殷（Robert K. Yin）在《案例研究：设计与方法》一书中认为，作为一种研究方法，个案分析可以使我们增进对个人、组织、机构、社会、政治及其他相关领域的了解。人们之所以采用案例研究法，是因为它能够帮助人们全面了解复杂的社会现象。[①] 持有类似观点的是日本政治学者大岳秀夫，他在《政策过程》一书中开宗明义地指出了个案研究的直接作用。他认为：“个案研究……能为我们提供有关政治过程（某一局面）的全貌。”[②]张曙光教授则从经济学的视角来认识案例研究的目的和意义。他认为，在经济学中，一个案例就是对一个经济问题和经济决策的再现和描述，就是对一个经济过程及其复杂情景的刻画和分析。在经济理论的发展中，案例研究具有样本、检验和发现三种主要意义。案例研究之所以占有如此重要的地位和起着十分重要的作用，是由于它为经济科学研究工作提供了一个进行思想实验的场景。借助于案例研究，通过对经济过程真实场景或故事的思想实验，就能解

---

① 〔美〕罗伯特·K. 殷：《案例研究：设计与方法》（第 2 版），周海涛等译，重庆：重庆大学出版社 2010 年版，第 4 页。

② 〔日〕大岳秀夫：《政策过程》，傅禄永译，北京：经济日报出版社 1992 年版，第 1 页。

释和预测社会经济生活过程中实际发生的变化。[①]

尽管研究者的答案不尽相同[②],但我们至少可以从中归纳出案例研究的四个重要作用:其一,通过对案例的描述,可以让人们知道某一个事件的整个过程,也即在某一个特定的时间里发生了什么;其二,通过对案例的分析,可以让人们了解事件的背景或深层次的原因,也即事件为什么会这样发生;其三,通过对案例的学习,可以让人们清楚类似事件再次发生时正确的处理方式,也即可以采取哪些有效的应对行动;其四,通过对案例涉及的具体事件或问题的讨论,可以引发人们对事件相关行为或活动的反思,也即逆向思考个中的行为或问题。

具体到四川省绵阳市汶川特大地震抗震救灾的个案研究,其目的和意义可以从以下三个层面来加以理解和把握。

首先,它可以让人们更好地认识地市一级在应对特大自然灾害中的地位和作用。一些研究者认为,在汶川特大地震灾害中,由于公共危机对政策的挤压,"中央—省—市—县—镇"的多层次决策执行结构被压缩成了"中央—汶川"这一扁平结构,其中的诸多结构都被高度压缩。[③] 按照这样的理解和逻辑推理,作为我国政权中间层级的地市一级,在类似汶川特大地震灾害这样的公共危机中几乎没有可以自主发挥的余地。笔者认为,这样的观点值得商榷。不可否认,从我国政权层级来看,中央以下的各个层级都可以视为国家大政方针或国家层面公共政策的执行者。但事实上,作

① 参见张曙光:《中国制度变迁的案例研究》(第1集),上海:上海人民出版社1996年版,第6—9页。

② 关于案例研究在医学、法学、工商管理学中的作用,读者可参阅毛寿龙、李竹田等:《省政府管理》,北京:中国广播电视出版社1998年版,前言。

③ 谷雪:《公共危机的政策分析》,北京:北京大学出版社2014年版,第94页。

为我国政权结构的第三层级，地市一级起着承上启下的重要作用，它不仅扮演着政策执行者的角色，还同样扮演着政策制定者的角色。这可以从以下三个方面来加以理解：其一，各地的情况不同，中央和省级层面不会也不可能做到每一项政策都“一刀切”，很多政策只能是提出大的原则和边界。它们的真正落实，还需要地市一级进行再决策，制定出既符合中央和省级政策要求又切合本行政区域实际的灾害管理政策。其二，作为一级政权，地市一级拥有法定的职责和权限，它可以在不违背中央精神和宪政原则的前提下，结合本行政区域的经济和社会发展水平、灾害风险、灾情特点等具体情况，独立做出减灾救灾的决策。其三，在诸如突发性特大自然灾害等特定的危机情形下，地市一级需要当机立断，进行危机决策，采取紧急应对措施。危机状态下的应急决策和紧急应对，在很多时候意味着决策者不可能像常态情形下“请示汇报”后再进行，它要求“组织（决策单位和人员）在有限的时间、资源、人力等约束条件下完成应对危机的具体措施”①。比如，汶川特大地震发生后，四川灾区各级党政机关在通信和交通中断情况下，都迅速自主启动应急预案、先期成立了指挥机构，并做出独自决策展开救援与处置工作，充分发挥了地方应急响应和指挥救援处置工作的主观能动性。② 可见，作为中间层级的地市一级在履行好执行职责的同时，同样能够而且也需要发挥自身的独特作用。③ 纵然是在上述研究者提到的扁平结构下，亦是如此。以绵阳市为个案的案例研究，

---

① 薛澜等：《危机管理——转型期中国面临的挑战》，北京：清华大学出版社 2003 年版，第 164 页。

② 郭伟等：《汶川特大地震应急管理研究》，成都：四川人民出版社 2009 年版，第 102 页。

③ 关于地市一级政府管理和运行的详细情况，读者可参阅汤大华、毛寿龙等：《市政府管理》，北京：中国广播电视出版社 1997 年版。

描述和分析了绵阳市应对汶川特大地震灾害的决策和行动。通过对这一个案的描述和分析，人们可以更好地认识地市一级在应对特大自然灾害中的地位和作用。

其次，它可以为绵阳市乃至其他地市谋划未来综合防灾减灾工作提供思路和政策建议。按照公共政策和系统的理论，在单一制的国家结构形式下，作为我国政权体系的第三层级，地市一级的防灾减灾进程不可能不与国家层面的防灾减灾进程相一致。从我国防灾减灾的整体发展来看，2015 年正是我国综合防灾减灾“十二五”规划即将收官，“十三五”规划正在编制的重要阶段。在这一阶段，总结和评估过去一段时期的综合防灾减灾工作，提出下一阶段综合防灾减灾的思路和目标，不仅是中央层面的重要工作，也是绵阳市和其他地市的重要工作。此外，2013 年 7 月民政部下发《关于设立绵阳科技城民政工作改革创新综合观察点的批复》，同意设立绵阳科技城民政工作改革创新综合观察点，批准通过观察点建设方案。方案涵盖了防灾减灾、社会救助等八项重点建设内容[①]，并要求围绕“5・12”抗震救灾，构建应对重特大自然灾害的长效机制和灾后社会心理援助模式（见专栏 1.1）。在谋划下一阶段防灾减灾工作中如何落实好观察点建设方案的这一要求，同样也是绵阳市当前防灾减灾工作的重要内容。以绵阳市为个案开展汶川特大地震抗震救灾案例研究，实际是对这一特大灾害事件的回溯性分析。它让我们站在七年的时间跨度，以今天的眼光和思维来看待当年发生的这一特大地震灾害和救灾行动。七年的时间跨度，既意味着人们思想理念和行为方式的改变，也意味着当年制

---

① 参见《民政部关于设立绵阳科技城民政工作改革创新综合观察点的批复》（民函〔2013〕221 号）。

定的各种政策和采取的各种措施的影响都会随着时间的推移而显现出来。[①] 所以，从这一角度来说，我们开展的这一案例研究，不仅可以让人们对这一灾害事件的认识更为深刻，还可以让人们更为客观地看待和分析当年的救灾行为，更好地为绵阳市乃至其他地市谋划下一阶段防灾减灾工作提供思路和政策建议。

专栏1.1

《绵阳市科技城民政工作改革创新综合观察点建设方案》涉及灾害管理的内容

（一）构建应对重特大自然灾害的长效机制。系统总结“5·12”汶川特大地震救灾和恢复重建经验启示，制定或修订相关政策文件，夯实减灾救灾工作基础，增强减灾救灾能力，为全国其他地区减灾救灾和灾后重建工作提供借鉴。不断完善市减灾委对自然灾害救助工作的组织、领导和协调能力，健全自然灾害救助工作机制，提高受灾群众的基本生活保障水平。探索防灾减灾宣传教育新方法、新途径，提高公众防灾减灾意识和技能。建设服务全国的抗灾救灾指挥员培训基地。

……

（四）完善社会工作专业人才培育机制。……以“5·12”汶川地震受灾区为重点，继续开展地震后常态化社会心理干预，总结提炼符合绵阳市实际并有推广借鉴价值的灾后社会心理援助模式。

---

① 比如，过渡性安置政策中，过渡板房的建设就没有充分考虑土地资源在长期性发展中的配置问题，过渡板房占用的土地问题将对当地长远发展造成负面影响。参见钟开斌：《风险治理与政府应急管理流程优化》，北京：北京大学出版社2011年版，第219—220页。

资料来源:《民政部关于设立绵阳科技城民政工作改革创新综合观察点的批复》(民函〔2013〕221号)附件:《绵阳市科技城民政工作改革创新综合观察点建设方案》。

最后,它可以为灾害管理者或研究者提供一个可资借鉴和参考的地市级政府应对特大自然灾害的具体案例。案例分析在管理学学习和研究中具有十分重要的作用。因为,案例分析"能够赐予你锐利的目光来洞察管理者在面临问题时做什么以及如何做,最重要的是,它给你机会在不必冒险的环境中去体验他们的处境——给你机会估计、分析和评估当时的环境,然后提出建议"[①]。可见,一个独特的具体案例对案例研究和案例教学具有十分重要的意义。此外,自然灾害的地域性和非常态化两个特点[②],决定了灾害管理者或研究者不可能都通过自然灾害尤其是特大自然灾害的应对经历来学习或研究如何应对特大自然灾害。所以,通过对现有案例的研习来借鉴或研究自然灾害的应对之法,也就成为灾害管理者或研究者的现实选择。然而,从我们所能收集到的文献资料来看,虽然与汶川特大地震灾害相关的案例研究已经很多,但从一个地级市的角度,以灾害事件的过程为分析框架,借助公共政策、危机管理和系统分析理论对绵阳市汶川特大地震抗震救灾实践开展的个案研究还不多见。而我们这一案例研究,以汶川特大地震灾害发生发展的时间序列为轴线,在叠加灾害管理行为的基础上形成一个说明型案例,记叙和描述了绵阳市在地震发生后从

---

① 李璇:《论案例分析在管理学学习研究中的作用》,载《第二届立信会计学术研讨会论文集》,第205页。http://www.doc88.com/p-877811921883.html。

② 参见侔锡金、王东明:《社区减灾政策分析》,北京:北京大学出版社2014年版,第74页。

应急救助到恢复重建乃至其后一段时期综合防灾减灾中发生的事件、政策和决策的整个过程。同时,我们借助公共政策和危机管理理论的分析方法,对这一过程的政策制定和执行进行了研究和分析。由是观之,以绵阳市为个案的汶川特大地震抗震救灾案例研究,不仅为这一特大自然灾害案例研究增添了新的成果,还为灾害管理者和研究者提供了一个可资参考和借鉴的地市级政府应对特大自然灾害的具体案例。

第二节　研究的内容和方法

案例研究的内容和方法,也就是我们时常提到的"研究什么"和"怎样研究"的问题。前者涉及的是从哪些方面进行研究,后者涉及是从哪些途径进行研究。本节将围绕这两个内容来进行分析和讨论。

一、研究的内容

研究内容的选择取决于研究框架的设计。研究框架不仅设定了案例研究的大致范围,还设定了案例研究的基本路径,指引研究者应该从哪些具体方面来描述和分析案例。案例是一个具体的实体、活动、事件和行动[①],它必然具有其自身的生命周期或发展过程。所以,我们可以以活动、事件或行动的过程作为案例研究的分析框架。换句话说,按照事件发生发展的时间序列,将灾害应对划分为不同的阶段来进行描述和分析是我们构建案例研究框架的基

① 〔美〕罗伯特·K. 殷:《案例研究:设计与方法》(第 2 版),周海涛、李永贤等译,重庆:重庆大学出版社 2010 年版,第Ⅶ页。

础。对于汶川特大地震灾害的应对过程而言，我们可以根据救灾工作的阶段性和主体性特征，将其划分为应急救灾、过渡性安置和恢复重建三个大的阶段。这三个阶段具有内在的逻辑关系，并表现出逻辑的完整性，构成了相对独立的绵阳市应对汶川特大地震灾害的整个过程。①

但对一个完整的案例研究而言，仅仅对这一过程进行描述和分析还不能满足案例研究的完整性要求。我们还需要将灾害应对背景和灾后行动②作为案例研究的组成部分来加以描述和分析。这不仅让案例研究更为完整，而且有助于我们更好地理解绵阳市的灾害应对行为和灾后减灾行动。

首先，按照系统论的观点，灾害应对背景构成了绵阳市灾害应对和灾后减灾行动的系统环境，它不可避免地会影响和制约绵阳市应急救灾、过渡性安置、恢复重建和灾后减灾救灾的行为。应对背景既包括我国减灾救灾的制度安排，汶川特大地震发生前绵阳市的经济、社会、文化、人口等基本情况，也包括汶川特大地震给绵阳市造成的灾害损失和灾害影响。前者可以让我们了解绵阳市应对汶川特大地震灾害可动用的各种资源；后者可以让我们了解灾害应对过程中每一阶段的具体决策背景，比如，采取什么样的安置措施与紧急转移人口数量和类型这一灾情背景就密切相关。

---

① 按照2008年6月4日国务院第11次常务会议通过的《汶川地震灾后恢复重建条例》，过渡性安置也纳入恢复重建的一部分。2007年11月1日起正式实施的《中华人民共和国突发事件应对法》将灾害应急管理划分为预防与应急准备、监测与预警、应急处置与救援、恢复与重建四个阶段。本书三个阶段的划分是根据救灾的阶段性和主体性特征进行的相对划分，以事件开始的时间为阶段顺序，并未严格按照应对法、重建条例和重建规划的划分。在各个阶段的叙述中，为保持事件的完整性，对一些事件的描述会出现在时间上延续到后面阶段的情况。

② 在本研究中，灾后行动特指2009—2015年这一阶段绵阳市的防灾减灾行动。

其次,公共危机往往是公共政策的重要逻辑起点[①],它必然会影响危机事件之后一系列与事件相关联的公共政策的制定,就像"非典"事件引发我国公共事件应急预案体系建设的公共政策一样。"自2003年遭遇SARS危机以来,有关危机管理的实践得到了各级政府的高度重视。首先,各级政府建立了完备的应急预案体系,包括国家总体应急预案、省级应急预案、国务院部门应急预案、国家专项应急预案。"[②]按照这样的逻辑思维,汶川特大地震发生后,绵阳市制定的防灾减灾政策不可避免地会打上汶川特大地震灾害的烙印。换句话说,这些防灾减灾政策,不可能与绵阳市对汶川特大地震抗震救灾工作的思考相割裂,它们或多或少都吸取了绵阳市抗震救灾的经验和教训。所以,同样是基于案例研究的完整性考虑,我们还将绵阳市2009—2015年这一阶段的减灾救灾行为作为案例研究的一部分来进行描述和分析。

综上所述,基于灾害事件的过程性和案例研究的完整性两个因素的综合考量,以绵阳市为个案的汶川特大地震抗震救灾案例研究的框架,主要由应对背景、应对过程和灾后行动三部分构成。借助这一研究框架,我们将"绵阳市如何应对和应对如何"这一主线贯穿于案例研究的各个部分。质言之,绵阳市进行了怎样的决策、采取了怎样的应对措施、行动的结果如何(包括成效和不足)和政策建议(如何改进)这四个方面是贯穿本案例研究始终的核心内容。基于这样的认识,以绵阳市为个案的汶川特大地震抗震救灾案例研究的内容主要包括应对背景、应急救灾、过渡性安置、恢复

① 谷雪:《公共危机的政策分析》,北京:北京大学出版社2014年版,第33页。

② 周晓丽:《灾害性公共危机治理——基于体制、机制和法制的视界》,北京:社会科学文献出版社2008年版,序言第6页。

重建和灾后行动五个方面(见图 1-1)。

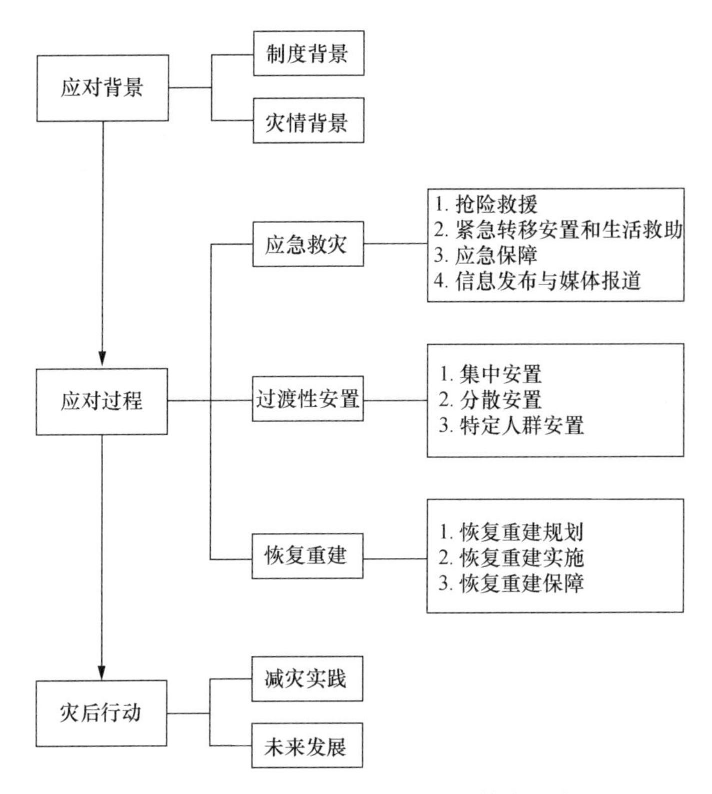

图 1-1　本书的主要研究内容和基本思路

1. 应对背景

背景是对人物、事件起作用的历史条件或现实环境[①],它可以让人们对人物或事件的了解更为全面和更加透彻。作为绵阳市应对汶川特大地震灾害的背景,它至少需要涵盖以下三个方面的内容:一是研究对象的基本情况,也即汶川特大地震发生前,绵阳市的经济社会和文化发展、人口数量和分布、历史灾情等情况。这些

① 辞海编辑委员会:《辞海》(第六版彩图本),上海:上海辞书出版社 2009 年版,第 0129 页。

情况，正如前文所述，可以让读者更好地了解绵阳市应对突发性自然灾害的能力、应对汶川特大地震灾害可资利用的资源，以及进行灾害前后的各种对比。二是制度背景，也即我国减灾救灾相关的制度安排，包括我国公共政策的决策与执行结构、减灾救灾的领导体制和工作机制，以及绵阳市应对突发事件的领导体制和工作机制。这一背景可以让读者在宏观的制度环境下更好地理解绵阳市应对汶川特大地震灾害及灾后防灾减灾所采取的各种行动。三是灾情特征和灾害影响，也即汶川特大地震灾害给绵阳市造成的各种损失、形成的灾情特点和产生的各种影响。这一背景，可以让我们更好地了解影响和制约减灾救灾行动的各种困境。上述三方面内容，我们将在本章第三节和本书第二章分别进行描述和分析。

2. 应急救灾

应急救灾是指灾害发生后到过渡性安置开始前这一段时间的响应行动。响应行动通常是处理不能拖延的紧急问题[①]，它需要决策者迅速地从正常状态转换到紧急状态，快速做出决断，紧急采取行动；它最能展现出决策者的应急能力和水平，“在发生危机的时候，最能看出一个领导人的管理能力，看出一个政府的执政水平”[②]。所以，这一阶段最能体现绵阳市的快速反应和临机应变能力，也最能考验绵阳市突发事件应急处置领导体制和工作机制的有效性。在这一阶段，紧急救人和临时救助是应急救灾最为核心的两项内容。围绕这样两项内容，绵阳市最初的响应是什么？它做出了怎样的应急决策和采取了怎样的紧急措施？它依托一套什

---

① 〔澳〕W. 尼克·卡特：《灾害管理手册》，许厚德主译，北京：地震出版社 1993 年版，第 313 页。

② 王国庆：《关于做好突发事件新闻处置工作的思考》，载李立国、陈伟兰：《灾害应急处置与综合减灾》，北京：北京大学出版社 2007 年版，第 187 页。

么样的指挥系统来指挥？它做出了怎样的社会动员？它如何与中央和省级的救灾指挥相衔接？原有的救灾应急响应机制是否还有效运转？它存在的不足体现在哪些方面？所有这些，都将是本案例研究关注的重点内容。对此，我们将在本书的第三章，从抢险救援、转移安置和生活救助、应急保障、信息发布和媒体报道四个方面进行描述和分析，并对巨灾应对与应急预案、属地管理和备灾工作进行了探讨。

3．过渡性安置

过渡性安置是汶川特大地震抗震救灾的第二阶段。与前一阶段不同，这一阶段的主要工作是如何快速并妥善安置受灾群众。在这一阶段，中央和省级层面的法规或政策越来越明确，《汶川地震灾后恢复重建条例》专门用一章13条来规范过渡性安置工作[①]，中央部委和四川省也制定了一些过渡性安置的具体政策。[②] 在这样的情形下，绵阳市所要考虑的就是如何将中央和省级层面的政策落到实处，以及对上级政策没有明确规定且属于自身职权范围内的安置事务进行决策和处理。这就需要绵阳市结合本辖区不同安置方式的实际情况，创新管理体制和模式，确保受灾群众得到妥善安置。这也正是我们在案例研究中将重点描述和分析的部分。具体来说，在这一阶段，绵阳市制定了哪些安置政策和采取了何种措施？这些政策制定的背景是什么？它们又是如何与中央和省级

---

① 参见2008年6月4日国务院第11次常务会议通过的《汶川地震灾后恢复重建条例》第二章。

② 如民政部、住房和城乡建设部2008年5月30日下发的《关于四川汶川大地震灾民临时住所安排工作指导意见》（民电〔2008〕97号）；2008年5月28日四川省民政厅下发的《关于切实做好汶川地震重灾区受灾群众过渡安置有关工作的紧急通知》（川民电〔2008〕78号）。

层面的政策相衔接的？在具体管理方面，绵阳市根据什么原则将受灾群众进行分类安置？对集中安置，绵阳市采取了哪些不同的管理模式？这些不同的管理模式又是在什么情形下形成的？对分散安置，绵阳市又采取了哪些不同的具体措施？面临的困境是什么？对“三孤”人员、因灾失地农民、返乡的地震伤员以及异地复学的学生等特殊群体，又该如何安置？在整个过渡性安置中，有哪些经验和教训？所有这些，我们将在本书的第四章，从集中安置、分散安置和特定人群安置三个方面进行详细描述和分析，并从过渡安置的方式选择、政策执行主体的多元化、政策执行的资金保障三个方面对过渡性安置的相关问题进行探讨。

4. 恢复重建

恢复重建是指修复和重建被灾害破坏的建(构)筑物、生态环境、生产生活秩序和社会功能。[①] 恢复重建是汶川特大地震抗震救灾的第三个阶段。[②] 这一阶段，法规和政策发挥了十分重要的作用。以中华人民共和国国务院令发布的《汶川地震灾后恢复重建条例》，是我国第一部专门性的灾后重建法规。它不仅确立了灾后恢复重建的指导方针和基本原则，明确了恢复重建编制规划的原则、要求和程序，还确定了实施恢复重建的责任主体以及各级政府和各部门在恢复重建中的职责和任务。此外，中央和四川省制定的一系列政策为绵阳市恢复重建提供了政策保障。与过渡性安置

---

① 《中华人民共和国国家标准：自然灾害基本术语》，北京：中国标准出版社 2011 年版，第 1 页。

② 这一阶段的时间跨度以《汶川特大地震抗震救灾志（卷一）·总述》凡例中确认的三年时间，即从 2008 年 10 月 1 日起至 2011 年 9 月 30 日止为准。参见《汶川特大抗震救灾志》编纂委员会：《汶川特大地震抗震救灾志（卷一）·总述》，北京：中国方志出版社 2015 年版，第 2 页。

一样，作为我国政权第三层级的绵阳市，在这一阶段，它更多的是结合本辖区的实际情况，创造性地执行中央和省级的恢复重建法规或政策。在这一部分，我们不会过多地叙述中央和省级的政策措施，而是将重点放在绵阳市执行政策的创造性上。所以，绵阳市灾后恢复重建的规划、实施和保障成为我们关注的重点内容。这些内容，我们将在本书的第五章，从恢复重建规划、恢复重建实施和恢复重建保障三个方面，对绵阳市恢复重建的主要做法和经验启示进行总结和分析，并从重建速度与质量、安居与生计、建材供给和建筑垃圾利用、资金的有效使用等四个方面对恢复重建中的相关问题进行探讨。

5. 灾后行动

正如前文所述，灾后行动不同程度地体现了绵阳市对汶川特大地震灾害应对的思考。所以，对灾后行动的描述和分析，既可以看作是在更长的时间跨度上对汶川特大地震灾害应对行动的总结，也可以看作是谋划绵阳市下一步减灾救灾工作的逻辑起点。在这一部分，我们将重点关注绵阳市2009年以来采取的防灾减灾措施，这些措施的实施效果和防灾减灾工作中仍存在的薄弱环节，并从国内减灾救灾理念的变化[①]、减灾救灾新常态[②]、第三次世界

① 国家减灾委办公室常务副主任、民政部救灾司司长庞陈敏和民政部救灾司备灾处处长来红州博士对这些变化进行过思考和总结。参阅庞陈敏：《我国防灾减灾救灾工作面临的形势和任务》，载《中国减灾》2014年第21期，第12—15页；来红州：《科学制定 依"案"而行——〈国家自然灾害救助应急预案〉解析》，载《中国减灾》2015年第10期，第36—39页。

② 国家减灾委秘书长、民政部副部长窦玉沛在2015年全国减灾救灾工作会议上提出了"减灾救灾新常态"的相关表述，读者可参阅窦玉沛：《坚持法治思维 深化改革创新 努力推进新常态下减灾救灾事业创新发展——在2015年全国减灾救灾工作会议上的讲话》，载《中国减灾》2015年第5期，第9—11页。

减灾大会提出的减灾目标和优先领域[①]、绵阳市经济社会发展诉求、灾害风险等方面,分析绵阳市减灾救灾面临的新形势。在此基础上,提出绵阳市下一步减灾救灾行动的政策建议。对此,我们将在本书的第六章,从绵阳市灾后减灾救灾的实践和探索、减灾救灾的未来发展两个方面进行详细描述和分析。

二、研究的方法

对案例研究方法研究得比较透彻的当数罗伯特·K.殷,他在《案例研究:设计与方法》和《案例研究方法的应用》[②]中,对案例研究的方案设计、资料收集、证据分析、报告撰写等案例研究的工作流程进行了详细说明,并通过展示来自教育、社区研究、法律、戒毒等不同领域的"案例",为读者提供了开展案例研究时可直接参考的范本。[③] 这些案例研究的方法,为我们开展案例研究提供了十分便捷的工具。在这里,我们简要地介绍本案例研究使用的四种主要方法。

1. 理论分析法

理论在案例研究中具有十分重要的作用,依靠理论概念指导研究设计及资料收集工作,依然是案例研究成功实施的重要策略之一。[④] 按照一些研究者的定义,理论分析法是依据一定的理论原

---

① 第三次世界减灾大会于2015年3月14—18日在日本仙台召开,会议通过的《2015—2030年仙台减轻灾害风险框架》,提出了7项全球性减轻灾害风险的具体目标,明确了4个优先领域。读者可从联合国国际减灾战略网站 http://www.wcdrr.org/uploads/Sendai_Framework_for_Disaster_Risk_Reduction_2015-2030.pdf 查阅和下载这一成果文件。

② 〔美〕罗伯特·K.殷:《案例研究方法的应用》(第3版),周海涛、夏欢欢译,重庆:重庆大学出版社2014年版。

③ 参见〔美〕罗伯特·K.殷:《案例研究:设计与方法》(第2版),周海涛、李永贤、李虔译,重庆:重庆大学出版社2010年版,封底。

④ 〔美〕罗伯特·K.殷:《案例研究:设计与方法》(第3版),周海涛、夏欢欢译,重庆:重庆大学出版社2014年版,第32页。

理研究和分析研究过程，从而形成判断和行动方案的方法。[1] 在本案例研究中，我们借助公共政策、危机管理和系统分析的理论，将绵阳市应对汶川特大地震灾害的过程看作是逆境[2]中政策制定和执行的系统过程，从政策制定的情形（在什么条件下制定）、政策制定的内容（做出了怎样的规范）、政策的执行（如何执行和执行得如何）三个主要方面，对绵阳市应对汶川特大地震灾害的应急决策环境、相关救灾政策的制定和执行等进行了研究和分析。

2. 文献分析法

文献分析法又称间接研究或非接触性研究方法，主要指搜集、鉴别、整理文献，并通过对文献的研究，形成对事实科学认识的方法。在本案例研究中，我们主要收集、整理和分析五类与汶川特大地震抗震救灾相关的文献。第一类是中央层面出台的法规和政策，以及中央领导的讲话和指示、批示；第二类是四川省制定的政策，以及四川省领导的讲话和批示、指示；第三类是绵阳市制定的政策和形成的各种总结材料[3]；第四类是报刊和互联网等关于绵阳市抗震救灾的媒体报道；第五类是各种学术研究成果和研究报告。文献资料收集的渠道主要有四个方面：一是从《汶川特大地震抗震

---

① 秦玉琴等:《新世纪领导干部百科全书(第 3 卷)》，北京：中国言实出版社 1999 年版，第 1579 页。

② 逆境泛指制定政策时所面临的各种形式的严重困难。参见〔以〕叶海卡·德罗尔：《逆境中的政策制定》，王满传、尹宝虎、张萍译，张金马校，上海：上海远东出版社 1996 年版，第 4 页。本书所说“逆境”还包括政策执行所面临的困境。

③ 本书重点参考了绵阳市民政局提供的以下材料：《汶川特大地震绵阳市抗震救灾志》(征求意见稿)；《绵阳市抗震救灾志灾后重建篇》(征求意见稿)；绵阳市重建委办公室、绵阳市委政策研究室：《绵阳市抗震救灾和恢复重建经验启示录》，绵新出内(2012)字第 80 号，2012 年 4 月；《汶川特大地震绵阳市民政局抗震救灾志》编纂委员会：《汶川特大地震绵阳市民政局抗震救灾志》，2011 年 7 月；中共绵阳市委党史研究室：《绵阳市抗震救灾重建家园实录》，2009 年 6 月。

救灾志》编纂机构获取资料长编和详细资料[①];二是由四川省绵阳市民政局提供;三是通过互联网和期刊数据库收集;四是购买或查阅各种相关书籍。

3. 问卷调查法

问卷调查法也称问卷法,是调查者运用统一设计的问卷向被选取的调查对象了解情况或征询意见的调查方法。通过问卷调查,我们主要了解不同群体对以下两方面工作的评价:第一个方面是对绵阳市抗震救灾尤其是恢复重建工作的评价;第二个方面是对绵阳市恢复重建后防灾减灾工作的评价。通过他们的评价,我们可以更加全面客观地分析绵阳市抗震救灾的政策和措施。此外,我们还要通过问卷的方式,了解不同群体的防灾减灾意识、对防灾减灾知识的掌握程度,以及对绵阳市防灾减灾工作的意见和建议。这一些将有助于我们更好地提出绵阳市下一步减灾救灾工作的政策建议。

4. 访谈法

访谈法也称访问调查法、访问法,是研究者通过口头交谈等方式直接向调查对象搜集所需要的研究资料的一种研究方法。访谈法因研究的性质、目的或对象的不同而分为不同的类型。本案例研究主要使用个别访谈和召开座谈会两种方式。通过这两种不同的访谈方式,我们将向绵阳市抗震救灾相关当事人了解抗震救灾中一些事件的具体过程和详细背景。这对我们描述好事件发生的

① 《汶川特大地震抗震救灾志》共设《总述》《大事记》《图志》《地震灾害志》《抢险救灾志》《灾区生活志》《灾区医疗防疫志》《社会赈灾志》《灾后重建志》《英雄模范志》《附录》等11个分卷,全志约1 400万字。编纂工作于2008年11月正式启动,中央各相关部门和灾区省(市)提供了大量的资料。参见《〈汶川特大地震抗震救灾志〉编纂工作实施方案》,载《中国地方志》2009年第2期。

过程和分析好事件背后的深层次原因具有十分重要的作用。

第三节　制度背景

制度是一个社会的博弈规则，或者更规范地说，它是一些人为设计的、形塑人们互动关系的约束。[①] 无论是个人还是组织，制度都会在不同程度上影响和制约他们的行为。救灾制度是由国家制定、认可并加以实施的有关救灾工作的各种规定和规范的总和。[②] 它同样会对减灾救灾的行为主体产生重要的影响和制约。

在我国现行政治体制，以及党政结构与宪政结构相混合的公共政策决策与执行结构下[③]，地方的减灾救灾制度必然会与国家的减灾救灾制度保持高度的一致。所以，为更好地理解绵阳市应对汶川特大地震灾害的行动，有必要了解我国减灾救灾的领导体制和工作机制，以及绵阳市突发事件应急处置的领导体制和工作机制。

一、我国减灾救灾的领导体制和工作机制[④]

我国实行政府统一领导，部门分工负责，灾害分级管理，属地管理为主的减灾救灾领导体制。在国务院统一领导下，中央层面设立国家减灾委员会、国家防汛抗旱总指挥部、国务院抗震救灾指

---

① 〔美〕道格拉斯・C.诺思：《制度、制度变迁与经济绩效》，杭行译，韦森译审，上海：格致出版社、上海三联书店、上海人民出版社 2014 年版，第 3 页。

② 孙绍骋：《中国救灾制度研究》，北京：商务印书馆 2004 年版，第 28 页。

③ 参见徐颂陶、徐理明：《走向卓越的中国公共行政》，北京：中国人事出版社 1996 年版，第 81—121 页。

④ 本部分主要参考了中华人民共和国国务院新闻办公室：《中国的减灾行动》，北京：外文出版社 2009 年版，第 11—14、22—23 页。

挥部、国家森林防火指挥部和全国抗灾救灾综合协调办公室等机构，负责减灾救灾的协调和组织工作。各级地方政府成立职能相近的减灾救灾协调机构。在减灾救灾过程中，注重发挥中国人民解放军、武警部队、民兵组织、公安民警的主力军和突击队作用，注重发挥人民团体、社会组织及志愿者的作用。以公安、武警、军队为骨干和突击力量，以抗洪抢险、抗震救灾、森林消防、海上搜救、矿山救护、医疗救护等专业队伍为基本力量，以企事业单位专兼职队伍和应急志愿者队伍为辅助力量的应急救援队伍体系初步建立。

在长期的减灾救灾实践中，我国建立了符合国情、具有中国特色的减灾救灾工作机制。中央政府构建了灾害应急响应机制、灾害信息发布机制、救灾应急物资储备机制、灾情预警会商和信息共享机制、重大灾害抢险救灾联动协调机制以及灾害应急社会动员机制。各级地方政府建立了相应的减灾救灾工作机制。

1. 灾害应急响应机制

中央政府应对突发性自然灾害预案体系分为三个层次，即：国家总体应急预案、国家专项应急预案和部门应急预案。政府各部门根据自然灾害专项应急预案和部门职责，制定更具操作性的预案实施办法和应急工作规程。重大自然灾害发生后，在国务院统一领导下，相关部门各司其职，密切配合，及时启动应急预案，按照预案做好各项抗灾救灾工作。灾区各级政府在第一时间启动应急响应，成立由当地政府负责人担任指挥、有关部门作为成员的灾害应急指挥机构，负责统一制定灾害应对策略和措施，组织开展现场应急处置工作，及时向上级政府和有关部门报告灾情和抗灾救灾工作情况。

2. 灾害信息发布机制

按照及时准确、公开透明的原则，中央和地方各级政府认真做好自然灾害等各类突发事件的应急管理信息发布工作，采取授权发布、发布新闻稿、组织记者采访、举办新闻发布会等多种方式，及时向公众发布灾害发生发展情况、应对处置工作进展和防灾避险知识等相关信息，保障公众知情权和监督权。

3. 救灾应急物资储备机制

已经建立以物资储备仓库为依托的救灾物资储备网络，国家应急物资储备体系逐步完善。目前，全国设立了19个[①]中央级生活类救灾物资储备仓库，并不断建设完善中央级救灾物资、防汛物资、森林防火物资等物资储备库。部分省、市、县建立了地方救灾物资储备仓库，抗灾救灾物资储备体系初步形成。通过与生产厂家签订救灾物资紧急购销协议、建立救灾物资生产厂家名录等方式，进一步完善应急救灾物资保障机制。

4. 灾情预警会商和信息共享机制

建立由民政、国土资源、水利、农业、林业、统计、地震、海洋、气象等主要涉灾部门参加的灾情预警会商和信息共享机制，开展灾害信息数据库建设，启动国家地理信息公共服务平台，建立灾情信息共享与发布系统，建设国家综合减灾和风险管理信息平台，及时为中央和地方各部门灾害应急决策提供有效支持。

5. 重大灾害抢险救灾联动协调机制

重大灾害发生后，各有关部门发挥职能作用，及时向灾区派出由相关部委组成的工作组，了解灾情和指导抗灾救灾工作，并根据

---

① 原文为10个，但白皮书发布后新增加9个（截至2015年6月25日，全国为19个），故改为19个。参见《中国减灾》2015年第23期，第33页。

国务院要求，及时协调有关部门提出救灾意见，帮助灾区开展救助工作，防范次生、衍生灾害的发生。

6. 灾害应急社会动员机制

国家已初步建立以抢险动员、搜救动员、救护动员、救助动员、救灾捐赠动员为主要内容的社会应急动员机制。注重发挥人民团体、红十字会等民间组织、基层自治组织和志愿者在灾害防御、紧急救援、救灾捐赠、医疗救助、卫生防疫、恢复重建、灾后心理支持等方面的作用。

7. 应急救助响应机制

根据灾情大小，将中央应对突发自然灾害划分为四个响应等级，明确各级响应的具体工作措施，将救灾工作纳入规范的管理工作流程。灾害应急救助响应机制的建立，基本保障了受灾群众在灾后 24 小时内能够得到救助，基本实现“有饭吃、有衣穿、有干净水喝、有临时住所、有病能医、学生有学上”的“六有”目标。

8. 救灾应急资金拨付机制

包括自然灾害生活救助资金、特大防汛抗旱补助资金、水毁公路补助资金、内河航道应急抢通资金、卫生救灾补助资金、文教行政救灾补助资金、农业救灾资金、林业救灾资金在内的中央抗灾救灾补助资金拨付机制已经建立。积极推进救灾分级管理、救灾资金分级负担的救灾工作管理体制，保障地方救灾投入，有效保障受灾群众的基本生活。

二、绵阳市应对突发事件的领导体制和工作机制

按照绵阳市的预案体系[①]，汶川特大地震发生以前，绵阳市对

---

① 绵阳市预案体系分为三个层次，即一个总体预案，六个分预案，部门专项预案和区市县预案。

特别重大突发事件应对的主要依据是2005年6月24日发布的《绵阳市人民政府突发公共事件总体应急预案(试行)》[①]。这个总体应急预案规定了包括突发性特大自然灾害在内的绵阳市突发事件应急处置的领导体制和工作机制。

1. 领导体制

在市委、市政府领导下,绵阳市成立了市突发公共事件应急处置工作协调委员会(以下简称"市应急委")。应急委是绵阳市常设的突发公共事件应急处置工作的领导指挥机构,对绵阳市行政区域内突发公共事件应急处置实行统一领导和协调指挥,其成员单位由市级有关部门和单位组成。市应急委主任由市委副书记、市长担任,常务副主任由常务副市长担任,副主任由绵阳军分区主要负责同志、各分管副市长、市政府秘书长担任。必要时,可视突发公共事件情况确定市委有关副书记担任市应急委副主任。成员由市级相关部门、单位和消防支队、武警绵阳市支队的主要负责人担任。

绵阳市应急委的职责是,研究制订贯彻国家、省突发公共事件应急处置工作方针政策的具体措施;负责审查各区市县政府、园区管委会、市级有关部门突发公共事件应急预案,审定全市突发公共事件总体应急预案;研究制订全市重大、特别重大突发公共事件的应急处置措施并根据其性质、规模和影响启动相应市级应急预案;统一指挥、协调各应急指挥部、各区市县政府、园区管委会、市级有关部门和单位以及社会组织、机构参与重大、特别重大突发公共事

---

① 参见《绵阳市人民政府关于印发绵阳市人民政府突发公共事件总体应急预案(试行)的通知》(绵府发〔2005〕16号)。鉴于汶川特大地震属于特别重大的突发公共事件,各分预案和部门专项预案已经难以应对如此灾害,我们在这里将绵阳市最高级别预案规定的领导体制和工作机制作为理解绵阳市应对汶川特大地震灾害的制度背景。

件的应急处置工作;负责全市突发公共事件应急体系建设;统一规划、调配全市应急处置资源;商请军队、武警部队或请求国家、省有关应急机构实施应急增援。

市应急委下设办公室和自然灾害应急指挥部、安全生产事故应急指挥部、突发环境事故应急指挥部、食品药品安全事故应急指挥部、突发公共卫生事件应急指挥部以及突发社会安全事件应急指挥部(以下简称"各应急指挥部")。这六个应急指挥部是绵阳市各类突发公共事件应急处置工作专业指挥机构,在市应急委的统一领导、指挥下开展工作。各应急指挥部设总指挥和副总指挥若干名,总指挥由市政府分管副市长兼任,副总指挥由市政府分管副秘书长和主管部门负责人担任,指挥部成员由市级有关部门和单位的负责人担任。其中,自然灾害应急指挥部由市政府救灾办牵头,负责《绵阳市自然灾害应急预案》的编制、实施和全市自然灾害的应急处置工作;指挥部办公室设在市政府救灾办,办公室主任由市政府救灾办主任担任。安全生产事故应急指挥部由市安全办牵头,负责《绵阳市安全生产事故应急预案》的编制、实施和全市安全生产事故的应急处置工作。指挥部办公室设在市安全办,办公室主任由市安全办主任担任。突发环境事故应急指挥部由市环保局牵头,负责《绵阳市突发环境事故应急预案》的编制、实施和全市突发环境事故的应急处置工作。指挥部办公室设在市环保局,办公室主任由市环保局局长担任。食品药品安全事故应急指挥部由市药监局牵头,负责《绵阳市食品药品安全事故应急预案》的编制、实施和全市食品、药品安全事故的应急处置工作。指挥部办公室设在市药监局,办公室主任由市药监局局长担任。突发公共卫生事件应急指挥部由市卫生局牵头,负责《绵阳市突发公共卫生事件应急预案》的编制、实施和全市突发公共卫生事件的应急处置工作。

指挥部办公室设在市卫生局，办公室主任由市卫生局局长担任。突发社会安全事件应急指挥部由市公安局牵头，负责《绵阳市突发社会安全事件应急预案》的编制、实施和全市突发社会安全事件的应急处置工作。指挥部办公室设在市公安局，办公室主任由市公安局局长担任。

各区市县政府、园区管委会成立相应的突发公共事件应急机构，负责本行政区域内突发公共事件的应急处置工作。各区市县、园区突发公共事件应急机构在区市县、园区党委（党工委）和政府（管委会）以及市应急委的领导下开展工作。

2. 工作机制

按照绵阳市突发公共事件总体应急预案，绵阳市建立了应急联动机制、指挥与协调机制、信息发布和媒体报道机制、应急保障机制等主要工作机制。

（1）应急联动机制。

在市应急委的统一指挥和协调下，事发地政府和有关部门（包括公安、交通、消防、安办、卫生、供水、供电、供气、供暖、市政、疾病防控、防汛、地震、国土资源、气象、环保以及人防等部门）以及市级有关部门和单位按照各自职责应急联动，共同实施应急处置。为有效、快速控制事态发展，在依靠全市基本应急救援力量难以有效控制或无法控制事态时，由市应急委及时商请驻绵部队、武警和绵阳市行政区域内中央有关单位进行应急增援，必要时报请省及省级有关部门增援。

（2）指挥与协调机制。

按照属地管理为主的原则，突发公共事件发生后，事发地政府应立即组成现场应急指挥部，具体负责现场应急处置的指挥协调工作。现场应急指挥部可根据应急处置的实际需要成立以下工作组：一是抢险救援组，由公安、武警、消防、安办、环保、地震等部门组成，组织专业抢险和现场救援力量进行现场处置。根据需要随时调遣后续处置和增援队伍。二是医疗救护和卫生防疫组，由卫生、畜牧等部门组成，负责医疗救护、疾病控制、心理救助和人畜间疫情控制等工作。三是交通管制组，由公安、交通、铁路、民航、水运等部门组成，负责事发地水陆交通或空中交通管制工作，确保运输畅通。四是治安警戒组，由公安部门负责，实施现场警戒，维护治安秩序。五是人员疏散和安置组，由民政、公安、建设、人防、交通等部门组成，负责人员紧急疏散和安置工作。必要时，采取强制疏散措施，保证被疏散人员的基本生活。六是社会动员组，由事发地政府动员组织企事业单位、社会团体、社会志愿人员参与应急处置工作。七是物资和经费保障组，由计委、经贸委、财政、民政、外经贸局、药监、粮食、供销社等部门组成，负责调集、征用应急物资、设备、房屋、场地等。八是应急通信组，由信息产业部门和电信运营企业组成，负责现场应急通信保障工作，确保现场通信畅通。九是综合信息组，由现场应急指挥部负责综合文字、信息整理工作。十是生活保障组，由事发地政府组织有关部门负责应急工作人员必需的食宿等生活保障工作。十一是新闻报道组，由当地党委宣传部和政府新闻办负责制定新闻报道方案，请政府新闻发言人根据综合信息组提供的信息资料适时向媒体发布事件进展和处置情况，同时组织新闻媒体向公众作好自救防护等知识宣传。十二是涉外涉台工作组，由外侨办、台办、新闻办、外经贸局等部门组成，负责涉及港澳台和外籍人员的有关事宜，接待港澳台及境外新闻媒体的采访。

应急状态时，事发地政府根据突发公共事件的情况通知有关部门及其应急机构并通报上级应急机构，上级应急机构接到信息和出动命令后，要立即派出有关人员和队伍赶赴现场，在现场应急指挥部的协助配合下，按照各自的预案和处置规程实施应急救援行动。现场应急指挥部成立前，各应急处置队伍必须在事发地政府和有关单位的协调帮助下坚决、迅速地实施先期处置，全力控制突发公共事件态势，防止次生、衍生和耦合事件发生。

（3）信息发布和媒体报道机制。

全市各类重大（二级）、特别重大（一级）突发公共事件发生后应适时向社会发布有关信息。市应急委建立新闻发言人制度，新闻发言人由市政府秘书长兼任，有关新闻发布工作由负责处置事件的市级有关部门和市政府新闻办协助。市政府新闻办要及时掌握信息，分析舆情，加强与负责处置事件的市应急办及省级有关部门沟通协商，提出新闻报道意见，严格按照中央关于进一步改进和加强国内突发事件新闻报道工作的规定办理，难以把握的重大问题及时向市委、市政府请示报告。负责处置事件的市级有关部门要依照有关法律和规定主动联系、配合新闻宣传部门，对新闻报道提出建议并做好审核把关工作。对一般（四级）和较大（三级）突发公共事件的新闻报道，由区市县、园区以下新闻主管部门按以上原则进行。

（4）应急保障机制。

应急保障主要是通信、信息、装备、队伍、交通运输、医疗卫生、治安、物资、经费、社会动员、技术等方面的保障。

——通信保障。根据应急处置工作需要，市信息产业局负责协调组织各电信运营商架设临时专用通信线路、启动应急通信车或其他特种通信装备，建设现场应急处置机动通信枢纽，实现现场应急指挥部与市应急委之间视频、音频和数据信息的实时传输，确保突发公共事件应急处置时的通信畅通。当突发公共事件造成区域性通信瘫痪时，市信息产业局负责组织协调有关电信运营商进行抢修，确保应急状态时党、政、军、警领导机关通信畅通。各应急指挥部负责建立并维护本系统通信数据库，保证信息畅通。通信数据库应包括市级有关部门、区（市、县）政府、园区管委会、应急机构负责人及专家的手机、固定电话、传真等联系方式。各级、各类专业应急机构应明确参与应急活动的所有部门通信联系方式并提供备用方案。

——信息保障。各应急指挥部按照各自职责建立六大类突发公共事件应急处置综合信息管理系统、应急处置力量信息数据库等，各地、各有关部门和单位建立相应信息系统分别连接到上述指挥部并通过指挥部连接到市应急办，为应急规划、决策和指挥处置提供文字、电子、音像等形式的基础材料和数据。同时，要确保信息共享，通达快捷。各区（市、县）、园区、市级各部门负责本地区、本系统突发公共事件信息的收集、分析、处理并按月报、季度报、半年报和年度报的要求，定期向各应急指挥部分别报送信息。各应急指挥部负责对各类信息及时收集、分析、处理并上报市应急办。

——现场救援和工程抢险装备保障。各应急指挥部和各区市县、园区建立本系统、本地区现场救援和工程抢险装备数据库并明确其类型、数量、性能和存放位置等，保证应急状态时统一调用。应急装备拥有部门和单位要建立相应的登记、维护、保养和调用等制度。

——应急队伍保障。各区市县、园区和市级有关部门应建立相应专业应急队伍并加强协调配合；充分依靠军队、武警、预备役部队和民兵，以及发挥机关团体、企事业单位、公益团体和志愿者队伍等社会力量的作用。加强以社区为单位的社会公众应急能力建设，发挥其主体作用。建立健全先期处置队伍、后续处置队伍、增援队伍的组织保障方案以及保持应急能力的措施。

——交通运输保障。公安、交通、铁路、民航、水运等部门为应急救援人员及物资运输提供交通方便。公安、交通等有关部门组织协调对事故现场进行道路交通、水域航道管制，必要时开设应急救援“绿色通道”。道路、铁路、桥梁受损或需要架设临时通道时，交通、城建、铁路等相关部门应迅速组织、协调抢修或施工，确保救灾物资、器材和人员的运送，满足应急处置工作需要。专业应急救援队伍确定特种救援设备的运输方式，制定并落实相应措施。

——医疗卫生保障。市卫生局负责牵头组织医疗卫生保障工作，市应急办、市药监局协调配合。地方医疗急救网络是院前急救的骨干力量，各级医院负责后续治疗，红十字会等群众性救援组织和队伍配合专业医疗队伍开展群众性卫生救护工作。应急救援时，当地卫生主管部门根据专业医院的布局和事故现场的需要及时协调有关医疗专家和医疗卫生小分队进入现场，根据“分级救治”的原则，按照现场抢救、院前急救、专科救治的不同环节和需要实施对伤员的救护。根据应急救援需要，市应急办、市卫生局、市药监局组织协调有关专家派遣和特种药品、特种救治设备的紧急调用。现场卫生防病工作依托事故所在地疾病预防控制中心根据突发公共事件类型，按照专业规程进行现场卫生防病工作。各级卫生行政部门应制定相应的应急预案，明确医疗救治资源分布、救治能力与专长、疾病预防控制机构能力与分布情况，制定调用方案，检查各单位的应急准备保障措施，负责及时提供有关资料。

——治安保障。公安部门负责制定并实施应急状态下维持社会治安秩序的各种工作方案，包括警力集结、布控重点、执勤方式和行动措施等。武警部队参与治安维护。要加强对重点地区、重点场所、重点人群、重要物资和设备的安全防护，依法严厉打击违法犯罪活动。必要时，依法采取有效管制措施，控制事态，维护正常社会秩序。

——物资保障。事发地政府负责应急救援行动时的基本物资保障。市应急委负责提出特种物资储备的规划建议，市计委、市经贸委、市外经贸局协调有关部门负责落实。各级政府、有关部门和单位负责建立常备物资储备、调拨和紧急配送系统，确保突发公共事件应急所需的物资供应。各级政府、专业应急机构和各部门、有关单位的物资储备应坚持合理规划，统筹安排，规范管理。物资储备的数量、种类应当满足区域内应急救援的需要，实现动态储备。要加强储备物资的管理与维护，防止被盗用、挪用、流散和失效，物资缺失或报废后必须及时补充和更新。各级政府和有关部门要研究制定应急物资征调及管理办法，确保在应急救援过程中发生物资储备不足时，依据有关法律、规定及时动员和征用社会物资。市民政局等部门负责组织协调救援物资的社会捐助工作。必要时，由市应急委向省政府或省级有关部门申请调拨救援物资。市民政局等有关部门负责做好事发地受灾群众的基本生活保障工作。

——经费保障。按照“分级负责，多方筹集”的原则，建立以政府投入为主，社会投入为辅的应急经费保障机制。市、区（市、县）政府负责本级应急经费保障机制建设，统筹安排突发公共事件应急所需经费。各级政府和有关部门要积极调剂资金并争取上级专项资金和社会资金专项用于应急体系建设和应急处置。有关部门应本着“特事特办、急事急办”的原则，确保应急资金及时拨付。有关单位要合理使用应急资金，确保资金专款专用，发挥资金使用效益。财政、监察、审计部门每年对应急资金安排和使用情况进行检查和审计，对违反规定的单位和个人要严肃查处。事发地政府及有关部门、企事业单位负责应急状态时的基本经费保障。同时，各金融机构应积极建立应急专项贷款机制和应急资金快速拨付通道，确保在应急状态时正常资金到位前的应急需求。对受突发公共事件影响较大的行业、企事业单位和个人，市政府有关部门及时研究提出相应的补偿或救助政策，报市政府审批。

——社会动员保障。在处置突发公共事件时需要大规模疏散或转移人员、物资和在现场应急指挥部提出需要增援人力、物力的情况下，由事发地政府发布社会动员令，动员当地社会组织力量和人民群众参与应急处置。

——应急避难场所保障。各地要规划和建设重大突发公共事件的人员避难场所，与公园、广场、体育场、学校操场等公共设施的建设或改造相结合，完善紧急疏散管理办法和程序，确保在紧急状况下广大群众安全、有序转移或者疏散。

——技术储备与保障。各区市县政府和市级有关部门应建立专家组，为应急处置提供决策咨询和服务。要依托科研机构建立应急技术信息系统，组织开展突发公共事件预测、预防、预警和应急处置等技术的科学研究。

第二章

灾害损失与影响

正如前章所述，事件的应对背景有助于我们更好地理解绵阳市应急救灾和恢复重建的各项行动。在这一章，我们将从灾区概况、灾害的直接破坏与损失、灾害影响三个方面，对绵阳市应对汶川特大地震灾害的这一背景进行描述和分析。

第一节　灾区概况

绵阳市有着相对独特的区位特征、重要的经济地位、众多的少数民族人口。这些特征与汶川特大地震强度分布共同导致了其严重的灾害损失。

一、自然地理特征

绵阳市位于四川盆地西北部，涪江中上游地带。东邻广元市的青川县、剑阁县和南充市的南部县、西充县；南接遂宁市的射洪县；西接德阳市的罗江县、中江县、绵竹县；西北与阿坝藏族羌族自治州和甘肃省的文县接壤。全市呈西北东南向条带状，东西宽约144公里，南北长约296公里，面积20 249平方公里，在四川省仅次于甘孜藏族、阿坝藏族羌族和凉山彝族三个自治州。

绵阳市西北高、东南低，地形起伏大。地形复杂是绵阳重要的自然地理特征。

四川位于我国陆地地势三级阶梯的一、二级阶梯之间，而绵阳市的地势是四川唯一能够体现这一特征的地级市。市境西部位于青藏高原东南边缘的川西高山高原区（岷山山脉），平均海拔2 000米以上，包括平武、北川全境及江油、安县的部分地区，面积约占全市面积的50%；其余县（市、区）则处于四川盆地，即涪江水系的洪积平原和丘陵地区，一般海拔400—600米。市境南北约300公里的距离内，最高点与最低点高差竟达5 092.8米。按地貌主要类型分布划分，山区面积占到61.0%，丘陵区占20.4%，平坝区占18.6%。

受地貌影响，绵阳市境降水丰沛，径流量大，江河纵横，水系发达。绵阳市境内有大小河流及溪沟3000余条，所有河流、溪沟分别注入嘉陵江支流涪江、白龙江与西河，均属嘉陵江水系。绵阳属亚热带季风气候，气候温和，四季分明，年均气温18.7—21℃，年均降水量825.8—1 417毫米，山区和平原丘陵地区的气温差别较大。

二、行政区划

绵阳古称“涪城”“绵州”，是享誉世界的伟大的浪漫主义诗人——李白的故乡。自公元前201年汉高祖设置涪县以来，已有

2200 多年建城史，历来为郡、州治所，后因城址位于绵山之南而得名“绵阳”。

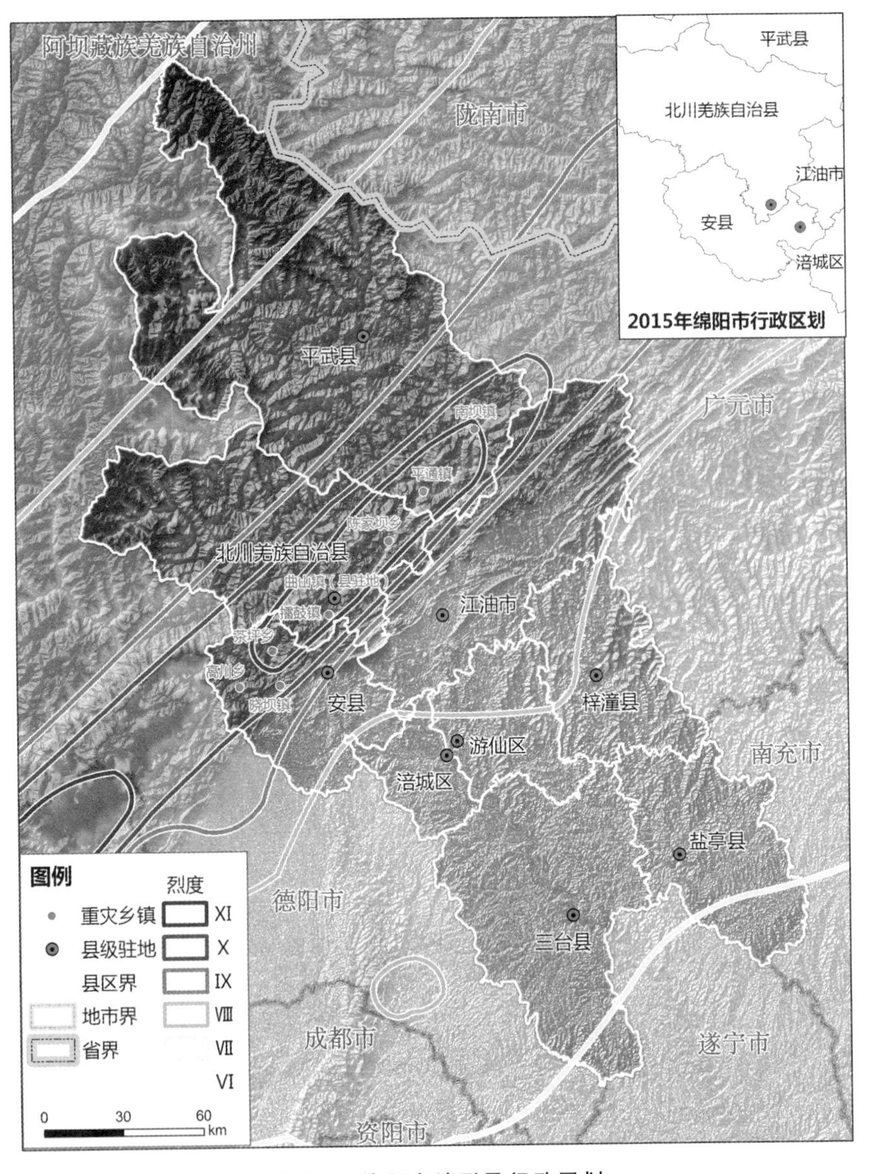

图 2-1 绵阳市地形及行政区划

中华人民共和国成立后，1950年设绵阳专区，属川西行署区。1952年绵阳专区属四川省领导。1970年绵阳专区改称绵阳地区，地区驻绵阳县。1976年绵阳县改设为绵阳市，属绵阳地区领导。绵阳地区驻绵阳市，辖1市、19县。1985年，撤销绵阳地区，绵阳市升为地级市，设立市中区；将原绵阳地区的江油等7县划归绵阳市管辖。1992年10月30日，民政部批复同意撤销绵阳市市中区，设立涪城区、游仙区(民行批〔1992〕127号)。2003年，撤销北川县，设立北川羌族自治县。自此，绵阳市下辖涪城、游仙2区，江油1市，三台、盐亭、安县、梓潼、平武5县和北川羌族1个自治县。

全市现有民族47个，其中羌族、藏族、回族为世居少数民族；全市少数民族人口达17.6万人，占全市总人口的3.3%，列“三州”(甘孜、阿坝、凉山)之后，居四川省第四位。所辖北川羌族自治县是全国唯一的羌族自治县。全市有藏族、羌族、回族等15个民族乡。民族地区辖区面积9082平方公里，占全市面积的45.4%。

三、社会经济发展

绵阳自古以来就是四川盆地西北部的政治、经济、文化中心和交通枢纽，具有重要的战略地位。绵阳市是国家“一五”建设和“三线”建设的重点地区，是国家重要的国防军工科研生产基地。2000年，党中央、国务院决定建设绵阳科技城。绵阳成为党中央、国务院批准建设的我国唯一科技城，是我国重要的国防科研和电子工业生产基地，是成渝绵经济圈中心城市。

2007年末，绵阳市户籍人口537.95万人，地区生产总值673.50亿元，社会消费品零售总额244.21亿元，城镇居民人均可支配收入10473元，农村居民人均纯收入4039元。2014年年末，绵阳市户籍人口548.8万人，常住人口473.9万人，地区生产总值

1 579.9亿元，社会消费品零售总额 734.77 亿元，城镇居民人均可支配收入 25 341 元，农村居民人均纯收入 10 326 元。绵阳市地区生产总值长期处于四川省各市（州）第二位，仅次于成都市。2001年以来，第一、二、三次产业增加值及城镇居民人均可支配收入、农村居民人均纯收入长期处于四川省前列。[①]

四、历史灾害情况

绵阳市是四川省地震多发区之一，沿龙门山断裂、虎牙断裂附近各县市以及周边地区，历史上都曾发生过破坏性地震。仅新中国成立后，1958 年北川发生 6.2 级地震，1966 年安县发生 4.8 级地震，1976 年松（潘）平（武）发生两次 7.2 级地震等，都给当地人民群众生命财产造成较大损失。据统计，从有准确文献资料记载至 2008 年 5 月 11 日，绵阳市境内发生 4.7 级以上破坏性地震 27 次，其中 7.0—7.2 级地震 1 次，6.0—6.9 级地震 2 次，5.0—5.9 级地震 11 次，4.7—4.9 级地震 13 次。最大震级为 1976 年 8 月 16 日松潘、平武之间发生的 7.2 级地震（主震之后又发生 22 日 6.7 级地震和 23 日 7.2 级地震），由于地震发生在人烟稀少的山区，人员伤亡仅为 800 余人。[②]

由于绵阳市特殊的地质地貌条件，强震发生后，往往次生地质灾害严重。另外，由于绵阳市水系发达，汛期降水充沛，暴雨洪涝灾害及滑坡、泥石流等地质灾害时有发生。

---

① 参见 2001—2014 年《四川省统计年鉴》。

② 百度百科，http://baike.baidu.com/link? url=pjek5WCjh2GHo8LcLfPz7ei6tEyWHr2R4KeguyFO5HTc6gqFzyQHflowUoZMM2KHYFvH2SuYJ7Jq103A8wBbmK。

第二节　灾害直接破坏与损失

汶川特大地震导致绵阳市所辖北川县、安县、平武县、江油市、梓潼县、三台县、盐亭县、游仙区、涪城区 9 个县市区全部成为重灾区（其中北川县、安县、平武县为极重灾县，江油市参照极重灾县政策对待）。极重灾县北川县县城（曲山镇）、擂鼓镇和陈家坝乡，平武县的南坝镇、平通镇和安县的晓坝镇、高川乡、茶坪乡等的场镇遭到严重破坏，几乎被夷为平地。全市工业、农业、交通运输、水电设施、邮电通讯、学校、医院以及城镇办公大楼和居民用房均受到严重损毁。全市受灾人口达 521.7 万，直接经济损失 1 689.09 亿元。绵阳市成为此次地震受灾最重、伤亡人数最多、重建难度最大的地区之一。

一、地震强度

北京时间 2008 年 5 月 12 日 14 点 28 分 04 秒，在中国四川省汶川县映秀镇附近（北纬 30°57′、东经 103°24′）发生了 8.0 级巨大地震，震源深度 14 公里。据统计，1900—2008 年间中国西部发生过 8 次 8.0 级及以上地震[①]，其中新疆和西藏各 2 次，宁夏、甘肃、青海、四川各 1 次，而仅汶川地震发生在了人口较为稠密的成都盆地边缘。

地震发生时，沿龙门山断裂带产生了规模宏大的地表破裂带，即汶川地震断层。已查明的汶川地震地表主破裂带沿龙门山中央

① 中国地震局监测预报司：《汶川 8.0 级地震科学研究报告》，北京：地震出版社 2009 年版，第 109 页。

断裂(北川—映秀断裂和茶坝—林庵寺断裂的最南段)以及青川断裂与茶坝—林庵寺断裂之间的一段 NE 向断裂展布,连续总长度达 250 公里以上。[①] 经野外调查实测的地震主破裂带的同震位移存在两处相对高值区:第一处是从汶川映秀,经都江堰的虹口至绵竹的清平,垂直位移 3—4 米,最大为 6.2 米,右旋水平位移为 2—3 米,最大为 4.5 米;另一处位于北川的擂鼓,经北川至平武的平通,垂直位移 2.5—4 米,最大为 9 米,右旋水平位移 3—4 米,最大为 4.7 米。[②] 第二处破裂带横穿绵阳市西北部的北川、安县、平武、江油 4 个县(市),这也是造成绵阳市地震灾害尤其严重的重要原因之一。

二、灾害范围

据统计,全市 9 个县(市、区)2.02 万平方公里的 286 个乡镇(街道)、3 407 个行政村、405 个社区的 173 万户、521.7 万人受灾[③],占 2007 年末总人口的 97%(占户籍人口比例)。

根据国家地震局绘制的汶川地震烈度图,此次地震的最高烈度为Ⅸ度。绵阳市全市处于Ⅵ度及以上区域;97.4%的面积和 94.3%的人口(591.86 万人)处在Ⅶ度及以上区域;58.5%的面积和 36.4%的人口(228.7 万人)处在Ⅷ度及以上区域,主要包括游仙区、安县、梓潼县、北川县、平武县、江油市等 1 区 4 县 1 市。同

---

① 中国地震局监测预报司:《汶川 8.0 级地震科学研究报告》,北京:地震出版社 2009 年版,第 20 页。

② 同上书,第 28 页。

③ 中共绵阳市委研究室:《万众一心 众志成城 奋力夺取抗震救灾伟大胜利——绵阳市抗震救灾的主要做法和经验启示》,载绵阳市重建委办公室、绵阳市委政策研究室:《绵阳市抗震救灾和恢复重建经验启示录》,绵新出内(2012)字第 80 号,2012 年 4 月,第 11 页。

时，绵阳也是Ⅸ度区、Ⅹ度区、Ⅺ度区面积最大的地市，Ⅹ度区、Ⅺ度区人口最多的地市，其人口占各烈度区总人口的比例分别达到76.9%和62.7%，主要包括安县、北川县、平武县、江油市3县1市的部分区域。

根据汶川地震灾害范围评估结果①，绵阳市所辖的9个县(市、区)中，北川县、平武县、安县3县为极重灾区，涪城区、游仙区、江油市、梓潼县、三台县、盐亭县等3县1市2区为重灾区，从数量上占到全部极重灾区、重灾区的1/5。江油市比照极重灾区开展恢复重建工作，北川县、平武县、安县和江油市都在国家部署的对口援建下开展恢复重建。②

三、次生灾害

汶川特大地震给绵阳市带来的次生灾害数量大、种类多，其中以次生地质灾害、堰塞湖等次生水灾害为主，同时也引发火灾、水污染隐患以及放射源与放射性废物安全隐患等多类型次生灾害或隐患。

1. 崩塌滑坡等次生地质灾害

受特大地震的能量震动影响，汶川地震在绵阳市境内诱发的滑坡、崩塌、泥石流山地灾害规模之大、数量之多、影响之严重均为

---

① 国家减灾委、科学技术部抗震救灾专家组:《汶川地震灾害综合分析与评估》，北京:科学出版社2008年版。根据汶川地震灾害范围评估原则，以县为基本单元，综合利用因灾造成的死亡和失踪、房屋倒塌、转移安置人口、地震烈度和地质灾害危险度构成的综合灾情指数对灾害范围进行评估，将灾区分为极重灾区、重灾区和一般灾区，并界定了灾害影响区，其中，极重灾区10个县(市)，重灾区36个县(市、区)，一般灾区191个县(市、区)，影响区180个县(市、区)，共计417个县(市、区)。

② 参见《国务院办公厅关于印发汶川地震灾害恢复重建对口支援方案的通知》(国办发〔2008〕53号)，2008年6月11日。

世界地震灾害史所罕见。据统计,在汶川特大地震中,绵阳市产生崩塌 583 处,其中,大型 38 处,中型 135 处,小型 410 处;滑坡 1 009 处,其中巨型 3 处,大型 36 处,中型 202 处,小型 768 处,以安县高川乡大光包滑坡、北川县擂鼓镇凤凰山滑坡、北川县曲山镇王家岩滑坡等最为典型(见专栏 2.1);特大地震后,全市有泥石流 216 处,其中巨型 15 处,大型 55 处,中型 91 处,小型 55 处,并以北川县魏家沟泥石流最为典型(见专栏 2.1)。[①] 较震前相比,地质灾害点成倍增加,大量地质灾害点对附近居民点构成严重威胁。据统计,北川、平武、安县和江油 3 县 1 市的地质灾害点威胁人口超过 15 万人。[②]

汶川特大地震造成四川灾区崩塌滑坡灾害点数以千计,给灾区人民生命财产造成重大损失。据统计,造成死亡 10 人以上的单体滑坡崩塌有 43 处[③],涉及绵阳市的北川、安县、平武,成都市的都江堰、彭州、崇州,广元的青川,德阳的什邡、绵竹,阿坝州的汶川等 10 个县(市),共造成超过 11 000 人死亡,其中有 11 处位于北川县,7 处位于平武县,2 处位于安县,这 20 处造成死亡人数超过 8 200 人,造成伤亡人数最多的就是北川县曲山镇王家岩(城西)滑坡(约 3 000 人死亡)和北川县曲山镇景家山崩塌(约 2 800 人死亡)(见专栏 2.1)。

---

① 参见绵阳市民政局提供的《汶川特大地震绵阳抗震救灾志》(征求意见稿)。

② 《汶川特大地震抗震救灾志》编纂委员会组织编纂的《汶川特大地震抗震救灾志(卷四)·地震灾害志》,北京:中国方志出版社 2015 年版,第 91 页。

③ 同上书,第 108 页。

专栏 2.1

绵阳市境内的典型次生地质灾害

安县高川乡大光包滑坡　滑坡位于安县高川乡泉水村西北侧，在安县、绵竹、茂县三县交界处，由汶川特大地震引发，是截至2008年年底中国境内最大滑坡，也是全世界已知的为数不多的体积5亿立方米以上的超大型滑坡之一。滑动距离4.5公里，滑坡堆积体宽2.2公里，面积约10平方公里，估算体积7.5亿立方米。

北川县擂鼓镇凤凰山滑坡　受汶川特大地震的影响，整个滑坡区域出现强烈变形，后缘出现两级下错，前缘整体向前推移30米左右，掩埋前缘老场口河右岸的酒厂、养殖场和农田，直接堵塞河道三分之二，影响老场口河行洪。凤凰山滑坡体积1 080万立方米，为特大型推移式岩质滑坡，对东辰磁材厂、灾民安置点、擂鼓镇灾后重建、滑坡平台的用地规划建设及下游水泥厂、麻柳沟安置点构成威胁。

北川县曲山镇王家岩滑坡　滑坡位于北川县老县城西侧，在汶川特大地震中从近320米高处快速滑下，冲毁北川县医院、曲山幼儿园、曲山小学及农贸市场等，滑坡堆积于斜坡下部老县城中，形成宽约210米，长约250米的滑坡堆积体。

北川县景家山崩塌　景家山崩塌位于北川县城新区茅坝，由汶川特大地震诱发形成，为大型崩塌，崩塌堆积体约50万立方米，掩埋了山体下部的北川中学（新区）、水电局等单位，造成巨大的人员伤亡。震后崩塌形成的地形高陡，坡度一般30°—45°，相对高差450—600米，对其下老县城地震遗址、“5·12”纪念碑等极易造成危害，为四川省重大地质灾害治理项目。

北川县魏家沟泥石流 2008年9月23日至24日，北川县境内遭遇历史上罕见的特大型暴雨，雨量总计达到272.8毫米。9月24日凌晨1点至4点之间，强降雨引发的山洪携带大量碎块石及泥沙形成泥石流，沿魏家沟主沟向北川县城方向倾泻而下。地震后，魏家沟沟内存有总量约1 350万立方米的松散堆积物，其中潜在不稳定物源1 003.25万立方米，欠稳定物源161.75万立方米，参与泥石流活动的约185万立方米。泥石流在沟口段—北川县城东南侧淤积，淤埋了县城老城区大部分地区，并淹没北川中学废墟，对地震遗址造成极大破坏。

资料来源：绵阳市民政局提供的《汶川特大地震绵阳抗震救灾志》(征求意见稿)。

---

2. 堰塞湖等次生水灾害

汶川地震引发的众多山体滑坡形成大量的堰塞湖。据截至2008年5月29日的数据，四川省绵阳、德阳、广元、成都、阿坝等市(州)共发现34处堰塞湖，受威胁总人口达200万。[①] 其中绵阳市就有13处(北川县8处、安县3处、平武县2处)。位于北川县的唐家山堰塞湖最大(见专栏2.2)，危险度属于高危等级，与苦竹坝下游、新街村、白果村、岩羊滩、孙家院子、罐子铺等堰塞湖共同影响绵阳市等下游地区约130万人。[②]

---

① 周庆等:《汶川地震次生灾害与地表破裂带调查》,北京:地震出版社2011年版,第50页。

② 同上书,第53—55页。

专栏 2.2

唐家山堰塞湖

里氏8.0级的“5·12”大地震，使距北川县城上游4.6公里处的唐家山大面积滑坡，千米之高的唐家山从山顶狂泻而下，几乎是整整一座山的巨石泥沙落入唐家山山边湔江河道，把山坡上的两个村直接推到湔江，形成一座顺河长803米、横河最大宽612米、体积约为2037万立方米的堆积坝体(即堰塞体)。奔流而下的湔江河水被阻断，湔江水位迅速上涨，形成了库容量达3.15亿立方米的堰塞湖，是“5·12”特大地震中产生的所有堰塞湖中最大、最复杂、最危险的一个。且堰塞湖最高点和最低点垂直高度相差41米多，而堰塞湖下游的江油、绵阳、三台、射洪、遂宁等均是川中经济和人口重地，一旦发生堤坝溃决，这些经济和人口重镇都将遭遇冲击，尤其是130多万人的生命安全将受到巨大威胁!

川西高原处于横断山区和龙门地震断裂带，地震活跃。据史料记载，1786年6月1日，康定南发生7.5级地震。大渡河沿岸泸定、汉源等地发生巨大山崩，壅塞大渡河，断流10日。6月11日，大渡河溃决，高数十丈的洪水汹涌而下，河沟回水数十里，乐山、宜宾、泸定沿江一带人民漂没者10万余众。1933年8月25日，四川北部岷江上游茂县叠溪城发生7.5级大地震，地震后45天，江水骤涨，叠溪堰塞湖溃决，洪水在大定以上高达70米，将沿岸茂县汶川都江堰大部分村镇席卷而去，夺去了2万余人的生命。

资料来源:《汶川特大地震抗震救灾志》编纂委员会:《汶川特大地震抗震救灾志(卷四)·地震灾害志》,北京:中国方志出版社2015年版，第140页。

地震还造成大量出险水库[1]，四川省震损水库共计1 803座，其中绵阳市最多，有491座，包括溃坝险情38座（全省共计60座）、高危险情174座、次高危险情279座。这些水利工程的损毁，使得次生水灾害隐患严重，一旦处置不当，后果不堪设想。

四、人员伤亡与财产损失

强烈的地震波及其引发的众多次生灾害，给绵阳市造成了巨大的人员伤亡和财产损失。[2]

1. 人员伤亡

汶川特大地震造成四川全省68 708人死亡，17 923人失踪，主要集中在绵阳市、阿坝州、德阳市、成都市以及广元市，此5市（州）死亡失踪人口占到全省合计的99.8%。绵阳市死亡失踪人数最多——21 964人死亡，9 274人失踪，占到全省死亡失踪人口的36.1%，同时也超过了全国因汶川地震死亡失踪人数的1/3。绵阳市死亡失踪人口主要集中在北川、平武、安县三个极重灾县，占到全市死亡失踪人口的97.4%，其中北川县死亡失踪人数就达到20 047人，仅次于地震震中所在的汶川县。这三个县的部分乡镇人员死亡失踪情况尤其严重（见表2-1）。

---

① 周庆等：《汶川地震次生灾害与地表破裂带调查》，北京：地震出版社2011年版，第57页。

② 本部分数据和资料除特别标注外，均来源于绵阳市民政局提供的《汶川特大地震绵阳抗震救灾志》（征求意见稿）和《汶川特大地震绵阳市民政局抗震救灾志》编辑委员会：《汶川特大地震绵阳市民政局抗震救灾志》，2011年7月。

表 2-1　绵阳市重灾乡镇人员死亡失踪情况

乡(镇)	所属县	震前常住人口情况	死亡失踪人数
曲山镇	北川羌族自治县	8 888 户、25 125 人	1 2726 人
陈家坝乡	北川羌族自治县	3 873 户、12441 人	764 人
擂鼓镇	北川羌族自治县	— 18 308 人	630 人
高川乡	安县	1 995 户、6 245 人	344 人
茶坪乡	安县	1 850 户、8 722 人	1 069 人
晓坝镇	安县	1 616 户、6 843 人	86 人
平通镇	平武县	3 099 户、11 000 人	294 人
南坝镇	平武县	6 422 户、20 661 人	1 539 人

注:本表数据由绵阳市民政局提供。

同时,汶川地震还造成绵阳市超过 16 万人受伤。据绵阳市残联统计,地震共造成残疾 2 412 人,其中学生致残 206 人,这些人员大部分需要进行康复治疗或训练,并在基本生活、就业、教育、心理等方面需要得到救助。

汶川特大地震造成了部分领域、行业的重大人员伤亡,尤其以教育、医疗卫生等行业为重。地震造成全市 11 031 名师生伤亡,1 454 名学生致残,其中北川遇难教职工 216 人,遇难学生 1 584 人,149 名学生因伤致残。全市卫生系统有 163 人遇难,196 人受伤。

2. *房屋破坏*

强烈的地震波,以及地震形成的崩塌、滑坡等地质灾害和堰塞湖等,造成大量的房屋倒塌、损坏或者掩埋、淹没被毁。房屋破坏是地震造成的最主要破坏形式,也是人员伤亡的最主要原因。

农村房屋的破坏程度重于城镇房屋。据绵阳市统计,全市农房受损 17 040.59 万平方米,其中,农村房屋倒塌 4 933.92 万平方米,严重破坏 6 436.33 万平方米,一般破坏 5 670.34 万平方米;全市城镇房屋建筑受损 9 429.17 万平方米,其中倒塌或损毁 898.54

万平方米、5.73万户，严重破坏3 601.28万平方米、22.98万户，一般破坏4 929.35万平方米、31.45万户。

各县（市、区）分布中，北川最为严重，房屋全部损毁、倒塌及需拆除房屋比例，城镇和农村分别达到70%和90%；其次是平武县、安县和江油市，倒塌及需拆除房屋比例在30%—50%左右；其他各县（市、区）倒塌及需拆除房屋比例基本在10%以下。

3. 基础设施破坏

汶川特大地震除了因房屋倒塌、大量崩塌滑坡造成非常严重的人员伤亡外，交通、通信、供电、水利以及城镇市政等基础设施的破坏同样十分严重。其中，交通、供电、通信等领域的破坏尤其突出。

（1）交通设施。

地震前，绵阳市公路基础设施比较完善。2007年年底，全市公路通车里程11 535.751公里。其中，国道公路210.7公里（含高速公路），省道公路742.7公里，县道公路2 448.99公里，乡道公路1 977.9公里，村道6 006.411公里，专用道149.05公里。全市公路密度为63.16公里/百平方公里，24.04公里/万人。宝成铁路干线在绵阳市境内121.35公里。

汶川特大地震使绵阳市公路基础设施遭到严重破坏。绵阳市交通局2008年7月统计，地震中全市损毁公路5 913.087公里，损毁桥梁1 505座（共42 330.14延米），损毁隧道1 863.4延米，损毁汽车客运站125个，损毁汽车客运招呼站123个，以及大量的公路建设和公路养护机械设备等。国道G108在绵阳市境内1/3长度损毁，损毁桥梁8座；省道S101、S105、S205、S302途径绵阳，其中S105、S205在绵阳境内损毁比例超过2/3，损毁桥梁80余座。特大地震对绵阳市的县道及乡村道路破坏很大，共有1 415条县道、乡道和村道公路遭受损毁，其中48条乡道、1 016条村道公路损毁特别严重，交通完全阻断。受地震波及沿线山体滑坡等次生灾害影响，成都铁路局绵阳车务段管内设备设施破坏严重，线路、桥梁、隧道以及客货运站等损毁严重，宝成线下行线行车中断。

（2）电力设施。

汶川特大地震给绵阳电网造成了严重影响，220千伏系统7座变电站中有6座停运，16条线路中有12条停运；110千伏系统31座变电站中有22座停运，62条线路有52条停运；35千伏及以下输变电设施大面积受损停运。地震发生后，全市绝大部分城乡电力供应顿时中断，绵阳网负荷降至灾前的1%。作为省电力公司控股不久的北川供电公司，供区内的电网遭受了毁灭性打击，1座110千伏、4座35千伏变电站停运，整个北川电网几乎全部瘫痪。

震前，绵阳市有186座水电站，总装机容量74.75万千瓦。地震造成绵阳市130座水电站受损（占总量的70%、装机容量的82.6%），其中报废11座，装机容量达2.5万千瓦。巴蜀江油发电厂也是汶川特大地震造成的唯一一座严重破坏的大型火力发电厂。该发电厂为巴蜀电力开发公司所辖分公司，总装机126万千瓦，震后发电机组全部停运。

（3）通信设施。

北川通信系统基本被摧毁，平武、安县、江油和绵阳市区通信设施受到严重破坏，梓潼、盐亭、三台等县（市）也受到重大影响。北川曲山、陈家坝、擂鼓、禹里、漩坪，安县桑枣、秀水、塔水、河清，江油马角坝、永胜、枫顺，平武南坝、平通、水观等乡镇受灾特别严重，通信机房全部垮塌，交换、传输、电源、基站等全部损毁，光缆、电缆等传输线路无一幸免。近40%的绵阳市固定电话、宽带局点受损（共计715个局点，受损局点268个）。

4. 社会服务系统损失

地震同样给教育、医疗卫生、福利、文化及广播电视等社会服务系统造成严重破坏，北川等极重灾区的教育、医疗卫生等系统甚至遭受到了毁灭性破坏。

（1）教育系统。

汶川特大地震造成全市1 398所学校受灾，北川中学、曲山小学等遭受毁灭性破坏。校舍损毁面积559万平方米，占全市震前校舍总面积的85.41%，其中，校舍倒塌40万平方米，造成危房199万平方米，受损320万平方米；毁坏教学仪器设备72万台（套），毁坏图书142万册。[①]

此次地震给北川教育带来毁灭性的灾难，全县86所学校的校舍建筑75%倒塌（面积约为15万平方米），25%成为D级危房（面积约为5万平方米），所有运动场馆、教育教学设施设备全部被毁，损毁仪器设备8 907台（套），损毁图书27.78万册。

（2）医疗卫生系统。

地震前，绵阳市有医疗卫生机构3 789个，其中，县及县以上综合医院10个、专科医院11个、中医医院11个、疾病预防控制中心10个、专科防治站2个、妇幼保健机构10个、卫生执法监督机构10个、社区卫生服务中心（站）31个、农村乡镇卫生院276个、村卫生站2 696个。全市医院病床总数15 089张，医疗卫生工作人员21 547人，其中卫生技术人员16 253人。

汶川特大地震中，全市卫生系统受灾严重，3 322个机构因灾

① 绵阳市教育体育局：《让学校成为灾区一道亮丽的风景——绵阳市教育体育恢复重建的主要做法与经验启示》，载绵阳市重建委办公室、绵阳市委政策研究室：《绵阳市抗震救灾和恢复重建经验启示录》，绵新出内（2012）字第80号，2012年4月，第143页。

受损，人员、房屋、设备、药品遭受巨大损失，医疗卫生服务体系和服务功能受到重创，绝大部分医疗卫生机构无法正常开展业务工作。尤其是北川县，县、乡、村三级农村卫生服务体系遭到毁灭性破坏，受灾面达100％。

(3) 福利、救助系统。

震前，全市有163所农村敬老院，占地面积57.50万平方米，建筑面积22.69万平方米，床位8 645张。地震中，全市农村敬老院垮塌29所，建筑面积5.79万平方米；严重损毁80所，建筑面积10.62万平方米；损毁主要设备3 892台(套)。全市有7所社会福利院在地震中损毁，其中，北川县社会福利院严重损毁；各县(市、区)优抚安置设施均遭受不同程度的破坏。江油、三台等地的救助站损毁严重。安县、江油、三台县殡仪馆损失较重。

(4) 文化及广播电视系统。

北川县文化基础设施全部损毁。绵阳市文化局办公楼，绵阳市博物馆，安县、平武、江油等绝大多数县(市)文化馆、图书馆以及剧场、影剧院等大型文化设施成为危房。毁坏设备器材4.23万件(套)，毁坏图书150.64万册，1 515个文化市场、文化产业单位和722个新闻出版市场经营单位不同程度受损。文化遗产损失严重，11名县级非物质文化遗产传承人遇难或失踪，掩埋各级“非遗”文物947件、文字资料397.4万字、图片5 949幅、音像资料1 025件。

全市282个乡镇广播电视站设施设备不同程度损毁，其中166个乡镇广电站完全损毁，91个乡镇广电站严重受损，损毁设备1.09万台(套)。全市2 000年以后建成的广播电视行政村“村村通”、50户以上自然村“村村通”、20户以上自然村“村村通”工程，50％以上损毁。全市广播电台、电视台(市县两级)及全市无线广播电视发射台(站)、转播台(站)、监测台(站)业务用房及设施设备也损毁严重。

5. 产业损失

全市农业、工业、商贸和服务业也不同程度损毁，农田损毁严重，工业企业全面瘫痪，大量商贸服务业受损，直接影响了震后灾区市场供应。

（1）农业。

汶川特大地震给绵阳市的农、林、牧、渔及相关服务业都带来不同程度的破坏，尤以农田损毁为重。全市农作物受灾损毁面积171.92万亩，其中粮食作物受灾92.77万亩、经济作物受灾79.15万亩。农田损毁面积64.93万亩，其中，全部损毁21.71万亩、严重损毁17.56万亩、一般损毁25.66万亩。农田损毁涉及全市9个县（市、区）的269个乡（镇）、3 076个村，其中北川、平武、安县、江油等四县（市）农田损毁面积51.69万亩，占全市总损毁面积的79.6%。全市163万亩森林不同程度受损，森林数量减少，活立木蓄积损失420万立方米，森林覆盖率降低近2个百分点。全市畜禽死亡1 122.88万头（只），畜禽圈舍倒塌面积794.58万平方米，受损18.94万平方米，天然草地植被破坏4.6万亩。另外，沼气池、大棚，以及农林畜服务体系的相关用房和设备设施大量损毁。

（2）工业。

地震发生后，绵阳市工业企业全面瘫痪，工业生产全部中断。全市工业企业受灾户数为2 410户，其中，规模以上工业企业受灾793户，占全部规模以上企业（826户）的96%。[①] 震后停产1周以

① 绵阳市经济和信息化委员会：《从起立到起跳的再生性跨越——绵阳市工业恢复的主要做法与经验启示》，载绵阳市重建委办公室、绵阳市委政策研究室：《绵阳市抗震救灾和恢复重建经验启示录》，绵新出内（2012）字第80号，2012年4月，第123页。

上的企业达到90%以上，停产1月以上的企业达到50%，停产3月以上的企业达到20%。其中，北川县整个工业体系基本被毁，安县、平武、江油工业受损严重；北川启明星电极箔、平武锰业等工业企业遭到毁灭性破坏。[①]

（3）商贸和服务业。

绵阳市3万余个商贸服务网点受损，受损面积超过四成（44%），损毁营业面积291.7万平方米，占营业面积的58.6%。北川全境及安县、平武、江油部分乡镇的商贸服务网点和流通设施遭受毁灭性打击。旅游业遭受严重破坏，乡村旅游业受损严重，龙门山脉地区的农家乐几乎全部倒塌。

据民政部评估、四川省政府分区域核定[②]，绵阳市因灾直接经济损失1 689.09亿元，居四川省第1位。其中，房屋损失953.34亿元，农业、工业及服务业损失268.54亿元，基础设施损失260.08亿元，社会事业损失28.09亿元，其他损失（居民财产、土地及矿山资源等）179.04亿元，分别占全市总损失的56.44%、15.90%、15.40%、1.66%和10.60%（除工业厂房外，各行业损失中均不包括房屋损失）[③]。直接经济损失中，以北川县、安县、平武县、江油市3县1市损失为重，上述四县损失约占到全市损失的70%。

---

① 中共绵阳市委政策研究室：《万众一心 众志成城 奋力夺取抗震救灾伟大胜利——绵阳市抗震救灾的主要做法与经验启示》，载绵阳市重建委办公室、绵阳市委政策研究室：《绵阳市抗震救灾和恢复重建经验启示录》，绵新出内（2012）字第80号，2012年4月，第11页。

② 按照《国务院办公厅关于印发国家汶川地震灾后重建规划工作方案的通知》（国办函〔2008〕54号）要求，民政部、国家发展改革委、财政部、中国地震局、国家汶川地震专家委员会对汶川地震灾害损失进行了汇总校核，核定四川省地震灾害直接经济损失为7 717.7亿元；经四川省分区域核定，绵阳市直接经济损失为1 689.09亿元。

③ 中共绵阳市委党史研究室：《绵阳市抗震救灾重建家园实录》，2009年，第11页。

第三节 灾害影响

绵阳市是汶川特大地震受灾最严重、最复杂的区域之一，绵阳市以及受灾最重的北川羌族自治县成为汶川地震灾区的典型缩影。巨大的破坏对灾区应急救灾、灾后恢复重建乃至长期的社会经济发展产生巨大而深远的影响。

一、对应急救灾和恢复重建工作的影响

汶川特大地震是新中国成立以来破坏性最强、涉及范围最广、救灾难度最大的一次地震灾害。灾区范围包括四川、甘肃、陕西、重庆、云南、宁夏等6个省(自治区、直辖市)。在四川、甘肃、陕西等三个受灾最重的省份中，有33个地级行政区域受灾，无论从地震强度，还是从灾害损失来看，绵阳市都是其中最为严重的区域之一(参见专栏2.3)。大量的人员伤亡和房屋、基础设施的严重破坏使灾区应急救灾和恢复重建工作面临巨大困难。

地震带来的巨大破坏，使灾后第一时间的紧急救援陷入极大困难，突出表现在以下几个方面。一是地震发生后，北川、平武、安县、江油等极重、重灾区的通信、电力和光电信号全部中断，无法尽快准确掌握各地灾情，群众恐慌心理弥漫，救灾应急决策困难重重。二是北川县城等地出现人员大规模被埋情况，灾区当地第一时间自救力量极其有限，而通往灾区的道路多数被毁，外部救援人员及大型设备机械进入灾区开展救援十分困难。三是主震发生后，余震不断，崩塌、滑坡等次生灾害不断发生，极易引发电网、天然气管线损坏，火灾甚至放射等危险品泄露风险大，堰塞湖、震损水库等溃坝风险严重。这些次生灾害和风险不仅可能进一步造成

人员伤亡，还导致人员搜救更加困难，救援人员的生命也受到威胁。

专栏 2.3

汶川特大地震中的绵阳之最

1. 绵阳是行政区域地震平均烈度最大的地级市，为 7.955（平均烈度超过Ⅶ度的地级市全部在四川省，其他为德阳市、广元市、成都市）。

2. 绵阳是地震烈度Ⅺ度区、Ⅹ度区面积最大、人口最多的地级市。

3. 绵阳是极重灾区、重灾区最多的地级市，有 3 个极重灾县，6 个重灾县（市、区）。绵阳也是外省对口援建县（市）个数最多的地级市。

4. 绵阳是因灾死亡失踪人数最多的地级市，达 31 238 人，超过地震全部死亡失踪人数的 1/3；也是受灾人数最多（514.74 万人）、转移安置人数最多（311.58 万人）的地级市。

5. 北川县县城所在地曲山镇是死亡失踪人数最多的乡镇，约 15 000 人。

6. 唯一遭到地震毁灭的县城是绵阳市的北川羌族自治县县城。

7. 地震造成的最大堰塞湖是地处绵阳市北川县境内的唐家山堰塞湖，其排危转移了 20 余万人。

8. 绵阳是因灾直接经济损失最多的地级市，达到 1 689.1 亿元，占到四川省总损失（7 717.7 亿元）的 21.8%。

资料来源：根据绵阳市民政局提供的《汶川特大地震绵阳抗震

救灾志》(征求意见稿)、《汶川特大地震抗震救灾志》编纂委员会组织编纂的《汶川特大地震抗震救灾志(卷四)·地震灾害志》等数据、资料汇总整理。

“生命线”抢通保通困难大、任务重。通往北川、平武、安县、江油的道路全部中断,48个乡镇因公路断道成为孤岛,而毁损道路的迅速抢通是保障生命救援的第一要务。地震发生后,绵阳广播、电视,固定、移动电话以及网络信号同时中断,而掌握灾情、信息发布以及工作部署、联络,帮助受灾群众寻亲都需要通信网络的迅速恢复。地震发生后,全市绝大部分城乡电力供应顿时中断,绵阳网负荷降至灾前的1%,而应急供电的恢复是抗震指挥、通信恢复、医疗的重要保障,也是五百多万受灾群众基本生活条件的保障。同时,近千个集中安置点200万临时安置的受灾群众的用电、通信、广播等的保障,无论是工作量,还是工作复杂程度和困难程度都是震前难以想象的。

大量房屋破坏、家园被毁,受灾群众应急转移安置、过渡性安置和居民住房恢复重建任务重。据统计,抢险救援阶段,绵阳全市紧急安置受灾群众311.58万人,其中,设立集中安置点880个,安置257.65万人;分散安置和投亲靠友安置53.93万人。应急期结束后,绵阳对全市因灾造成房屋倒损较为严重的113万户、245.17万人进行了过渡性安置,设立集中安置点347个,集中安置28.16万人,分散安置186.05万人,投亲靠友安置30.96万人。上述超大规模的转移安置，其组织协调、安置与维护管理资金保障[①]、物资保障、服务管理、医疗防疫、学校复课、特殊人员安置、治安管理[②]等都是急需解决的问题，特别是对于规模较大的集中安置点，各类问题层出不穷（防雨、防风、防寒、防潮、防冻、防火等一系列问题）。经鉴定，全市50.3万户农房需恢复重建，75.38万户农房需维修加固，45.2万户城镇住房需重建和维修，这些房屋维修重建面临着资金筹措、补助帮扶政策制定、建材供给、技术指导，以及建房过程中的资金监管、质量监督、分配公平等诸多问题。

灾区党政工作人员的严重伤亡及部分机构的毁灭性破坏让应急救灾和恢复重建的组织执行雪上加霜。汶川特大地震使绵阳市干部队伍遭受较大损失，全市机关事业单位干部死亡或失踪511名，其中：县级干部6人，科技干部74人，一般干部431人；1 280名干部不同程度受伤，重伤致残82人[③]；大量干部家属因灾死亡、失踪或受伤。大量干部的损失使本来就异常艰巨的救灾和重建任务更加困难，家人、同事的伤亡，家庭财产的损失，以及繁重的救灾和重建任务也给各级干部的身心健康造成影响。据统计，北川、安县、平武、江油四个极重灾县，30.9%的干部陷入生活困难，30.5%

---

① 有专家提出了，过渡板房成本远高于预计成本，对灾区地方政府造成巨大压力，且长达1—3年的过渡期将产生大量的运行及管理成本。参见国家减灾委员会、科学技术部抗震救灾专家组：《汶川地震社会管理政策研究》，北京：科学出版社2008年版，第56—57页。

② 有专家列举了“盗窃财物、暴力行为、强奸和其他形式的对女性的性侵犯、拐卖妇女、拐卖灾区儿童（特别是孤儿）、诈骗、帮派、灾民与本地居民的矛盾”等主要治安问题。参见国家减灾委员会、科学技术部抗震救灾专家组：《汶川地震社会管理政策研究》，北京：科学出版社2008年版，第74—76页。

③ 中共绵阳市委组织部：《鲜明导向 多措并举 坚持在救灾重建一线选育干部——绵阳市加强灾区干部队伍建设的主要做法和经验启示》，载绵阳市重建委办公室、绵阳市委政策研究室：《绵阳市抗震救灾和恢复重建经验启示录》，绵新出内（2012）字第80号，2012年4月，第226页。

的干部存在心理障碍(见表2-2),北川干部心理障碍问题尤其严重。同时,部分机构由于人员伤亡或房屋破坏严重,难以正常运转,无法参与救灾工作。以北川县医疗系统为例,北川县卫生系统157人遇难(含退休31人),48人重伤,195名在职职工家属遇难,县级医疗机构64.3%的人员伤亡(48.5%死亡,含妇幼保健和预防疾控),县级机构100%房屋损毁、92.4%的设备损毁;乡村医疗机构99.6%的房屋损毁、67.9%的设备损毁。可以说,北川医疗系统几乎被地震摧毁,在震后难以发挥应有的作用。

大规模次生灾害是此次地震灾害的重要特点之一,也是绵阳市灾害损失严重的突出原因。这些次生灾害不但造成了巨大的生命财产损失,还使绵阳市抗震救灾工作异常复杂和困难。正如前文所述,造成重大人员伤亡的单体滑坡崩塌(死亡超过10人)主要位于绵阳境内,包括北川县曲山镇王家岩(城西)滑坡(约3000人死亡)和北川县曲山镇景家山乱石窖滑塌(约2800人死亡)。这两个滑坡崩塌事件使北川县城所在地曲山镇原有常住及流动人口近1/4人员死亡失踪。由于山体滑坡、崩塌,瞬间吞没大量建筑物,人员被埋情况严重,搜救工作异常困难。唐家山堰塞湖是汶川地震造成的105座堰塞湖中唯一一座极高危堰塞湖,位于北川羌族自治县曲山镇、涪江直流通口河上游湔江河段上(距北川县城4.6公里)。唐家山堰塞湖影响下游人口130万人,以及国内唯一通向西南地区的成品油管道——兰成渝成品油输油管道。5月12日,漩坪乡场镇一大半就被堰塞湖淹没,5月13日山体再次垮塌后,漩坪乡场镇一片汪洋。历时近一个月,到6月10日,唐家山堰塞湖按照预定方案实现安全泄洪。唐家山堰塞湖的处置,使得本来就繁重的应急工作更加特殊和复杂,也使得北川等极重灾区大量刚刚被转移到安全地带的受灾群众再次转移,游仙区、涪城区等大

表 2-2 四个极重灾县干部心理情况统计表

单位:人

项目 单位	干部数量	家属遇难干部	家属因灾致残干部	因灾致残干部	生活困难干部	心理障碍程度			接受心理服务		
						一般	重	较重	从未	1—2 次	多次
县级机关	9 798	422	156	221	2 681	2 298	345	52	2 153	5 813	1 001
乡镇	7 441	102	10	8	2 638	2 425	76	57	1 701	4 680	605
合计	17 239	524	166	231	5 319	4 723	421	109	3 854	10 493	1 606

资料来源:中共绵阳市委组织部:《重建精神家园——绵阳市开展干部群众关爱工作的主要做法和经验启示》,载绵阳市重建委办公室、绵阳市委政策研究室:《绵阳市抗震救灾和恢复重建经验启示录》,绵新出内(2012)字第 80 号,2012 年 4 月,第 169 页。

量市民被迫转移,临时转移27.76万人,进一步加大了绵阳市群众安置、生活保障的难度。堰塞湖的泄洪排险还一度淹没北川县城曲山镇、漩坪乡、禹里乡等地的部分区域。

二、对社会发展的影响

汶川特大地震对社会发展的直接影响主要体现在因地震而产生出的一系列社会问题,这些问题如不能得到妥善处理,必然会影响社会的稳定与发展。在这里,我们以地震对北川社会发展的影响为例,对此加以描述和分析。

北川县城是汶川特大地震中唯一被毁灭的县城驻地,成为汶川特大地震恢复重建中唯一一个异地重建的县城。可以说,北川因灾家庭和社区的恢复、因灾失地问题、各行各业恢复与重建问题是绵阳市、四川省灾区乃至整个汶川地震灾后社会影响的一个典型、一个缩影。

在此次地震中,北川遭受极为惨烈的重创,地震瞬间引发的王家山滑坡和景家山崩塌几乎使县城夷为平地;震后唐家山堰塞湖泄洪排险一度淹没北川县城;汛期,县城周边又陆续发生多起山体滑坡及泥石流灾害,县城因此多次遭受破坏。2008年5月中旬,绵阳市抗震救灾指挥部提出北川县城新址重建思路,7月开始启动相关具体工作。2009年2月1日,民政部发出《关于调整北川县行政区划的批复》(民函〔2009〕41号),同意将安县安昌镇、永安镇和黄土镇的常乐、红岩、顺义、红旗、温泉、东鱼等6个村划归北川县管辖。2009年3月,市政府常务会议审议通过在上述6个村的行政区域设置北川县永昌镇,作为北川县人民政府驻地,永昌镇政府驻红旗村。此次行政区划的调整,涉及北川县、安县两个县辖区,涉及相关区域的机构编制移交,学校、医院移交,企事业在职人员、离退休人员社保关系移交，财政体制调整及债权、债务清核，国有资产划转等重大问题的处置，进而又涉及城镇发展用地、农民生产用地、群众利益保障、基层干部工作等一系列社会问题。

而北川县城毁灭，以及上万人遇难或失踪，大量农民因灾失地，极重灾区家庭和社区的恢复困难重重，社会影响复杂而长远。一是生计问题突出。灾害过后，由于大量行业、产业停滞或处在恢复期，灾区经济发展速度受到影响，大量受灾群众也因此失去工作岗位或经济来源[①]，灾区居民生活水平受到影响。大量家庭因灾失去劳动力，或因灾失去原有工作或经济来源，或失去土地等生活资本，生活陷入困难，也难以支撑自家房屋等的恢复重建，一些家庭也因此出现辍学、伤残无力康复等问题。灾害对贫困人口的影响尤为突出。虽然由于政府和社会的短期救助，2008年极重灾区和重灾区的贫困发生率较震前有所下降[②]，但随着震后的住房维修重建的庞大开支，以及地震对灾区生产、生活基础设施的摧毁，其对贫困人口、贫困村庄带来的影响将是长期的。二是受灾群众心理影响突出。因灾亲属遇难或致残，大量受灾群众心理健康受到严重影响，对于妇女、儿童、老人、残疾人等弱势群体心理健康的影响

---

① 汶川特大地震导致绵阳市一二三产业遭受重创，累计123家规模以上企业停产，3 300家中小企业受损或停产，5.6万户个体工商户歇业或受损，大量劳动者因灾失去劳动收入，其中：18.8万城镇劳动者失业，64.5万农村劳动者失去农业收入，新产生“零就业家庭”1.4万户。参见绵阳市人力资源和社会保障局：《强化政策支持 完善服务体系 实现灾区群众持续稳定就业——绵阳市促进灾区群众就业创业的工作思路和措施》，载绵阳市重建委办公室、绵阳市委政策研究室：《绵阳市抗震救灾和恢复重建经验启示录》，绵新出内（2012）字第80号，2012年4月，第256页。

② 黄承伟、Thomas Bonschab：《〈汶川地震灾后恢复重建总体规划〉实施社会影响评估》，北京：社会科学文献出版社2010年版，第81页。

更为明显，尤其是儿童心理创伤持续时间比其他群体更长[①]，甚至是终身影响。三是特殊人群问题突出。震后孤儿、孤老、残疾人等特殊人群增多[②]，而后续的孤儿成长教育、孤老赡养、残疾人康复，以及灾后救助和长期社会保障过程中的权益保障问题都不容忽视。大量独生子女死亡或伤残，孩子的母亲面临再生育问题，这些妇女不仅需要法律层面放宽生育政策，而且急需在生育技术服务等方面得到救助。四是社区环境破坏问题突出。由于部分灾区的异地恢复重建，原有的生活环境被打破，邻里关系、社区关系不同程度受到影响，不利于震后受灾家庭、社区精神家园及人际关系的恢复。上述诸多问题，部分在大规模恢复重建过程中得以解决或改善，但很多问题需要较长时期通过家庭的重构、社区的重建才可能逐步得以改善。

地震除了给北川县造成大量房屋、基础设施毁损外，各行各业大都遭受重创，教育、医疗等行业遭受毁灭性的破坏，需要长期的恢复重建。除了各类房屋与设备设施等硬件亟待恢复重建，大量人力、服务体系、产业系统的恢复则是长期和复杂的。地震造成北川等极重灾区社会服务系统、社会生产系统陷入瘫痪和停顿，在灾害应急阶段，难以对紧急救援、受灾群众临时生活保障发挥作用。由于地震带来的毁灭性打击，灾区自身开展社会生产、生活的恢复能力十分有限，在恢复重建期间甚至恢复重建结束后的一段时期内都需要国家给予支撑，才可能逐步得以恢复，而由于部分行业的专业人才队伍的损失，技术系统以及服务网络的破坏，部分行业、

---

① 黄承伟、Thomas Bonschab:《〈汶川地震灾后恢复重建总体规划〉实施社会影响评估》，北京:社会科学文献出版社 2010 年版，第 196 页。

② 参见《汶川特大地震绵阳市民政局抗震救灾志》编纂委员会:《汶川特大地震绵阳市民政局抗震救灾志》，2011 年 7 月，第 227 页。

系统的全面恢复则需要更长的周期。

地震给羌禹文化的传承带来不可估量的影响。北川县是我国唯一的羌族自治县，地处羌汉结合部，羌文化丰富多样；北川是大禹故里，中国民间文艺家协会于2007年7月6日将北川命名为“大禹文化之乡”。地震造成北川县禹羌文化研究中心被毁，大量关于禹羌文化的第一手资料、刊物、田野作业形成的资料图片、影像资料被埋，部分专家遇难，全县禹羌文化研究近于瘫痪。同时，汶川特大地震造成部分“非遗”项目的相关实物及文字资料、音像资料被毁或被埋，北川县通晓羌族语言、历史文化的“非遗”传承人30余人不幸遇难，另一个羌族聚居区平武县也遭受巨大损失，羌族非物质文化遗产濒危。羌族民间文艺社团受到重创，在北川县文化馆参加诗社例会的社员不幸遇难56名，诗社成立14年来积累的许多羌乡诗人的资料和创作成果全部被王家岩滑坡形成的乱石掩埋，北川县书法家协会10名会员遇难，历年收藏的书画作品荡然无存。羌禹文化的传承人、研究专家、文化人的遇难，相关实物和文献的灭失，给羌禹文化的传承带来不可估量的损失，对于当地羌族等少数民族的恢复重建及发展问题的影响将是长远的。

然而，汶川地震灾害对社会发展的影响不仅仅直接体现在上述这些方面，还间接体现在恢复重建政策的外部性①导致新的社会问题的出现。在2008年下半年至2011年9月，汶川地震灾区开展了大规模的恢复重建工作，通过做好恢复重建规划、多方面筹措重建资源，采取省际、市（区）和县等对口支援方式，以及针对各类受灾地区和群体制定多样化的补助政策，灾区恢复重建取得了举

---

① 关于公共政策的外部性，可参见李成言、谷雪、俸锡金：《廉政政策分析》，北京：北京大学出版社2002年版，第251—252页。

世瞩目的成就，居民人居条件和环境得到大规模改善，各行各业开始得到全面恢复。但与此同时，灾后恢复重建规划和各项政策措施的实施也因公共政策的外部性而不同程度地带来新的社会影响。

国务院扶贫办在汶川地震恢复重建实施过程中进行了效果跟踪和社会影响评估工作，他们针对汶川地震对绵阳地区的影响及恢复重建情况进行了专项调研和分析，认为地震灾区在社会经济全面恢复的同时，在部分领域出现的社会影响不容忽视：(1) 重建期间大规模固定资产投入，使灾区经济呈现出短时期的高速增长，也带来大量临时性就业，但随着重建过程的结束，经济增长的动力不足和新的就业问题逐步显现；(2) 较快的恢复重建进度，劳动力、建材等成本的增长，增加了住房重建和企业恢复生产等成本，影响了资金不足家庭的住房恢复和中小企业的全面恢复，而随着恢复重建期的结束，无论是农户还是中小企业都面临着较大的还贷压力；(3) 一些地方、一些领域重"硬件"重建轻"软件"恢复的倾向，使得部分社区环境、社会网络的恢复还存在较大问题，相关职业培训、防灾减灾培训及演练、社区居民活动等方面存在一定的形式化倾向，实际效果不明显，残疾人、低教育水平人群等脆弱群体在这些方面参与的机会则更少，切实提升灾区就业水平、社区环境、防灾减灾能力将是长期面临的问题；(4) 恢复重建中有大量政策措施需要实施，政策执行过程中也出现一些具体操作方式欠妥当、公信度缺失等问题，使得受灾群众、基层干部和部分部门间一定程度上出现不信任的情况，灾区社会诚信度的提升需要予以高度重视。[①]此外，大规模的房屋重建和维修加固，甚至超前20年的建房水平，为后续房屋维护等带来了隐患。

三、对经济发展的影响

根据相关监测与研究结果，汶川特大地震给灾区经济发展带来长远影响。通过计算2008—2013年历年地区生产总值（GDP）的年增长率变化，并与2001—2007年GDP年增长率进行对比分析，我们可以看到绵阳市各县（市、区）2001—2013年GDP的动态变化（见图2-2）。

2008年，3个极重灾县（北川县、安县和平武县）和参照极重灾县政策对待的江油市，其GDP在2008年均出现了下降，其中北川、平武2县尤其明显，高达20%左右；其余各县（区）没有出现下降情况，其GDP增长幅度与2001—2007年年平均增长率基本相当，但都明显低于2006—2007年的增长幅度。

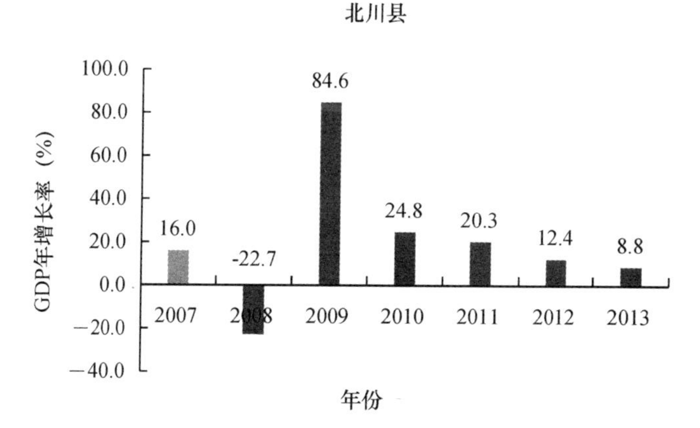

图2-2 2001—2013年绵阳市各县（市、区）GDP年增长率动态变化图（1）

① 黄承伟、Thomas Bonschab：《〈汶川地震灾后恢复重建总体规划〉实施社会影响评估》，北京：社会科学文献出版社2010年版，第4—17页。

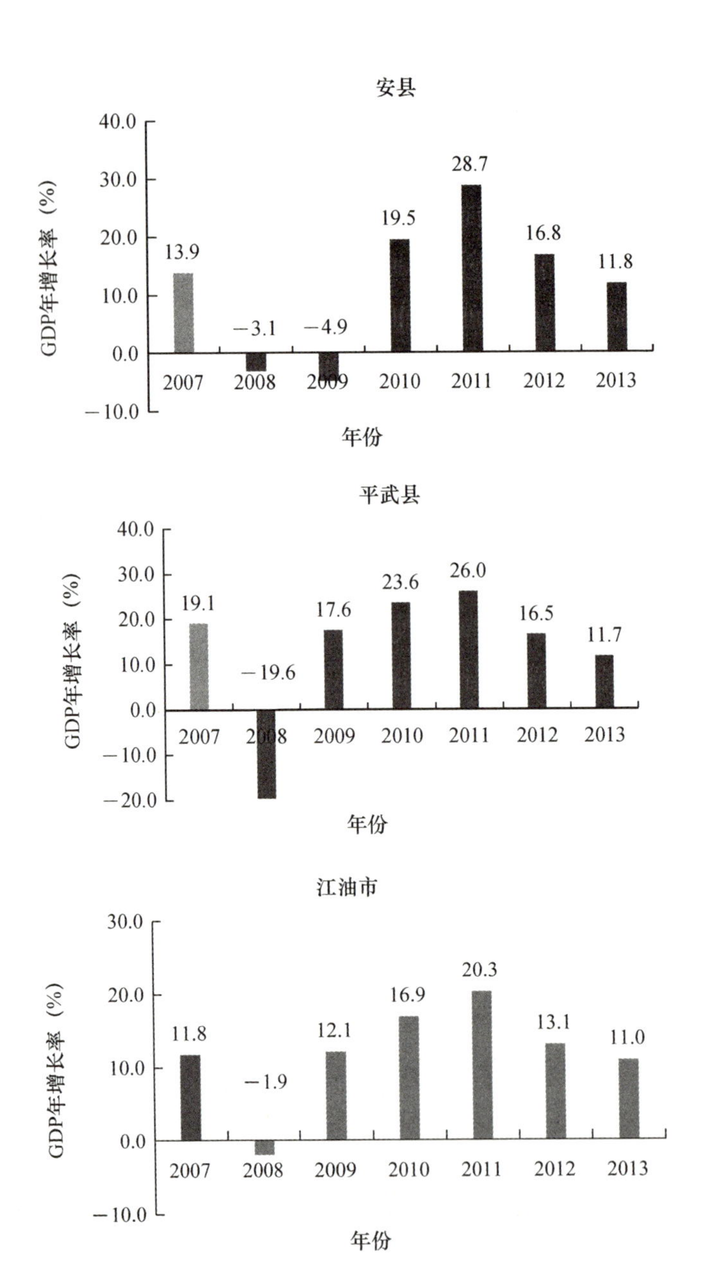

图 2-2 2001—2013 年绵阳市各县(市、区)GDP 年增长率动态变化图(2)

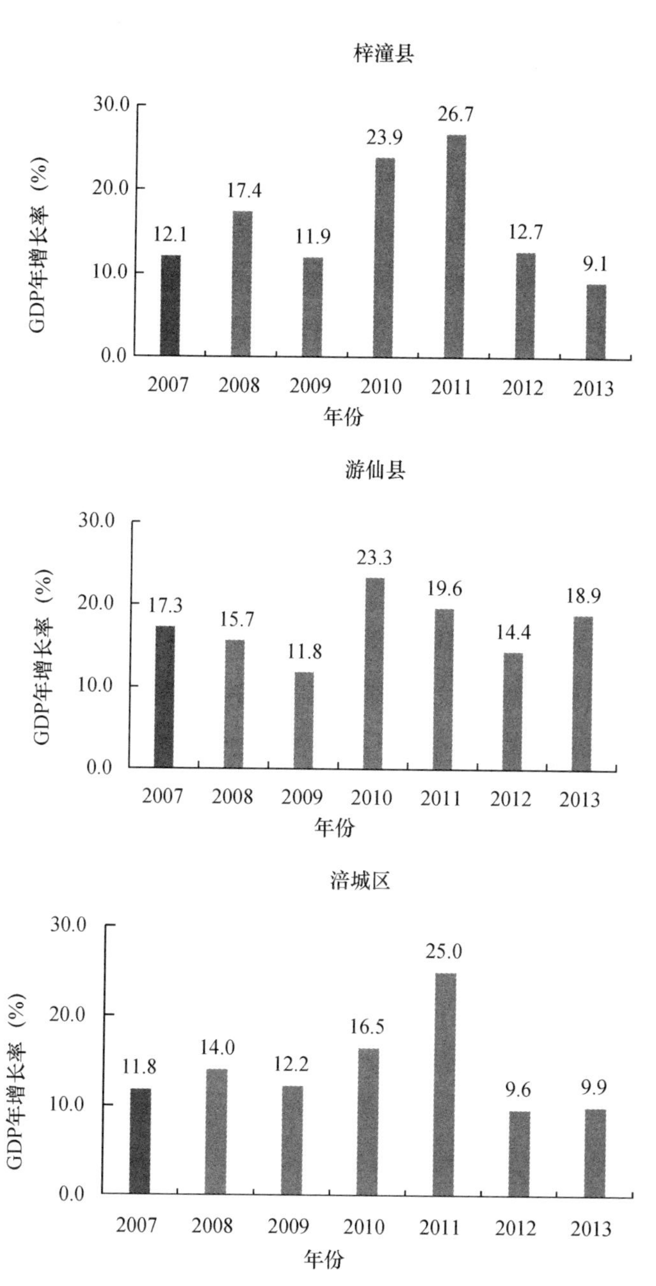

图 2-2　2001—2013 年绵阳市各县(市、区)GDP 年增长率动态变化图(3)

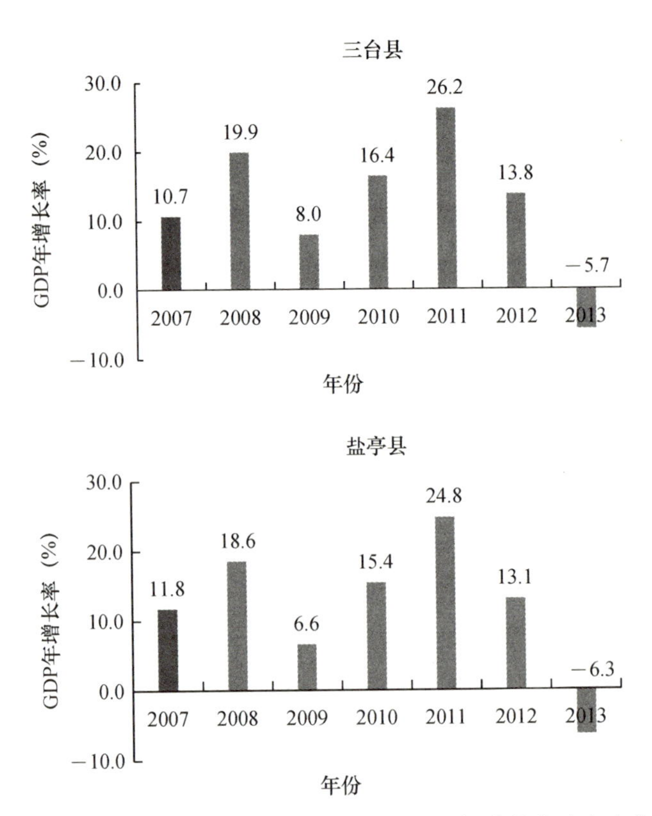

图 2-2　2001—2013 年绵阳市各县(市、区)GDP 年增长率动态变化图(4)

注:1) 图中"2007"为 2001—2007 年 GDP 年平均增长率;其余为历年 GDP 年增长率;2) 本图根据 2001—2014 年《四川省年鉴》数据制作。

从 2009 年开始,北川县由于受灾严重,大规模的恢复重建投入使其 2008—2009 年 GDP 增长率高达 84.6%,之后迅速逐年下降,2009—2010 年 GDP 增长率下降为 24.8%,2011—2012 年 GDP 增长率下降为 12.4%,低于 2001—2007 年平均水平,2012—2013 年 GDP 增长率进一步下降为 8.8%。而其他各县(市、区)震后基本都经历了增长速度放缓、增长速度加快、增长速度放缓的变化过程,这 8 个县(市、区)2008—2009 年 GDP 增长率都较比 2007—2008 年下降(其中安县增长率为−4.9%,甚至低于 2007—

2008 年的－3.1%），之后都出现了增长速度加快的趋势，其中游仙区 2010 年达到峰值，其余 7 个县（市、区）都在 2011 年达到峰值。2011 年之后，GDP 增长率出现明显回落，其中游仙区、涪城区 2012—2013 年 GDP 增长率较 2011—2012 年有一定提高，其余 6 个县（市、区）持续下降，三台县、盐亭县甚至在 2013 年出现了负增长。

通过分析极重灾区（北川、安县、平武、江油 3 县 1 市）GDP 占全市 GDP 总量的比例的动态变化情况（图 2-3），我们可以看到，北川等 4 个极重灾区 2008 年年末 GDP 占全市总量的比例（28.19%）较 2007 年年末（32.34%）下降 4 个百分点；随着恢复重建的推进，占比没有明显回升，2009—2012 年平均占比为 28.4%，与 2008 年相比没有明显提高，2013 年占比回升至 29.4%，但依然明显低于 2001—2007 年平均水平（31.8%）。

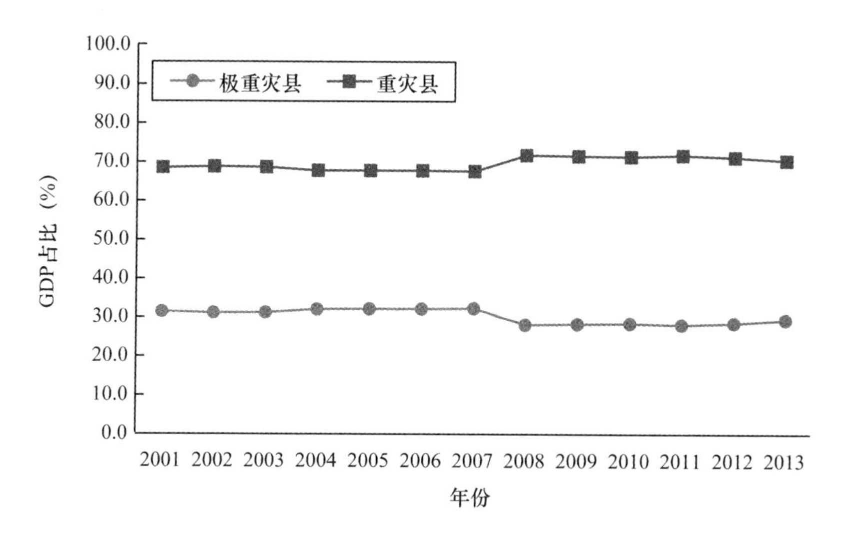

图 2-3　绵阳极重灾县、重灾县 2001—2013 年 GDP 占全市总量比例动态变化图

注：1）图中极重灾县包括北川、安县、平武、江油 3 县 1 市，其余各县（区）为重灾县；2）本图根据 2002—2014 年《四川省年鉴》数据制作。

地市级层面的GDP变化情况如图2-4所示，受地震影响最为严重的成都、德阳、绵阳、广元和阿坝等市(州)2008年GDP占全省总量的比例出现明显下降，其他各市(州)均为持平或上升。而作为四川省经济第二大城市的绵阳市(其GDP长期处于全省排名第二)，2008年年末其GDP占全省总量的比例(5.85%)较2007年下降0.43%，2009—2013年变化不大，但却保持了微弱的下降趋势，到2013年年末下降到5.28%。同为重灾市的德阳市(GDP全省排名第三)与绵阳市趋势相同，广元市2012年、2013年占比较2008年略有升高，阿坝州则有明显回升。除成都市2009年GDP

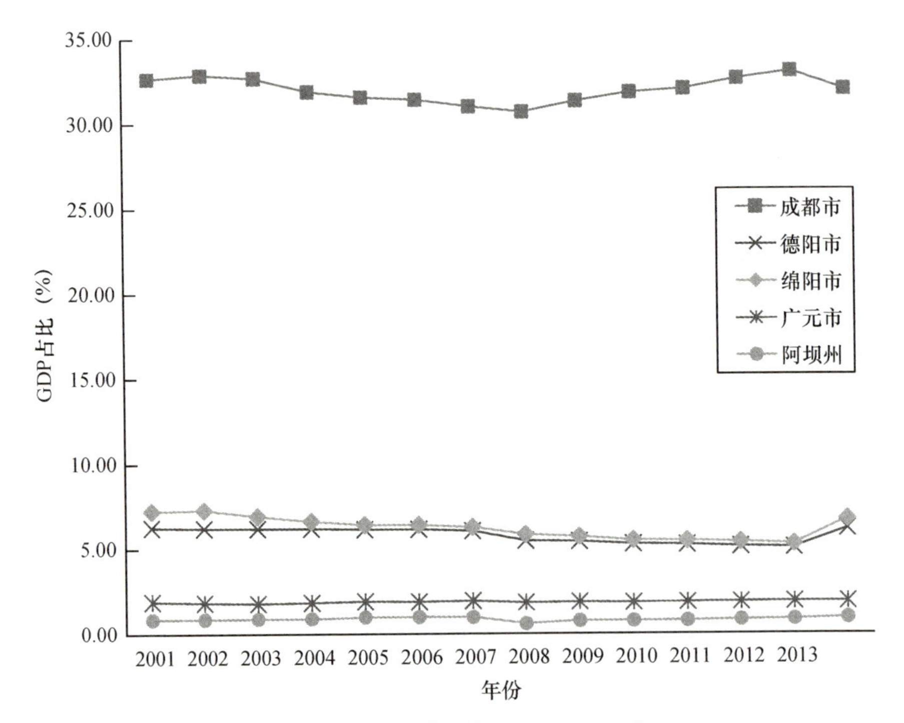

图2-4 绵阳等重灾市(州)2001—2013年GDP占全省总量比例动态变化图

注：本图根据2002—2014年《四川省年鉴》数据制作。

在全省占比超过2007年水平且保持持续增长态势外，广元市到2013年GDP全省占比与震前水平基本相当，阿坝州则下降9.4%，德阳市下降18.0%，绵阳市下降21.7%。由此可见，尽管地区经济的总体发展水平受到多种因素影响，但重灾地区受地震灾害的影响将是长期的。

四、对生态环境的影响

汶川特大地震及次生灾害同样也对绵阳的生态环境造成了长远而深刻的影响。地震导致地表松动、大面积滑坡、崩塌，大量地表植被破坏，对灾区生态环境造成破坏或使其发生变化。

震后次生地质灾害隐患明显加大。汶川地震后的第一个汛期，泥石流和山洪灾害较常年明显增多，给大量集中安置点造成影响。正如前文所述，汶川地震后2008年汛期全市发生泥石流2016处，其中巨型15处、大型55处。其中，2008年9月23日至24日发生的北川县魏家沟泥石流灾害最为典型，受地震及其次生崩塌、滑坡等影响而产生的松散推挤物就有185万立方米参与此次泥石流活动。泥石流在沟口段—北川县城东南侧淤积，淤埋了县城老城区大部分地区，淹没北川中学废墟，对地震遗址造成极大破坏，并造成22人死亡(失踪)，116户381间房屋、56顶帐篷被毁，160间板房进水。而根据专家分析[①]，地震灾区地质灾害在震后前5年处于高发阶段，一般20—30年才可能下降到震前水平，绵阳市2009年后的灾害发生情况也逐步证实了这一点。震后以来，每年汛期绵阳市均多次发生暴雨洪涝及滑坡、泥石流灾害，北

① 《北川地震遗址数亿投资打水漂 保存或消亡存争议》，http://news.xinhuanet.com/2013-07/11/c_124990509.htm。

川老县城也几乎连年被淹：2011 年就被淹了 3 次；2012 年 7 月 16—17 日，北川县普降大暴雨，境内多条道路路基被冲毁，雷禹路全线中断，北川老城区遗址全部浸泡在洪水中，积水最深达 2 米①；2013 年 7 月 8—9 日，北川老县城遭遇 50 年最强洪水，老县城新老城区大部被淹，积水最深达 3.6 米，供电、供水、道路全部中断②。2008 年地震后绵阳市洪涝及地质灾害较震前有明显增加趋势。

地震灾害对绵阳市森林系统造成严重破坏。地震共造成绵阳市 163.11 万亩的森林资源不同程度受损：森林资源数量减少，森林覆盖率降低；林分郁闭度③下降，单位面积蓄积量下降；原始林减少，次生林增加，森林资源质量下降。生态系统脆弱性更趋突出，龙门山断裂带本身就具有一定的脆弱性，加上这次特大地震形成的山体滑坡、崩塌及泥石流，造成山体裸露，形成大面积的裸岩，其生态系统的恢复与重建极其困难。同时，水源地涵养水源能力显著降低，水土流失危害进一步加剧。森林防火形势严峻，重点火险地区北川县、平武县、安县、江油市基础设施设备严重破坏；重灾区的林业有害生物防疫体系遭到严重破坏，加之大地震直接破坏森林生态系统，大量林木折干、断梢、受损，林内卫生条件变差，极大地降低了林分自身抵御林业生物灾害的能力，引发疱锈病、落针病、林业鼠（兔）害等森林病害、虫害几率大大增加。

由于地震及次生山地灾害破坏具有危害面广、程度深、周期长

---

① 《北川老县城被淹 积水最深 2 米》，http://news.ifeng.com/gundong/detail_2012_08/18/16901628_0.shtml。

② 《四川北川县迎 50 年最强洪水 地震遗址被淹没》，http://news.qq.com/a/20130709/012387.htm。

③ 林分（stand）是指内部结构特征（如树种组成、林冠层次、年龄、郁闭度、起源、地位级或地位指数等）基本相同，而与周围森林有明显区别的一片具体森林。郁闭度（crown density，canopy density）是指单位面积上林冠覆盖林地面积与林地总面积之比。

的特点，对于生态系统是一种突发、巨大的外界干扰，直接影响破坏土壤系统、森林植被，造成野生动物迁移或死亡，对生物群落之内或之间的食物链关系产生影响，森林生态系统结构和自反馈机制的破坏直接影响生态系统稳定性，威胁着区域的生物多样性。北川、平武为西部山区，尤其是王朗自然保护区，植被覆盖率高，给各种野生动物的生存提供了极为优越的环境。此次地震导致地表松动、大面积滑坡和泥石流，大熊猫、金丝猴等野生动物栖息地受到破坏，大量珍稀植物被埋，可能造成震后大熊猫、川金丝猴及其他珍稀野生动物个体受伤甚至死亡。植被遭到破坏，危及生物多样性。

上述破坏发生后，灾区生态自我修复、生态系统恢复都需要非常漫长的时间周期，生态系统建设的压力加大，创建环境优美乡镇、生态村、生态小区、绿色学校、绿色小区等工作进程减缓，直接影响到绵阳市建设西部生态强市的进程。

总而言之，上述系列问题都将是绵阳市灾区全面建设小康社会、实现可持续发展面临的重大挑战，也是其他重特大灾害恢复重建以及长期发展值得注意的问题。

第三章
应急救灾

应急救灾是灾害管理周期中最紧迫、最困难的一段时期，而决策指挥是其核心和灵魂，决策是否快速、科学，指挥是否得当、有效，直接决定着整个应急管理活动的成败。汶川特大地震发生后，绵阳市委紧急启动公共突发事件Ⅰ级应急预案，成立“绵阳市抗震救灾指挥部”，下设综合协调组（市抗震救灾指挥部办公室）、抗灾救济组、供给保障社会捐赠组、医疗教育组、群众安置组、遇难灾民善后组、安全稳定组、新闻宣传组等8个工作小组。各小组按工作职责迅速展开救灾工作，并组织各地、各部门成建制地投入抗灾自救，确保工作不乱、指挥有序。在应急响应阶段，绵阳市抗震救灾指挥部通过召开各类会议、发布公告及工作简报等方式，全面展开抗震救灾决策指挥工作。随着抗震救灾工作重点的变化，绵阳市适应形势需要，阶段性地调整指挥部的组成及职能，不断完善组织指挥体系和工作机制，以更好地发挥决策指挥的作用。

地震的突发性和巨大破坏性使绵阳市面临着极为复杂的决策困境。应急救灾期间，绵阳市围绕紧急救人和临时救助两大核心任务，组织开展了抢险救援、紧急转移安置、应急保障、信息发布等一系列应急处置的决策和行动，有效有序地组织了应急救灾工作。在这一章，我们从五个方面描述和分析绵阳市在应急救灾中开展的主要行动：一是从生命救援、医疗救治、遇难人员善后、生命线抢通与恢复四个方面对绵阳市的抢险救援行动进行描述；二是围绕受灾群众的转移、安置和救助三个关键环节，描述和分析了应急期间绵阳的紧急转移安置和生活救助工作；三是从人力资源协调保障、救灾资金和物资保障、救灾运输保障三个方面对绵阳市所开展的应急保障工作进行描述和分析；四是从组织与决策、信息发布和媒体报道三个方面，描述和分析应急期间绵阳市的信息发布与媒体报道工作；五是就巨灾应对与应急预案、属地管理及备灾工作等相关问题进行探讨。

第一节 抢险救援

参照一些研究者[1]对应急救援所下的定义，我们可以将抢险救援界定为专业救援队、军队、社会组织、社区邻里等在灾害发生后的第一时间开展救援活动，对受伤、死亡人员进行医疗处置，对关键性基础设施进行抢通或恢复。从这个定义出发，我们可以看到，绵阳市在抢险救援中主要面对四项任务，即生命救援、医疗救治、遇难人员善后、生命线抢通与恢复，其中，如何抢救生命、把群众从

---

① 胡俊锋、李仪、张宝军等：《亚洲自然灾害管理体制机制研究》，北京：科学出版社2014年版，第18页。

危险的状态下解救出来是最核心、最紧迫的任务。

地震发生后，绵阳市抗震救灾指挥部迅速做出四项决策：一是架设专用电话，获取准确震情信息和上级指示精神，及时收集各地灾情报告；二是对供电、供气设施拉闸，对水库、高楼、桥梁等重点设施实施监控；三是立即派出18名市级领导分赴市区学校、医院、企业等单位查看收集灾情，组织手写抗震救灾公告，稳定公众情绪，并在震后6小时内连发3个公告，请广大市民保持镇静，尽量到室外空旷地带避险，搞好自救，注意防火、防盗等①；四是立即开放全市所有医疗机构，无条件组织抢救伤员。与此同时，市委组织部向全市1.6万名党员干部和26万多名党员发出紧急动员令。随着这些指令的执行和公告的发布，市抗震救灾指挥部逐渐掌握了城区灾情，城区受灾群众情绪逐渐平静下来，抗震救灾各项工作紧张有序展开，为下一步绵阳市全力开展抢险救援工作奠定了基础。②

在获悉初步灾情之后，绵阳市抗震救灾指挥部意识到地震的严重性和破坏性，围绕抢险救援迅速进行决策和行动，组织、动员、调配本地的人员、装备、物资等救灾资源，展开生命救援和医疗救治，摸清本地灾情，并向上级、向军队请求支援（见表3-1）。针对北川、安县、平武、江油受灾极重的情况，市抗震救灾指挥部提出"要不惜一切代价抢险救人，调集最精锐力量支援极重灾区，快速打通交通'生命线'，立足自救、火速救人"，并做出七条具体决策：一是由8名熟悉当地情况、工作能力强的市级领导率队，火速驰援极重灾区北川、平武、安县、江油，就地牵头组建北川、平武、安县、江油

① 参见《绵阳年鉴2009》。

② 中共绵阳市委党史研究室：《绵阳市抗震救灾重建家园实录》，2009年，第50页。

四个前线指挥部，统筹指挥当地救援工作；二是立即停建全市所有重点建设工程，调集城区所有工程机械连夜赶赴极重灾区抢险，以最快速度抢通“生命线”；三是封存征用市内所有超市物资，调集饮用水、食品、药品等急救物资，火速组织运往极重灾区；四是实施交通管制，维护交通秩序，全力保障抗震救灾车辆顺利通行；五是组织机关50岁以下男性干部和长虹、九洲两家大型国有企业5 000余名职工，自带干粮、救援工具驰援北川极重灾区；六是由市人大机关负责衔接救援部队，由市政协机关负责救灾物资保障；七是请求四川省和部队火速增援绵阳，协调民航绵阳飞行学院派出直升机查看灾情，尽最大可能空投通信设备、急救药品和救援人员。

表3-1 5月12—14日绵阳市请求支援及外部救援力量第一时间进入情况

请求支援情况	外部救援力量进入情况
△5月12日17时25分，绵阳市抗震救灾指挥部向四川省委紧急报告受灾的初步情况、采取的工作措施，请求省委、省政府给予紧急支援 △5月12日18时05分，绵阳市抗震救灾指挥部针对北川中学教学楼、县城房屋垮塌，大量学生和群众被埋的情况，请求军队紧急支援 △5月12日18时35分，市抗震救灾指挥部针对全市人员伤亡数量激增，市内医院医务人员、急救药品告急，请求省委、省政府紧急支援 △5月12日21时52分，市抗震救灾指挥部向省委、省政府请求支援医疗救护人员和药品、帐篷、食品、棉被、汽油、柴油等救灾物资，以抢救伤员和安置群众 △5月12日23时40分，四川省副省长张作哈代表省委、省政府来绵指导抗震救灾工作，并做出安排：(1) 调集省紧急救援队奔赴绵阳参与抗震救灾；(2) 调集钢钳、钢钎、铁锤等救灾工具支援绵阳抗震救灾；(3)增调1 000至2 000名部队官兵前往绵阳重灾	△5月12日23时许，四川省组织的17个医疗队和绵阳市的5个医疗队奔赴北川、安县、平武等极重灾区参与救灾 △5月12日23时30分，500多名长虹员工组成的救援队到达北川中学，抢救被埋学生 △5月13日0时30分，中国电信西安机动通信局紧急组建的15人应急保障分队，出动2辆直播卫星通信车、1辆1 000线程控交换车、1辆60千瓦电源车、6部海事卫星电话及1辆指挥车赶赴重灾区北川县。10时30分达到绵阳。14时30分，北川队抵达距县城2公里处，设在北川中学的北川县抢险救灾指挥部。15时，通过海事卫星设备北川县现场抢险救灾指挥部拨通与外界的第一个电话。18时，在各运营商中率先开通30路通信电路、8M视频通信，北川县恢复对外联系

（续表）

请求支援情况	外部救援力量进入情况
区增援；(4) 调集直升机给北川、平武等重灾区空投食品、水等物资。还安排省水利厅、省国土资源厅等部门有关专家迅速奔赴北川了解灾后水利、地质情况，及时制定科学预案 △ 5月13日8时，副省长张作哈与绵阳市委领导进入北川县城查看灾情，组织协调部队开展对北川县城被埋群众的搜救，积极向省、市衔接，争取大型搜救工具，以开展大规模营救工作 △ 5月13日11时37分，市抗震救灾指挥部向省抗震救灾指挥部请求派部队紧急支援安县高川、茶坪两个重灾乡镇 △ 5月13日13时15分，副省长张作哈与绵阳市委领导研究安县茶坪、高川、千佛山景区救援和茶坪附近堰塞湖除险工作，请求空中支援，派部队前往营救，对堰塞湖加强监测	△ 5月13日2时30分，成都军区某部首长王凯、参谋长胡中强、装备部部长刘红兵率机关干部28人、战士1 460人到达北川县城，展开救援，是地震后第一支进入北川展开救援的解放军部队 △ 5月13日17时30分，空军某部空降兵第一批次352名官兵到达平武县极重灾区南坝镇。23时50分，第二批次到达南坝镇何家坝村，展开抢险救灾 △ 5月13日，省上派出10个医疗救援分队来绵 △ 5月14日1时，支援绵阳市救灾的空军某部6 000多名空降兵、250人的医疗队全部抵达，奔赴北川、平武和安县抗震救灾

注：本表根据《汶川特大地震绵阳市民政局抗震救灾志》编纂委员会：《汶川特大地震绵阳市民政局抗震救灾志》(2011年7月)、中共绵阳市委党史研究室：《绵阳市抗震救灾实录》(2009年6月)和绵阳市民政局提供的《汶川特大地震绵阳市抗震救灾志》(征求意见稿)等相关资料整理。

在此过程中，绵阳市抗震救灾指挥部迅速组织全市万余名机关干部、企业职工、民兵预备役人员以及广大基层党员干部，火速赶赴灾区全力搜救幸存者。绵阳市交通运输、建设、民政、地震、卫生等部门按照各自职责迅速行动，开展抢险救援。5月14日1时，绵阳市委、市政府召开全市抗震救灾紧急大会，要求全市所有部门、所有干部立即行动起来，调动所有力量，全力以赴做好抗震救灾工作。①

① 中共绵阳市委党史研究室：《绵阳市抗震救灾重建家园实录》，2009年，第51—100页。

一、生命救援[1]

1. 广泛动员自救互救

地震发生后，绵阳市部分县（市、区）交通和通信遭到严重破坏，外来专业救援力量难以在第一时间进入重灾区。在这种“孤岛”状态下，基层组织能否带领群众开展自救互救，对救援有效与否起着至关重要的作用。在地震对本地基层组织机构造成严重破坏的情况下，各县（市、区）政府迅速成立指挥部，一方面通过各种形式向市里汇报灾情，另一方面集结幸存党员干部和群众开展抢险救援，组织群众转移。从收集到的资料来看，绵阳市各受灾县（市、区）开展自救互救的主要做法有以下几项：

一是成立应急指挥机构——县级抗震救灾指挥部。震中一部分重灾区党政领导大量伤亡，导致行政指挥系统在一定程度上失灵。例如，北川县466名干部遇难，占全县震前干部总数的23%，另外有200多名干部受伤。[2] 在这种情况下，县委、县政府领导迅速成立县级抗震救灾指挥部，召集县级干部召开会议，对副县职领导进行分工安排，在指挥部下设置抢险救援、灾情调查、生产自救、物资收发、卫生防疫等小组。部分乡镇也成立了指挥部。震时，一些极重灾区主要领导，如北川县县委书记宋明[3]、安县四大班子主要领导、平武县县委书记张学民正在外地学习或招商等，当地第一

---

[1] 本部分除注释7、8、9、10外均整理自绵阳市民政局提供的《汶川特大地震绵阳市抗震救灾志》（征求意见稿）；绵阳市重建委办公室、绵阳市委政策研究室：《绵阳市抗震救灾和恢复重建经验启示录》，绵新出内（2012）字第80号，2012年4月，第11—20页；中共绵阳市委党史研究室：《绵阳市抗震救灾重建家园实录》，2009年，第2、50—161页。

[2] 邓国胜等：《响应汶川——中国救灾机制分析》，北京：北京大学出版社2009年版，第221页。

[3] 本书提到的人员职务均指时任职务，特此说明。

时间由留守主要领导成立临时指挥部，等主要领导迅速返回后，成立正式指挥部。成立指挥部之后，安县还下发了《关于进一步明确工作职责 切实做好当前抗震救灾工作的紧急通知》《关于进一步加强抗震救灾工作的公告》等文件，实行县级领导、部门包乡镇工作责任制。

二是通过电话联络、派人报送等各种手段上报灾情，寻求支援。5月12日15时45分，北川县借军用电话向绵阳市委、市政府报告：北川发生大地震，造成巨大灾害，请求部队支援；平武县通过卫星电话转报，平武县发生特大地震，请求市里紧急支援；安县、江油、三台、梓潼、盐亭等县也分别通过电话报告地震灾情。16时34分，北川县擂鼓镇干部李善义赶赴市抗震救灾指挥部报告：擂鼓镇被夷为平地，北川县城受灾严重；16时55分，北川县委组织部部长王理效受县委书记宋明指派，赶赴市抗震救灾指挥部报告灾情：北川县城80%被毁，估计4 000—5 000人被埋。大部分"孤岛"地区更多地还是依靠派人穿越险阻的方式报送灾情。

三是多方组织救援力量进行抢险救援。除被埋在废墟之下的群众努力自救之外，一些群众在获救后就地开展救援。灾难一旦降临，邻里感情就转化为主动施救的自发动力和道德义务，且邻里之间对社区内的建筑形态都比较熟悉，知道地震后什么地方房屋倒塌，什么地方可能会埋多少人，埋压的是什么人，可能埋压的大体位置，为互救和其他力量救援做了引导。北川县民政局局长王洪发从周围垮塌的房屋中爬出来，听到哪里喊救命就往哪里跑，见人就救，用手从废墟里刨出了10条生命，在北川小学又救出2个孩子。[①] 与

① 郭伟等：《汶川特大地震应急管理研究》，成都：四川人民出版社2009年版，第141—142页。

此同时，县、乡两级指挥部组织政府干部、县消防中队、民兵预备役、企业职工、学校老师等组成抢险救援队赴重点地区进行救援，继而汇聚幸存群众，扩大救援力量。仅5月12日、13日，各县（市、区）就动员组织民兵4092人开展自救。在得知平通、南坝、水观、响岩等地灾情特别严重后，平武县委、县政府立即组织全县400多名机关党员干部，组建抢险救灾突击队，赶赴极重灾区全力抢险救灾。安县紧急动员在安县人武部集训的120多名民兵组成突击队，赴安昌、永安等镇的学校实施救援。江油市委发出《告全市人民书》，要求全市各级党组织和广大党员干部迅速行动，投入抗震救灾。

在外来救援力量进入前，各县（市、区）自救互救发挥了巨大的作用。比如，北川县在5月12日天黑前在废墟表层救出1 000多人，安县从废墟中救出300余人。

背景资料

震后北川羌族自治县干部群众自救互救

在极重灾区北川，5月12日14时35分，北川县县长经大忠召集避险成功的县级干部召开紧急会议，成立抗震救灾临时指挥部，紧急安排自救工作并对指挥部成员进行分工，迅速组织干部群众自救互救。经大忠和县组织部部长王理效迅速到新老城区查看灾情。面对十分惨重的灾情，经大忠决定在老城区十字路口、新城区的北川大酒店、政府广场和夏禹大桥桥头，再设4个疏散集中点，把县城幸存人员集中起来；仅仅一个小时，8 000多名幸存干部群众纷纷向各集中点聚集，医务人员立即对重伤者紧急施救。县城已是一片废墟，指挥部迅速决定，组织群众向任家坪撤离。当天下午,县城近5 000名群众撤至任家坪北川中学操场。

在抗灾自救的同时,经大忠决定,必须尽快将北川重大灾情上报市委、市政府。指挥部先后派出5批人员到绵阳报信。在外援力量进入县城前,经大忠等县领导带领幸存党员干部和群众,用双手刨,用绳子吊,全力搜救幸存者,天黑前,他们在废墟表层救出1 000多人。晚上,余震不断,风雨交加,经大忠组织党员干部安慰、鼓励被废墟掩埋无法救出的群众,收集县城仅有的食品、饮用水和遮雨用品,让滞留县城的群众避雨充饥。

地震发生时,前往省委党校学习的时任县委书记宋明刚刚行至擂鼓镇,他决定马上返回县城,路过任家坪时下车,在北川中学指挥教师和群众抢救被埋师生,同时派人前往县城查看灾情。17时30分,在北川中学操场乒乓球桌前,北川县抗震救灾指挥部成立,紧急部署全县抗震救灾工作,宋明任指挥长,经大忠等任副指挥长。聚集在任家坪的干部职工迅速组成"抢险救灾突击队",北川中学周围农户的钢钎、铁锹、锄头、杠子等工具被征用,突击队员一路救援北川中学师生,一路进入县城搜救被埋人员,疏散转移被困群众。征用沿途的客车、小货车、摩托车,转运伤员到邻近的安县和绵阳治疗。5月13日凌晨,随着救援力量的到达,北川中学操场聚集受灾群众、学生、救援官兵、志愿者达数万人。县抗震救灾指挥部决定,将受灾群众和学生向绵阳方向转移。

北川县人武部仅有7名干部、职工幸存,68名参加应急训练的民兵全部被埋,仅12人幸免于难。政委钟良军身负重伤,拄着木棍,召集从废墟中爬出的3名干部组织救人,指挥救援长达12小时,因失血过多晕倒在废墟旁。从下午14时30分到晚上19点,他们用手刨、用木棍撬,一共从废墟里刨出40多名群众,其中10多人重伤,30多人轻伤;将伤员集中在一起,用手机一一拍照,注明姓名、地址，连夜转移到安全地带；组织8名民兵，分成两个小组，轮流在废墟上值班，守护被埋的武器弹药和密码机，前后长达95小时。正准备到成都参加集训的部长罗登华，徒步3小时返回北川，连夜在残垣断壁中搜救幸存者，借用手机的微弱光亮，循声一个一个寻找呼救点，在49处废墟上作好紧急救援的红色标记，为部队入城搜救标明准确救人位置。在人力、运力严重不足的情况下，罗登华指挥紧急救援组，按伤情或亲情编组，建卡编队外送群众，每隔3分钟放行50人，把4000多名群众安全疏散出北川县城。

北川县公安局集结47名幸存民警，救出300多名被埋学生、群众，转移2500多名被困群众。县公安消防大队党支部书记熊琪带队赶到曲山小学抢救转移学生，连续救出21名学生，转移师生300余人。5月13日，救援部队进入北川，北川大队官兵凭借对县城熟悉的优势，带领救援官兵分赴北川中学、曲山小学、曲山幼儿园和机关单位开展救援。

特大地震发生后，时任北川中学校长刘亚春、党支部书记张定文、副校长马青平迅速组织幸存教职工展开自救互救。地震过去仅几分钟，高三学生成为自救互救的中坚力量，加上幸存下来未受重伤的老师，全校700多名师生奋力展开救援。在外部救援力量赶到之前，学校师生、周边村民及闻讯赶来的家长，从废墟中救出老师和学生200余人。

资料来源：绵阳市民政局提供的《汶川特大地震绵阳市抗震救灾志》(征求意见稿)。

2. 极重灾区重点救援

北川县、安县、平武县是此次地震极重灾区，其中北川的曲山镇、擂鼓镇、陈家坝乡、漩坪乡、禹里乡，安县的高川乡、茶坪乡，平武县的平通镇、南坝镇等又是极重灾区的极重灾乡镇，而北川中学等具体地点又是极重灾乡镇中的极重受灾点。绵阳市最初将有限的救援力量基本都投向了这几个极重灾区，而极重灾乡镇得到了最多的救援支持。

针对北川的严重灾情，地震发生的当天下午16时48分，绵阳市抗震救灾指挥部派出市委常委、副市长左代富带领民兵预备役应急分队，以及市委常委、科技城党工委副书记、管委会常务副主任易杰率领科技城干部，赶赴北川指挥抢险救人，并在茅坝片区成立绵阳市北川抗震救灾前线临时指挥部，负责指挥协调北川抗震救灾工作，设立搜索营救组、物资交通组、卫生防疫组、综合协调组等工作机构。5月13日2时30分第一支外部救援力量成都军区某部到达后，北川前线指挥部全面组织协调公安、军队、武警冒雨营救北川中学学生。当日14时18分，北川县前线指挥部召开紧急会议，决定积极向上级争取救援力量，争分夺秒抢救北川中学被埋学生。

5月12日17时30分，绵阳市抗震救灾指挥部派出市人大常委会副主任赵映坤带队赶赴平武抢险救灾。绵阳市委常委、组织部部长董维全，挑选近300名机关年轻干部组成救援突击队，赶赴北川、平武等极重灾区抢险救人。

在绵阳市的科研机构和企业也深入参与到抢险救援中，这是绵阳应急救灾的一个特色。如中国工程物理研究院派出10余台大型挖掘机、推土机和10台大型卡车，配备精干抢险人员，连夜开赴抢险第一线。同时，该院指挥部挑选41名人员，携带救助器材分赴平武县平通镇、南坝镇参加救援。5月13日下午，院指挥部增派救援人员赶往南坝。救援队在北川、平武救出被埋群众30多人，挖出遇难者遗体40多具。又如，5月12日当天，长虹集团公司组织500余名员工组成救援队，携带简单工具，分三批前往北川参加救援，先后从废墟中救出20多名幸存者，转移伤员120余人，转送受灾群众1000多人。5月13日5时5分，市指挥部组织5000余人乘车开赴北川县抢险救人，其中就包括长虹职工3000名、九洲职工1000名。

绵阳市军分区协调驻绵阳市部队、武警、民兵预备役等救援力量前往重灾区支援。根据2003版自然灾害救灾应急预案[①]，绵阳军分区负责协调、组织驻绵部队和民兵的抢险救灾工作，要求在应急预案启动后，迅速调集驻绵部队、武警、民兵赶赴灾区，抢救、转移被困人员，协助有关部门工程抢险，并在受灾现场指挥部的统一领导下，及时调整抢救、抢险队伍到最紧要地方投入抢险救灾。这几支力量恰恰就是生命救援中最为重要的专业力量。5月12日14时45分，绵阳军分区召开紧急作战会议，决定军分区即刻转为战时状态，完成动员集结和征用运输车辆等准备，成立抗震救灾指挥部，在北川方向开设前线指挥部，组织指挥分区部队参加抗震救灾行动，决定立即在涪城区、游仙区两个人武部组织民兵应急突击队，作为先遣队开赴北川救援。17时34分，司令员张学东率领464名民兵救灾突击队向北川开进。19时30分，绵阳军分区首批救援突击队到达北川县城，成为第一支成建制进入北川县展开救援的民兵队伍。5月12日、13日，绵阳军分区组织三台县、涪城区、游仙区、江油市、安县、梓潼县、盐亭县民兵1932人组成突击队，征用60台车辆，分四个梯队派往北川紧急救援。14日5时15

① 参见《绵阳市人民政府关于印发绵阳市自然灾害救灾应急预案的通知》(绵府发〔2003〕168号)。

分，各县(市、区)陆续动员的2 600名民兵抵达北川。

除紧急动员的本地民兵预备役力量外，5月12日20时40分，武警绵阳支队200人在政委徐超带领下，采取乘车和徒步开进相结合的方式到达北川县城，并立即开展救援工作。23时47分，参谋长王千军率第二梯队140名官兵到达北川。5月13日凌晨2时，武警绵阳消防支队支队长徐金华带领特勤中队、直属中队50余名官兵，赶赴北川中学营救被困学生。这是首支进入北川灾区的专业救援队，第一时间救出师生56人。

背景资料

北川中学生命救援

北川中学位于县城西南约3公里的任家坪，有学生2 793余名，教师197人。大地震使校园顷刻变为一片废墟，近2 000名师生被埋废墟中。地震发生后，学校、学生家长、当地政府及群众从废墟浅表层救出600余名师生。

北川中学的重大灾情传出后，四川省消防总队迅速调集全省各地受灾较轻的消防支队赶赴北川实施救援，同时上报公安部消防局请求增援。公安部消防局紧急调集重庆、辽宁、海南、陕西、江苏、四川等省(市)消防总队，以及绵阳、宜宾、泸州等8支消防支队紧急赶赴北川灾区全面展开救援。13日晚，国家地震救援队、武警成都指挥学院、武警绵阳市支队、武警四川总队直属支队、武警宜宾市支队、武警广元市支队、自贡军分区、泸州军分区应急民兵营、四川省消防总队南充市支队等单位，加入北川中学救援现场，各路救援力量达2 500余人。

北川中学教学楼坍塌后楼层重叠，被困人员大多压在重叠的一二楼下面，救援难度极大。在现场指挥部的统一调度下，救援力量分为生存搜救队、废墟清理队、遗体搬运队、医疗救护组，互助协作，密切配合，尽全力搜救地震幸存人员。

5月13日9时10分，绵阳消防救援队通过生命探测仪在教学楼北侧坍塌的二楼中发现1名被困女生，其双腿被预制板压住，整个身体几乎被泥土、灰渣完全掩埋。9时15分，朱平、肖显辉、郭喜庭3名消防官兵从三楼地板处向下用手动破拆工具和凿子凿出一个1平方米左右的洞，爬入二楼的教室，用剪切钳逐步清除桌椅，将遇难人员的尸体搬运出去，开辟出救援通道。10时20分，郭喜庭用气动破拆刀对大梁进行破拆，揭开压在女生身上的预制板，用顶杆等工具将砖墙顶起，在女孩背部上方打出救援空间。11时5分，郭喜庭将女生的腿放在自己身上，肖显辉用双手护住女生头部，将被压埋女生安全救出。

5月14日5时16分，绵阳支队特勤中队救援人员在1号教学楼三楼断裂的预制板缝隙处发现被困学生龚悦，她的身体上部被水泥预制板、桌椅、钢筋和杂物覆盖，左小腿被三楼塌下的大梁压住，右脚被一块长1米、宽0.4米的混凝土砖压住，救援人员无法进入。朱平、肖显辉和郭喜庭立即利用气动破拆刀和手动破拆工具对水泥板进行破拆，用液压剪把相互连接的钢筋切断，打开一个仅容一人通过的通道。肖显辉进入观察，发现女孩身体非常虚弱，生命垂危，而压在女孩左小腿上的是根主大梁，主大梁上面顶着未坍塌的三至五楼的建筑。现场医生诊断，腿部即使从大梁下取出，也无法保住，必须手术截肢。6时14分，肖显辉在征得被困女孩同意后，决定用液压剪切钳对其进行截肢。6时30分，被困学生龚悦被消防官兵救出。

5月15日14时30分，绵阳消防救援队员郭喜庭通过“耳朵听，"嘴巴喊"和生命探测仪探测，发现在倒塌的教学楼三四层楼板之间，2名学生被困于一个靠桌椅撑起的狭小空间，他们上面的水泥板从中间断裂。朱平、郭喜庭、肖显辉等用手刨开直径约25厘米的洞穴，郭喜庭在建筑物随时可能发生二次垮塌的情况下，把头探入洞穴之中，用强光照明，进一步探明被困学生的位置。考虑到被困者已经压埋70多个小时且滴水未进，郭喜庭在现场医护人员的指导下，为她们递进少量矿泉水。15时，在水泥板的另一头下方也发出呼救声，还有2个小女孩被压在下面。由于水泥板中间已经出现断裂，大家决定用气动破拆刀对水泥板中部进行破拆，然后分别将一分为二的两块预制板吊起，同时还要保证在破拆过程之中预制板不会因为破拆或余震而塌陷。郭喜庭凭着熟练的破拆技术，经过30多分钟耐心细致的破拆，安全地将预制板一分为二，然后再用吊车起吊，慢慢地把压在学生身上的楼板移开。一名被困女生腿部已经出来，但由于书桌变形将头部死死地卡住，现场官兵立即对书桌实施破拆。5分钟后，被困的第一名学生被救出。20时30分，经过救援人员4小时的协同作战，困在同一空间内达78小时的4名学生被安全救出。

据统计，各路救援力量从北川中学废墟下救出幸存师生234人，救治和转运伤病员861人。

资料来源：绵阳市民政局提供的《汶川特大地震绵阳市抗震救灾志》(征求意见稿)。

从整个应急救援过程看，绵阳的自救互救发挥了十分重要的作用，灾后第一昼夜，就从废墟中解救1.86万人，占获救人数的80%以上。此后，随着军队、武警部队、消防部队、民兵预备役、公安、特警、中央各部委专业救援力量、国际和社会力量等抢险救援力量相继进入绵阳市极重和重灾区进行救援，组织协调和保障工作构成了绵阳市的重要工作。北川、平武、安县、江油四个县市党委、政府与救援部队组成100多支救援小分队，采取步行、空投等方式，于5月18日晚前全部到达80个极重灾乡镇的956个行政村。据统计，绵阳市组织干部群众15万余人，与5万多名救援部队官兵一道开展救援工作，累计从废墟中解救被困人员2.41万名。由此可见，生命救援可以分为两个层次，其一为基层组织和民众的自救与互救，大部分被表层或浅层掩埋的民众，救援难度较低，易于施救，基层组织和民众可以而且应当自动进行；其二是外部救援，对于少部分救援难度较大的深层救援，通常需要专业队伍施救，自救互救与外部救援互为补充，灾区自救互救工作开展得好，外部专业救援才能集中救援力量，提升救援效果。①

二、医疗救治②

医疗救治是在将生命从废墟中抢救出来之后保证其生存的重要工作。震后，绵阳市在抗震救灾指挥部下设医疗教育组，负责医疗救治工作。因灾情特别严重，5月14日，绵阳市委、市政府决定成立绵阳市抗震救灾医疗救治分指挥部，负责伤员救治、重伤员转移及药品、器械的组织、保管、运输和分配等工作。市委常委、副市长蔡振红被任命为医疗救治分指挥部指挥长，由于指挥力量不足，

---

① 郭伟等：《汶川特大地震应急管理研究》，成都：四川人民出版社2009年版，第135—136页。

② 本部分整理自绵阳市民政局提供的《汶川特大地震绵阳市抗震救灾志》（征求意见稿）；绵阳市重建委办公室、绵阳市委政策研究室：《绵阳市抗震救灾和恢复重建经验启示录》，绵新出内（2012）字第80号，2012年4月，第11—20页；中共绵阳市委党史研究室：《绵阳市抗震救灾重建家园实录》，2009年，第2、161—175页。

抽调全市有卫生学历、有卫生工作经历的副县级以上干部到分指挥部工作，先后成立综合协调、医疗救治、卫生防疫、后勤保障、信息宣传、医用物资管理、援绵医疗队专家等 10 个小组，和江油、安县、北川、平武 4 个督导组，负责伤员救治、重伤员转移、卫生防疫、外援队伍统筹、卫生信息宣传以及医疗药品器械的组织、保管、运输和分配等各项组织指挥工作。分指挥部先后 14 次修订运行方案，适时增加、调整、撤并内设机构，并根据任务、资源、能力、特长调整干部。6 月 24 日，在全市抗震救灾工作从抗震救灾应急状态转入灾后重建常态工作之后，为确保实现“大灾之后无大疫”的目标，市抗震救灾指挥部决定将“绵阳市抗震救灾医疗救治分指挥部”更名为“绵阳市抗震救灾卫生防疫分指挥部”。

地震发生后，各受灾县(市、区)卫生局立即在当地设立医疗救治点、医疗急救前哨站、临时医疗救护站，设置临时帐篷病房、临时手术室等，迅速开始紧急救援。平武县在县城设置了 5 个医疗急救点，在各乡镇 10 个片区设了 37 个医疗防疫点，把医疗和防疫延伸至村组。绵阳市各大医院迅速启动应急抢救系统和相关预案，成立了抗震救灾小组或指挥部，重新规划医疗功能区，分配医疗资源，设置临时医疗台。

在城区交通堵塞、通信中断的情况下，绵阳市卫生局机关工作人员跑步前往城区各医院，建立联系网络，指挥紧急疏散，开通应急状态下急诊急救通道，为医疗卫生单位紧急筹集帐篷、发电机、柴油等救灾物品。5 月 12 日 15 时 30 分，市卫生局接到市抗震救灾指挥部口头命令，要求所有医务人员停止休假，立即回医院救人；通知全市 120 救护人员迅速向北川方向开进。震后 4 小时，市抗震救灾指挥部即派出 5 支医疗队，随同四川省组织的 17 个医疗队赶往北川。绵阳市中心血站紧急抽调专业人员，组成 3 支应急采血队，分别在市区文化广场、火车站广场和西南财大天府学院开展应急采血工作，努力保障抢救伤员临床用血。5月13日1时，市抗震救灾指挥部召开紧急会议，调集100辆汽车在火炬大厦集结，组织人员进入北川县抢救伤员；同时向卫生部门发出指令，迅速在全国范围内采购药品和医疗器械，将全市范围内救治伤员的药品和医疗器械汇总，积极向省上争取救治伤员药品和医疗器械；在全市范围内组织调配发电设备、汽油、柴油，保障供应各医疗救治点和县乡指挥部。

在最初的30小时，全市医务工作者几乎不眠不休，仅在临时搭建的帐篷中就施行大小手术6057例，在废墟上成功救治500余名伤员。应急救灾期间，绵阳医疗机构累计接诊伤病员42万人次，收治住院伤病员2.3万人次。

在伤员救治过程中，绵阳市创造了“三四三”模式。其中，“三级转运”指：医务人员和战士们用2个多小时将伤员从北川县城抬到能够通车的地方；再利用救护车或小型车辆通过山体滑坡所致的道路狭窄段，将伤员转至设在安县中学操场的战地医院，根据伤情将需转至医院名称写在转运车窗上或伤员胳膊上；再通过大型平板车转运至市内，由交警带往各家医院。“四次检伤后送”指：在北川，根据“先救命，后治伤”的原则决定先送谁，实施第一次检伤后送；在安县中学操场的战地医院，根据受伤的严重程度决定送往市内哪家医院，实施第二次检伤后送；在市级医院内，根据受伤部位决定送往医院的哪个病区，实施第三次检伤后送；在大规模伤员转运前，根据伤员转运条件和伤情后续治疗要求，决定通过什么交通工具转、转往哪级医院，实施第四次检伤后送。“三个集中”指：为了让伤员在最短的时间得到最专业、最有效的救治，在外援专家指导下，分指挥部制定了集中专家、集中医院、集中伤员救治的原则。

此外，绵阳市重视身心急救同步推进的整合救援模式，开展了一系列心理干预。5月13日上午，绵阳市第三人民医院组建了第一支心理危机干预队，前往九洲安置点对灾区群众开展心理干预。5月15日，第一支援绵心理干预志愿者队伍到达，卫生部、辽宁省等心理危机干预医疗队陆续抵绵，与第三人民医院专业人员整合，紧急培训技术人员，分别对北川、江油、安县、梓潼等县（市、区）的受灾群众、伤员聚集点及新华劳教所、北川中学等单位团体近4万人次进行心理危机干预，积极治疗创伤后应激精神障碍患者。

为了让伤员得到更好的救治，根据国家、省、市的统一部署，绵阳全市动用了300余辆救护车、6列次专列、4架次专机，成功组织了有史以来规模最大、跨度最长、人员最多、涉及省市最广的伤员转运工作，向重庆、西安、昆明、杭州、广州、北京、南宁等地安全转运伤员共3 381人，占全省转运伤员总数的38%。其中，通过火车转运1 640人，通过汽车转运1 560人，通过飞机转运181人。为保证伤员转运，分指挥部建立健全了伤病员转运指挥体系和责任体系，还与铁道部、北京市急救中心、四川省卫生厅等相关部门建立了联动机制，确定“一对一”输送原则，即一辆救护车装运一名病人，一名病人确定一名陪伴和一对志愿者陪护，同一个单位或地区的病人尽量同一批次转运。

三、遇难人员善后[①]

绵阳市大量民众在此次地震中不幸失去宝贵的生命，其中北

---

① 本部分整理自《汶川特大地震绵阳市民政局抗震救灾志》编纂委员会：《汶川特大地震绵阳市民政局抗震救灾志》，2011年7月，第245—259页。

川县县城(曲山镇)、陈家坝乡、擂鼓镇，平武县南坝镇，安县茶坪乡等地人员死亡尤其集中，遇难人员善后问题需要尽快解决。这既是对逝者的尊重，也是灾区卫生防疫工作的需要。

绵阳市对于罹难者遗体的善后主要有两个途径：一是殡仪馆火化，二是就地深埋。一开始，绵阳市主要采用火化方式。市民政局研究制定了遗体处理方案，组织全市5个殡仪馆(市殡仪馆和安县、江油市、三台县、盐亭县殡仪馆)迅速进入应急状态，实行全天候、满负荷工作。北川地震遇难者遗体分别运往绵阳城区、三台县、安县殡仪馆火化；平武县地震遇难者遗体运往江油市殡仪馆火化。随着因灾死亡人数急剧增多，运尸袋严重缺乏，遗体火化任务十分艰巨。市民政局及时协调运送装尸袋，积极做好遗体火化处理工作。5月12日晚，从盐亭县、三台县调运装尸袋5 000条，从市殡仪馆调运装尸袋5 000条，接着向省民政厅汇报要求调运装尸袋，先后三次从北京、重庆等地调运1.5万余条，并连夜送往重灾区。

5月14日，绵阳市抗震救灾指挥部发出《关于加强灾后死亡人员尸体处理工作的紧急通知》，决定成立"死亡人员善后处理应急工作组"，由市委常委、市委组织部部长董维全为组长，市人大常委会副主任李全有为副组长，市民政局、市交通局、市财政局、市卫生局、武警消防支队、中国工程物理研究院运输部、解放军某部、市石油公司、市电力公司等单位为成员。该通知要求对遗体实行"因地制宜"处理；在抓紧消毒火化处理的同时，对不能火化的，要对遗体做好消毒处理，选好固定地点，实行一次性深埋；要尽快查明应急处理遗体的身份，妥善保存好个体资料；遗体处理以"属地管理为主"，各县乡在本地发现的遗体要积极组织力量，依法及时进行有效处理，并按有关规定将处理情况报指挥部备案；各地各部门要加强协调，认真履行好各自职责，采取有效措施加强遗体和掩埋地点的消毒，防止重大疫情的传播。同日，市委常委、市委组织部部长董维全，市人大常委会副主任李全有主持召开紧急协调会，专题研究妥善处理重灾区死亡人员遗体问题。按照国家一级救灾预案的有关规定，以及民政部和市委领导关于灾区死亡人员遗体处理的有关指示精神，绵阳市民政局向北川、平武、江油、安县民政局发出《关于灾区死亡人员遗体临机处理的意见》：一是对本次地震灾害死亡人员遗体均要按照“属地管理”的原则，不分火葬区与土葬改革区，凡是死亡时间较长，不宜运输的遗体，均由公安部门拍照、取样、登记确认后，彻底消毒深埋；二是全市各级殡仪馆（所）要充分协调动用所有力量，全力进行死亡人员遗体的火化工作，确保所有火化炉 24 小时满负荷正常运转，力争发挥最大的使用效能，要切实做好死亡人员遗体登记和上报工作；三是由于目前生产运输保障困难，如果遗体装尸袋不能及时到位，可用布袋等代替，确保死亡人员遗体能及时得到妥善处理。为使遇难人员的遗体及时得到妥善处理，各县（市、区）民政局指派一名副局长专门负责。与此同时，市民政局决定由副局长杨德宗负责这项工作，并从涪城区、游仙区、三台县、梓潼县、盐亭县民政局抽调 14 名人员，组成 2 个遇难者遗体处理专项工作组，具体组织遗体善后工作。

各殡仪馆开足马力，每天火化都在 16 小时以上，全市共火化地震遇难者遗体 2 173 具。大地震使不少羌族同胞罹难。按照羌族的丧葬习俗，地震遇难者的遗体火化必须在天黑以后进行，而且必须身着羌族的民族服装，否则就视为不吉利。市殡仪馆尊重少数民族的丧葬习俗，安排整容组职工为遇难者脱、洗、裹、整容，细心为遇难者穿上民族服装，并指定专人专炉负责羌族遇难者的遗体处理，以安抚情绪激动的治丧群众。

然而，殡仪馆高负荷运转仍无法满足遗体处理需求；同时，由于北川部分地段交通中断，北川老县城内的罹难者遗体一直无法外运处理。考虑到高温、汛期很快来临，为避免遗体腐烂引发重大疫情，5 月 12 日，市民政局就遗体就地深埋问题，通过省民政厅请示民政部，得到就地深埋处理的明确答复。5 月 16 日，北川县曲山镇三倒拐交通恢复后，包括任家坪以及北川中学在内的所有罹难者遗体转运至老县城内，遇难者遗体的处理也主要由火化转为就地深埋。遇难者遗体较集中地区采取集中深坑（2 米以上）掩埋，掩埋地远离水源 100 米以上，坑底铺洒 0.5 厘米至 1 厘米厚的石灰或喷洒高浓度消毒药剂，覆盖一层泥土，随后放入一层尸体，尸体表面铺洒 3 厘米至 5 厘米厚的漂白粉（或其他含氯消毒粉或生石灰），再覆盖泥土。山区分散住户家中的遇难者遗体无法实现集中掩埋，则是在专业防疫队现场指导下挖深坑，铺洒生石灰掩埋处理。深埋于废墟中未能挖出的遗体，疾控中心消杀队及解放军、武警部队防疫队每日对废墟进行 2 次以上消毒，并禁止人员进入。

四、生命线抢通与恢复①

突如其来的特大地震使绵阳市的供水、通信、电力、道路等公共基础设施严重受损。尽快恢复“生命线”，对于进入灾区快速实施救援、维护受灾群众基本生命生活至关重要。5 月 12 日 15 时 5 分，绵阳市抗震救灾指挥部急召移动、联通、电信、水、电、天然气等

---

① 本部分内容主要参考《抗巨灾群策群力 保畅通众志成城——绵阳市抢通保通的主要做法和经验》，载绵阳市重建委办公室、绵阳市委政策研究室：《绵阳市抗震救灾和恢复重建经验启示录》，绵新出内（2012）字第 80 号，2012 年 4 月，第 53—58 页；绵阳市民政局提供的《汶川特大地震绵阳市抗震救灾志》（征求意见稿）；四川省民政厅提供的《汶川特大地震抗震救灾志（卷六）·灾区生活志》资料长编。

部门负责人，要求迅速解决通信、通电、通气问题，保证供水；23 时 8 分，市抗震救灾指挥部决定，由副市长林新负责，立即组织城区所有工程建设施工单位的挖掘机、推土机、吊车和施工队，赶赴北川抢修道路，必须于 13 日早上 5 时之前打通安北路生命通道。5 月 13 日 2 时 56 分，市抗震救灾指挥部再次发出指令：要求竭尽全力尽快恢复通信，尽快恢复各救助点、县和乡镇指挥部电力供应。5 月 16 日，市抗震救灾指挥部召开会议，要求“抓好通路、通电、通水、通信、通气五通”，5 月 17 日会议再次强调“千方百计打通灾区道路”。5 月 25 日，市抗震救灾指挥部召开紧急会议，部署十项工作，包括“加紧修复供水等基础设施，加强城乡水源监测和维护”。从市抗震救灾指挥部密集的部署和要求来看，生命线抢通与恢复工作得到了充分重视。

1. 抢通恢复交通

公路运输在绵阳市交通运输行业中一直处于主体地位，尤其是地处极重灾区的北川县、平武县、安县等地，公路运输占据极其重要的位置。汶川特大地震使绵阳市境内的公路基础设施遭受严重破坏，公路运输几乎陷入瘫痪状态。绵阳市全力组织技术力量、施工人员、装备设备投入到受灾严重路段进行抢修抢通，并组织北川县、平武县等重灾县及时开展自救工作，加强本市技术力量与军队、武警部队和全国各地支援队伍的团结协作，积极协调武警交通一总队、二炮工程部队、中国人民解放军 14 军和山东、湖北、河南、云南等对口援建省交通厅及交通战备部门开展抢通恢复工作。

全市公路基础设施抢修工作由市委、市政府直接领导，市抗震救灾指挥部统一指挥，市交通局具体组织实施。市抗震救灾指挥部之下专设交通抢险组，由副市长林新任组长。市交通局成立临时抢险应急指挥部（后改为绵阳市交通局抗震救灾领导小组），于

5月12日下午组织人员分赴北川、平武、安县、江油等地，了解公路基础设施受灾损毁情况；当天晚上，市交通局按照市抗震救灾指挥部的安排，紧急组织调派人员、机械赶往北川县连夜抢修公路，并列出首批重点抢修公路，抢修国道、省道、县道和开通新道路的工作同时进行。从5月13日起，市交通局全面组织实施全市公路基础设施抢修工作，通过各种渠道征集、租赁大量机械设备和各种车辆，大规模开展抢修工作。

按照市抗震救灾指挥部要求，副市长林新立即召集市建设局、市交通局多方征调的装载机、推土机等机械设备，连夜向北川进发，带领抢通人员在13日凌晨将绵阳市至北川中学的生命通道全部打通，4时12分，安北路抢通，比预定时间提前48分钟。副市长邱明君于5月12日下午19时带领市级部门同志一行12人赶往平武指挥，13日上午10时绵阳至平通公路打通。震后2天，绵阳市先后抢通了成青路安北段、平武—高庄—白马段、北川桂溪—南坝段、平武—广元界等关键路段。16日5时，进入北川县城的“三倒拐”地段打通。17日，平武县南坝镇人行便桥架通。

对重点公路九遂公路，绵阳市安排绵阳市交通局公路管理处、绵阳惠通公司、绵阳公路工程总公司等单位负责抢修，沿线的江油、平武交通局也分别在本辖区同时开展抢修工作。5月12日晚，江油市交通局连夜抢修江油市境内被损毁的路段，清除塌方，排除障碍，保证从绵阳前往平武的救援队伍顺利过境江油。5月13日起，平武县交通局在县境内的多处损毁路段开展抢修，在救援部队的支援下，5月15日恢复林家坝至响岩的通行能力；5月19日，经过平武县、九寨沟县共同努力，完成平武县城至黄土梁路段的抢修任务；5月25日，平武县城至南坝镇路段全部抢通。

在抢通保通现场，各级保障部门均实行“属地管理、分级负责”。按照“抢险保通人员24小时不离岗、抢险保通设备24小时不停歇、抢险保通作业24小时不停歇”的要求，各保障单位在重点项目和重点地段，均实行设备、人员、施工24小时轮岗不间断的保通方案，实现了保通、保畅、保安全的目标。

在此过程中，绵阳市各县（市、区）积极自救，北川县组织抢险人员1 680人，投入机械3 000余台（班），抢通保通道路140多公里；安县交通抢险队先后投入机械设备1.02万台次，工程技术人员13.6万人次，组织民工1.8万人次，清理道路塌方2 700万立方米；江油市交通局组织施工队伍和机械设备连夜抢修道路，仅10天，江油市城区通往各乡镇的道路全线抢通。

据统计，绵阳市累计抢通国省干线公路及主要县乡公路1 215公里，农村公路2 897公里，保证了因地震震毁断道的48条县到乡公路、1 092条乡到村公路、1 111个村到村公路的畅通；架设战备钢架桥6座，搭建临时通行桥梁10座，解决了北川县内10余个乡镇因堰塞湖影响省道302线禹里至曲山断道需绕行茂县的问题，新开通马槽至桃龙、都坝至白坭、白坭至开坪的公路，为抗震救灾和恢复重建工作打下了坚实基础。

除公路运输外，震后绵阳机场立即启动应急救援预案，全力投入抢险救灾工作，全面勘察跑道、围界、候机楼及运行保障设备设施受损情况，组织职工对候机大厅进行清扫，确保旅客能够正常出行。经检查，机场围界有部分垮塌，高架桥二楼部分断裂，候机楼建筑材料有部分脱落，办公用房有不同程度损坏，但机场主要的运行保障设备设施没有受到影响，绵阳机场迅速做出“可以使用”的决定，恢复正常运转状态，为民航航班的正常保障和空中救援奠定了基础，成为向川西北重灾区运送救援人员和救援物资的空中交通主要通道。同时，宝成铁路干线也得到抢修，涪江大桥得到防护加固，保证了铁路运输的通畅。

2. 抢通恢复通信

灾后，绵阳市移动、联通、电信等部门迅速组织力量投入通信抢险工作。5月12日14时55分，在绵阳联通核心网恢复之后，联通绵阳分公司受命调出4部固定电话、20余部联通手机及发电设备送往市指挥部。与此同时，移动通信抢险车迅疾修复损坏光缆，提供通信保障。当日下午，中国移动绵阳分公司组织首批突击队员，全力抢修安昌镇至任家坪的沿途光缆；绵阳联通30余支抢险突击队分别向北川、平武、安县、江油等地挺进，全力投入通信抢险。当日晚上，中国电信绵阳公司总经理率网络部、市场部、财务部相关人员前往北川，了解灾情并组织指挥抢险。5月13日凌晨，绵阳电信派出4台应急通信抢险车奔赴北川重灾区；当日11时，公司通信应急分队携带应急卫星车、交换机、发电车等设备前往北川灾区，配合市、县抗震救灾指挥部全力做好应急通信保障工作。

抢险救援期间，中国电信绵阳分公司、中国通信服务公司绵阳分公司与中国电信陕西机动局应急保障分队密切配合，为市抗震救灾指挥部、武警支队、中央电视台提供4部海事卫星电话，为北川抗震救灾前线指挥部提供10部固定电话，为燃气、交通、供电、医疗等机构紧急提供600多台小灵通，用于救灾指挥调度。北川县城封城后，中国电信北川分公司负责通信保障，抢通安县安昌镇至北川县擂鼓镇的光缆通信，在擂鼓镇建立首个AG机柜及4个小灵通基站，并在救援部队的支持下，打通擂鼓镇至禹里乡的光缆通信。中国移动绵阳分公司率先打通北川、平武极重灾区通信，完成了全市重点乡镇的通信抢险任务，使移动通信恢复到灾前水平。5月15日，绵阳联通抢险队伍通过微型卫星地面站，开通平武县南坝镇的通信。在军队的帮助下，5 月 16 日，绵阳全市通信基本恢复正常。

抗震救灾期间，电信、移动、联通等公司通过设立免费服务点、提供免费报平安电话、发放公益充值卡、为抗震救灾免费发布公告信息、减免灾区漫游和长途通信费、开行“流动营业厅”、推出系列话费惠赠等措施，为受灾群众提供帮助和支持。

震后绵阳邮政迅速设立帐篷邮局和临时邮局，保证对外营业，开办平安家书免费寄递业务；第一时间开通绵阳—青川—平武邮路，以及小坝、坝底、禹里邮路；在绵阳和北川的广播电台和电视台，以通告的形式告知重灾区储蓄用户绿卡和存折丢失办理手续；及时将党报、党刊送到受灾群众、救援官兵、抗震救灾指挥部手中，积极组织赈灾包裹的投递。

3. 抢通恢复供电

地震发生后，国家电网四川绵阳电业局启动应急预案，启用备用电力调度中心，确保电网调度指挥系统运转正常，震后半小时从办公大楼 11 楼接出通信线，恢复 95598 客户服务热线。绵阳电业局迅速成立电力应急抢险指挥中心和 13 个抗震救灾工作小组，统筹指挥和协调抗震救灾工作。所属各基层供电局、专业工区成立抢险救灾中心，迅速组织力量，全力恢复各县市区城区配网和医院、机场、交通站点、公用设施等重要场所供电，保障抢险救人、救灾的应急需要。

5 月 12 日 16 时，绵阳城区供电局紧急出动发电车，为绵阳市抗震救灾指挥部提供应急电源；18 时，绵阳城区供电局派出应急发电车，执行市抗震救灾指挥部保电任务；21 时，经紧急抢修，绵阳市区电网逐步恢复供电；至 23 时，绵阳主城区供电恢复 90%以上，各区(市、县)应急指挥部的电力供应得以恢复，江油市大部分正常供电，安县县城正常供电。为确保电网主网安全，电力调度人员坚守岗位，科学监控，调整电网运行方式。5月14日，经抢修人员紧急抢修，绵阳市涪城区、游仙区、高新区等基本恢复供电。

在应急供电方面，绵阳电业局提供应急发电车2台，容量合计840千瓦，发电机121台，容量合计3844千瓦，主要为北川、安县、江油抗灾指挥部、临时医院和九洲体育馆等集中安置点及抢险救援现场提供应急电源。北川供电设施在地震中受到严重破坏，地震当天，该县幸存电力员工自发集结，投入应急抢险，与绵阳城区供电局救援队一起架线、装灯，进行设备抢修维护，为救援第一现场和抗震救灾指挥部、临时医院提供应急用电保障，并按照“救援人员到达哪里，电就送到哪里”的要求，将发电机送往各乡镇恢复供电。

4. 抢通恢复供水和燃气

绵阳燃气集团紧急启动应急预案，公司领导分赴各地查看情况，开展抢险救灾工作。5月13日，集团公司召开恢复供气动员大会，组织46个工程抢险分队，对城区天然气管网、设施设备进行检查抢修，同时在《绵阳日报》向市民公告灾后用气注意事项，组织200个小组，上街发放公告3000份，提醒市民注意灾后用气安全，避免发生次生灾害。13日18点，供气区域90%用户的天然气供应得到恢复。

绵阳水务集团启动城市供水一级应急预案，迅速安排人员分头到各生产水厂、加压站、水源点察看灾情，组织一线员工抢修受损供水设备。5月13日2时，采取手动模式恢复城市供水。13日，安排管网巡检人员对全城供水管网进行地毯式排查，对城区供水主干管、配水管道和小区庭院管道爆管和漏水连续24小时不间断抢修，保证城区群众的基本生活用水需求。14日，针对社会上关于市水厂因水源污染即将停水的谣传，水务集团会同市建设局、市环保局、市疾控中心、市水务局联合发布公告予以澄清,并承诺每日在公众媒体公布供水水质情况。15日起,着手预防次生灾害污染水质,邀请国内供水专家分析、研判地质次生灾害对涪江饮用水水源可能造成的安全隐患并提出预防措施。在其他单位的支援下,组织12辆运水车,昼夜往返,向北川县任家坪、擂鼓镇,安县永安镇、安昌镇,江油市等重灾区运送生活用水。

在抢险救援过程中,绵阳市还抢出了北川县枪支弹药和传真密码机等武器装备,现金、贷款手续、按揭票据、信用卡、有价证券等金融资产,北川县档案馆资料,粮站、粮食储备库、成品油仓库中所存的粮油,种猪,抢救保护了窦圌山云岩寺、安县飞鸣禅院、绵阳博物馆文物中心、平武县报恩寺、李白纪念馆等建筑和珍贵文物,国家一级重点保护林木珙桐等珍稀林木。

第二节　紧急转移安置和生活救助

地震发生后,绵阳全市紧急安置受灾群众311.58万人,其中,设立集中安置点880个,安置257.65万人;分散安置和投亲靠友安置53.93万人。全市累计分发衣被173.6万件,成品粮12.96万吨,食用油5 667吨。[①] 如此大规模的受灾群众转移、安置和生活保障成为抗震救灾的重要工作之一。本节重点分析绵阳市灾后应急安置期内在受灾群众转移、安置及其生活救助等方面的工作。

一、受灾人员紧急转移安置

灾害发生后,绵阳灾区大量房屋倒塌或被掩埋,次生灾害尤其

---

① 《汶川特大地震绵阳市民政局抗震救灾志》编纂委员会:《汶川特大地震绵阳市民政局抗震救灾志》,2011年7月,第202页。

严重，加之余震不断，信息传递不畅，紧急转移成为广大受灾群众自救、避险的自觉选择。随着灾情的不断明了，以政府组织为主的大规模受灾群众转移安置成为汶川特大地震灾后应急时期保障受灾群众生命安全、维持基本生活的主要方式。

1. 紧急转移

由于地震强度大、次生地质灾害严重，灾区地形地貌复杂，覆盖城乡不同区域，受灾群众紧急转移数量巨大、情况复杂。从受灾人员紧急转移的原因来看①，大致可将转移安置人员分为四类。第一类是受灾严重，住房甚至居住环境被毁的受灾人员，这一类人群以北川老县城（曲山镇）、平武南坝镇等极重灾区幸存人员为典型代表。在这些区域，地震导致房屋几乎全部损毁，人员伤亡严重，部分地区地形地貌发生巨大变化，幸存人员完全失去家园、无生活必需品。第二类是大量山区及偏远地区的受灾群众。因受地震影响且次生地质灾害风险大，交通中断，生活物资短缺严重，特别是饮用水难以得到保障，这部分群众也需要进行转移安置，以保障其基本生活。第三类是大量房屋受损，能否继续使用需技术鉴定确定的受灾人群。这部分群众也需要临时转移安置。第四类是在灾区的游客。这部分人员在灾区没有固定住所，一般也难以维持正常的生活，需要尽快转移离开灾区。值得注意的是，上述情况经常会以交叉叠加的形式出现。另外，在地震发生初期，灾区余震不断，房屋未受到明显影响的大量城乡群众也自发在公园、街边、广场、学校操场、工厂和单位大院空地以多种形式自发避险转移，随着余震的减少和水、电、气等基础设施恢复供应，这些群众大多在震后1周到10天左右回到原居住地居住。

① 此处讨论的是一般受灾人员的紧急转移情况，不含因灾伤病员的转移。

从转移的方式来看，地震刚刚发生后的12日到13日，以灾区群众自救转移为主，在这其中基层党组织和政府、村干部、学校领导和教师以及一些大型企事业单位发挥了骨干作用。灾害发生后，许多幸存者在自救后，也立即开始帮助身边被埋压的、受伤的、老弱病幼等人员脱离险境；一些政府工作人员、各单位领导、教师等出于职责，理性地组织群众解救最浅层埋压者，并组织引导群众就近疏散转移到空旷安全地点。[①] 这种自救互救疏散转移方式在北川老县城体现得尤为突出。人员伤亡亦很严重的北川县县委、县政府立即组建抗震救灾指挥部，决定在县城相对宽阔安全的县委大院、县政府广场、禹王桥头、北川大酒店、县茶厂大院设立5个幸存群众临时避难点，干部、群众立即分头通知，县城近8 000名幸存群众分别就近到临时避难点避险，同时组织幸存医务人员在临时避难点开展现场救治伤员工作。12日16时左右，县抗震救灾临时指挥部决定，除青壮年留下救人外，县城幸存群众统一向任家坪撤离。当天下午，党员干部共组织老城区近5 000余名幸存群众撤离至任家坪北川中学操场；同时，也有部分学生和群众自救后转移到任家坪北川中学校园内临时安置。当晚，来不及向任家坪转移的部分群众聚集在县人民政府广场。13日天亮后，开始向任家坪转移。群众用床板抬着重伤员，轻伤群众互相搀扶，转移队伍中有80余岁的老人，也有刚出生几天的婴儿，人流长达一公里。在救援部队进入北川县城前，北川县党委、政府，县人武部、公安局、公安消防大队以及武警北川中队等幸存干部、职工、战士在疏散转移中发挥了中坚作用。再如，灾害发生后，北川县漩坪乡党委副书

---

① 郭伟等：《汶川特大地震应急管理研究》，成都：四川人民出版社2009年版，第178—179页。

记兼纪委书记贾娅立即组织转移漩坪乡小学200余名小学生到安全地带，又带领几名民兵把漩坪初中500余名师生转移到安全地区。乡政府组织在学校地势较高处搭建帐篷，20时30分帐篷搭建完成，师生们有序入住。

背景资料

北川县部分乡镇紧急转移

漩坪乡　5月12日15时20分，绵阳市漩坪乡人民政府为解决受灾群众吃住问题，迅速把青壮年组织起来，在没有垮塌的房子里寻找篷布、食品、锅碗茶壶和生活用品，还从卫生院搬出200余件药品。由于能吃的东西太少，一个学生只有一把胡豆或豌豆，一个班也只能发一瓶矿泉水，更无法给成人发。12日天黑前，石龙村一组、二组全部搭好篷子，够1 500人临时避难。每四个学生发一床被子，大人没有被子，仅靠烧几堆火勉强坐在火旁过夜。后半夜雨下得很大，大家用抢运出来的锅碗瓢盆接雨水。13日早晨，用雨水煮了几大锅稀饭，勉强充饥。13日天刚亮，经过一夜大雨，水上涨了七八米，电话还是打不通。漩坪乡党委书记张庚奇组织群众向地势较高的十里村转移。14日，水位还在涨，大家又开始向十里村更高处转移。17日，张庚奇亲自带人到县城求救，向县抗震救灾指挥部汇报漩坪乡灾情和唐家山堰塞湖情况。18日，张庚奇带着53名部队战士回到漩坪乡。派往禹里的人也带回30名武警战士。通过“北斗一号”联系，直升机终于降落在漩坪乡，共执行飞行53架次，把学生、老人、伤员400余人安全转移到绵阳市。随后，其他群众也被陆续转移，分别安置在九洲体育馆、南河体育中心和三台安置点。在近5天的转移中，漩坪乡共转移受灾群众

7 000余人，转移过程中没有人员伤亡。

擂鼓镇 地震使北川县擂鼓镇30个村、1个社区，共1.8万余人受灾。全镇5 000余户2万余间房屋倒塌，90%以上房屋严重损毁，无法居住，1.8万余人无家可归。地震后擂鼓镇开展救援和受灾群众紧急转移与临时安置工作。五星片区、苏宝区及场镇附近半山居住的受灾群众，在各支部和村委会干部的组织下，克服山高、无路、滚石不断、小堰塞湖阻碍等困难，艰难转移到开阔地带。擂鼓镇党委、政府将各种机动车辆和幸存的驾驶员组织起来，将受伤群众紧急向绵阳转移。13日上午，擂鼓镇4 000余名受灾群众冒着大雨继续向绵阳市转移，于13日下午陆续到达绵阳，由绵阳市委、市政府统一安排到南河体育中心、九洲体育馆安置。

陈家坝乡 北川县陈家坝乡震后1.32万余人受灾，场镇房屋基本被毁。13日上午，乡指挥部针对当时受灾学生和无饮水、无食品、余震不断、滑坡严重的困境，决定组织党员干部带队有序向江油方向疏散转移灾民。从下午出发到晚上将陈家坝中学师生和部分群众1 000多人安全转移到绵阳。同时，在遂宁市武警支队的帮助下，按先重伤员、后轻伤员的原则，将伤员转移至江油市人民医院治疗。从地震发生到13日，全乡组织抢救转移受伤人员1 100余名，从废墟中抢挖食品药品10余吨，转移安置受灾群众1.2万余名。

资料来源：根据四川省民政厅提供的《汶川特大地震抗震救灾志（卷六）·灾区生活志》资料长编整理。

与此同时，学校、医院等重点单位也迅速组织人员开展自救转移。地震发生后，绵阳城区及非重灾县的医疗机构的医务人员在30分钟左右，将5 340多名住院病人安全疏散到安全地带，极重灾区平武县70多位住院病人安全疏散在医疗救治点，安县安全疏散

632名住院病人到院外空地上的临时医疗点继续治疗，江油市安全疏散病人1000多名到临时医疗点救治。[①] 地震使绵阳市多所学校损毁，地震发生初期，极重灾区、重灾区中小学在学校领导和老师的组织带领下，都进行了紧急疏散，并陆续由家长领走；对于没有家长领走的学生，学校组织进行了集体转移。特别是极重灾区的很多学校，大都由学校老师组织转移到相对安全地带，并陪伴孩子度过震后第一夜。军干所等单位也自行组织了避险转移（见专栏3.1）。

专栏3.1

单位自救转移典型案例

北川县擂鼓镇初级中学 地震发生后，擂鼓镇初级中学老师们沉着冷静指挥学生迅速撤离到安全地带。5月12日晚，余震不断，教师们燃起火堆，让学生围火而坐，相互鼓励。13日上午，由家长来接走部分学生，余下学生情绪仍不稳定，学校要求未被家长接走的学生一个都不许私自离开。13日晚上，天下大雨，仍有200余名学生在校由老师看护。14日10时，42名未被接走的学生在6名老师的带领下，安全转移到九洲体育馆。

北川县擂鼓镇中心小学 地震发生后，960余名学生在老师的带领下安全撤离到操场。12日晚，多数学生被家长领走，还有近300名学生和老师度过震后第一个不眠之夜。14日，老师将暂无家长接走的38名学生转移到绵阳。

绵阳市朝阳军干所 地震发生后不到5分钟，绵阳市朝阳军

① 根据四川省民政厅提供的《汶川特大地震抗震救灾志（卷六）·灾区生活志》资料长编整理。

干所全体工作人员按各自联系包干责任户，逐栋逐户进行联系、清点，全所160户军休住户（含军休人员、家属、遗属、子女）约600余人，被全部疏散到院内安全地带，无一人受伤。灾情发生后，整个交通、通信中断，水、电、气停供，全所600余人生活面临严重困难。震后约半小时，所长黄治安安排，除留少部分人员负责有序组织安排军休人员在安全地带休息外，其余人员到各超市、副食店采购饮用水、干粮、方便食品。由于绝大部分超市关门，经过多次采购，才勉强保证军休人员每户一瓶水、一袋干粮。5月13日，所里男同志及车辆被全部抽调；为解决军休人员临时住所问题，留守的4名女同志冒雨购回三件彩色塑料布，在军休干部子女的帮助下，于天黑前在健身场、门球场搭建200余平方米的临时简易帐篷，实行24小时值班服务。

资料来源：根据四川省民政厅提供的《汶川特大地震抗震救灾志（卷六）·灾区生活志》资料长编；《汶川特大地震绵阳市民政局抗震救灾志》编纂委员会：《汶川特大地震绵阳市民政局抗震救灾志》（2011年7月）等整理。

面对极重灾区大量受灾群众从被毁家园转移出来而又没有生活保障的复杂局面，绵阳市、县两级政府果断采取措施，组织群众有序做好更大规模的转移，同时协调军队等外部力量进行搜救转移。5月13日上午，万余名从北川县城和邻近乡镇疏散出来的群众汇集任家坪，余震不断，大雨滂沱，群众情绪不稳，场面混乱。绵阳市抗震救灾指挥部当即部署并采取措施，在安北路沿线永安、安昌、花荄和城区九洲体育馆设立临时安置点，组织交警马上到位维护交通秩序，调用沿途车辆迅速疏散、转移群众。5月13日一天，

即组织转移2万余名受灾群众进入九洲体育馆进行安置,至5月16—17日,转移安置到九洲体育馆的受灾群众超过4万人,达到安置极限。与此同时,还有受灾群众涌来。九洲体育馆受灾群众安置工作组当即决定,与三台、梓潼、盐亭3个县协调,建立3个临时安置点,并于17—18日向三台、梓潼转移上千名受灾群众。在其后的一个多月时间内,工作组有计划分批次向安县黄土镇、永安镇及北川县擂鼓镇等临时安置点转移上万名受灾群众,逐渐减轻九洲体育馆的安置压力。6月29日,安置在九洲体育馆的最后一批受灾群众撤离转移,九洲体育馆安置点正式撤销。震后近50天时间里,绵阳市抗震救灾指挥部利用九洲体育馆成功组织4万余名受灾群众从异地转移安置到返回原地转移安置,从紧急临时安置到过渡安置的大转移,堪称我国乃至世界救灾史上的奇迹。5月13日,绵阳市县两级抽调人力,集中对各重灾乡镇的在校师生进行转移安置,保障在校师生的安全和基本生活。5月13日下午16时左右,大部分北川中学的师生转移到了绵阳九洲体育馆。5月14日,四川长虹电子集团有限公司又将安置在九洲体育馆的1 300名师生安置到厂区,并帮助高三学生迅速复课。5月13日9时30分许,曲山小学幸存的师生有序搭上转运车辆,向绵阳转移,没被家长接走的大部分学生安置在绵阳九洲体育馆。5月15日下午,300多名师生又转移到绵阳长兴集团,得到公司领导和员工的关怀和照顾。

5月13日之后,绵阳市积极配合解放军救援部队、武警官兵、公安民警迅速进入灾区,全力搜救受灾群众,将伤病员,居住地完全破坏、难以维持基本生活的受灾群众,以及边远地区物资难以供应的受灾群众转移到安全地带。5月14日下午,从北川县漩坪乡走了一天一夜山路出来的一名村民向北川县抗震救灾指挥部报告:漩坪乡部分灾民房屋已被大水淹没[①],湖水马上就要淹到乡政府,数万名群众被困山中,急待救援。北川县抗震救灾指挥部迅速核实情况,并向驻地某集团军求援。当晚解放军某部接到命令后迅速赶赴漩坪乡解救被困群众。部队于15日6时10分到达北川县城,抽调200人组成突击队,强行军12个小时,沿着像线一样的山脊翻过7座大山,于15日20时12分到达漩坪乡;与乡政府取得联系后,组织官兵在场镇搜救,并组织4支军民混编的分队向偏远村落突进。16日4时35分,4路分队扶老携幼全部返回场镇。3天时间,该部队五批次转移漩坪乡及周边乡镇群众1.4万多人。5月14日,吉林消防突击队在北川县九皇山风景区执行搜救任务时,发现位于景区内的桂溪乡永城村100多名村民被困,与外界失去联系,村里停水、停电、通信中断,房屋受损严重,不能居住,大部分村民两天多没有吃饭和喝水,且存在不同程度的伤病,另外村内已有4人遇难。17时47分,突击队将永城村受灾情况向地方政府和九皇山风景区进行沟通汇报,并与绵阳市政府取得联系,决定采取有效措施实施营救。绵阳市政府派出4辆卡车到达风景区山下。突击队选派30名救援人员,给被困村民送去食品、饮用水、药品等,并连夜组织撤离。为避免余震造成山上滚石袭击,救援人员决定走山间小路撤离,每10名村民为一组,由1名消防队员进行护卫,举着强光手电照明,不断告知脚下路面情况。23时20分,经过近4个小时的艰难跋涉,116名被困村民被成功转移到山下。地震使安县通往高川乡、茶坪乡的数十里道路被高山垮塌堵塞,道路、通信中断,两乡成为“孤岛”。5月14日8时,救援部队沿安县睢水镇至高川乡公路搜索前进。21时30分,救援部队疏散转移

① 指唐家山堰塞湖涨水淹没,笔者注。

100余人，救出5名受重伤群众，但高川乡仍然有数千名受灾群众被困。15日早，200余名救援部队突击队员从佛水镇出发，沿垮塌道路搜索前行，翻越1 840米高山。17日晚，艰难行进56公里到达高川乡，抢救受伤群众300余人，转移受灾群众4 500余人。18日16时开始，部队分8个救援队，进村入户搜救受灾群众，转移150余人。5月14—20日，救援部队营救出高川乡5 000余人，并转移到安全地带。5月14日21时，内江军分区的官兵到达通往茶坪乡的必经之地安县晓坝镇。15日上午8时，救援部队向茶坪乡进发，翻越海拔2 842米的换梁子山。历经9个多小时的艰难险阻，400名突击队员终于开辟了一条通往茶坪的生命线。茶坪乡被困的几千名受灾群众食品、物品严重短缺，部分重伤员急需药物治疗。16日中午，4艘冲锋舟、2艘橡皮艇被紧急送到堰塞湖大坝下。救援部队将从晓坝镇运来的90根原木抬到湖边，扎制成8艘木筏，打通了通往灾区的水上通道。从16日开始，3 000余名受灾群众在突击队员的护送下，离开被地震重创的家乡。在连绵几公里的队伍中，有的村民抬着重伤员，有的村民背着父母，还有的村民怀抱几个月大的婴儿。他们要穿越20多公里的险崖峭壁，其中大部分是地震形成的塌方地带。在离换梁子山顶大约2公里有一处断崖，通往断崖500米的道路仅能容下一人靠着绝壁前行，行进速度非常缓慢。救援官兵用刀挖手刨形成一个又一个脚窝，拉着绳索，全部安全通过危险地段。在这三天里，救援队为茶坪乡9 000多名受灾群众运送物资4.3吨、药品42箱，使46名重伤员脱离危险，500度名轻伤员用上了药，转移灾区群众7 800余人。据不完全统计，成都军区、济南军区以及二炮官兵在绵阳解救疏散群众近60万人。

在转移当地受灾群众的同时，绵阳市也积极组织滞留绵阳的游客进行紧急转移。游客的紧急转移主要由旅游部门和旅行社负责，在救援部队的帮助下进行。地震发生后，绵阳市旅游局率先立起四川灾区第一个“街边旅游局”牌子，组织人员将1.07万被困游客安全转移。5月13日，平武县文化旅游局分三组，把滞留平武县城内的400余名游客转移到县城周边的5家“农家乐”接待点。15日，平武至青川道路打通后，文化旅游局与交通、民政、公安等部门协作配合，将440名游客顺利转移出平武。滞留于平武县白马景区的290名游客也在当地政府和有关部门的协作下安全转移。20日，解放军空降部队用直升机分期分批将滞留在北川县青片乡的302名游客转移出景区。到5月27日，安县茶坪乡组织干部群众及时将困在千佛山景区的500余名游客分三批转移出去。北川羌族自治县文化旅游局局长林川在妻子受重伤，自己也被砸伤的情况下，仍和幸存的同事一起组织茅坝油库一带300余人和北川大酒店门前聚集的游客、受灾群众400余人转移到县政府广场。5月19日，林川参加省市旅游局联合搜救行动，进入小寨子沟景区转移疏散中外游客300余人。江油市窦圌山旅游公司在地震后迅速成立应急搜救中心，进行抢险救援，滞留在窦圌山景区的108名游客，除1人因山体滑坡遇难外，4名重伤员得到及时救治而保住生命，其余人员全部安全转移。

背景资料

游客紧急转移典型案例

绵阳市金海观光旅行社业务经理赵帆带领的53人旅行团队，在绵阳市余茂县交界处的千佛山景区接待中心签到时地震发生，大厅剧烈摇晃，天花板碎石不断落下，楼板重重砸向地面，赵帆与大家互相搀扶冲向门外。刚跑到停车场,游客接待中心开始坍塌。赵帆立即和领队一起将游客集中到相对安全的停车场一角。余震不断,停车场成了“孤岛”。赵帆召集旅游团队成员尝试用手机发SOS求救,一次,两次,都没有成功。赵帆开始编写短信,记录下每天的情况,“在千佛山遇到地震被困,共有300多人,而且山体在不断地塌方、崩裂。交通、水、电、气已全部断了,快来救救我们吧”。地震发生后,食品、饮用水紧缺,赵帆将车上备用的饮用水、4箱方便面和少量食品集中在一起,按量分给旅游团队成员,景区为团队提供10顶小帐篷。5月13日,天下着小雨,继续待在原地太危险。有群众告诉赵帆和旅游团队,千佛山后面的松树林内更安全些,建议去那里避难。赵帆组织旅游团队向山上转移,道路泥泞不堪,不时有人摔倒,赵帆紧紧搀扶着游客中一名孕妇,三四公里路程,大家走了两个多小时。上山后,赵帆安排伤员和孕妇休息,并招呼大家搭帐篷。14日天晴了。赵帆从收音机里听到次日有暴风雨,因担心泥石流和滑坡,赵帆和旅游团队决定继续往外走。大家砍来竹子做拐杖,几个年轻人背着伤员,脚下除了碎石、山泥,根本就没有路。赵帆搀扶着孕妇一起下山。山谷里不时出现堰塞湖,窄的地方就找块木板爬过去;水深的地方就游泳过去,不会游泳的就拉着对面人递过来的竹竿被拽过去,大家全身都湿透了。14日21时40分左右,遇到前来救援的部队。历经67小时,旅游团队53名游客成功转移,孕妇也被安全送进绵阳市妇幼保健站。

资料来源:根据四川省民政厅提供的《汶川特大地震抗震救灾志(卷六)·灾区生活志》资料长编整理。

从绵阳市广大灾区这一阶段的行动来看,有以下几点值得总结。第一,在受灾群众自救互救阶段,不光是从废墟中抢救生命,还包括如何在第一时间转移到相对安全地带,避免余震、次生灾害等二次伤害,以及尽可能地掌握生活资料,等待外部救援力量的进入。从绵阳市的经验来看,首先是要加强群众和基层干部自救互救相关知识与技能的宣传和教育,其中要高度重视发挥两个骨干的力量:一是要高度重视发挥基层政府及其干部职工的骨干作用,特别是对于灾情特别严重的地区,基层政府和广大人民群众都是受灾对象,在这一阶段,幸存的机关组织(干部)、企事业单位组织(干部)能否第一时间有效组织幸存群众开展有序转移相当重要,因此基层应急救灾骨干力量的培养应受到各级政府的重视;二是要高度重视重点单位在自救转移中的作用,包括学校、医院、敬老院和福利院等机构,这类机构人群密集,且多是弱势群体服务机构,其自救转移能力的培养尤为重要。第二,要重视灾区救援转移中的军民结合。外部救援力量往往对灾区很不熟悉,难以及时有效地开展搜救转移工作,而灾区基层政府及受灾群众在受灾的同时,应发挥熟悉地形和灾区可能损失情况的优势,积极组织力量配合外援力量开展工作,使搜救转移工作的效率和成果最大化。第三,要高度重视山区这类地形地貌复杂、次生灾害隐患多、开阔安全地带少的地区的自救转移的特殊性。这类区域容易因交通中断,导致外部救援力量进入困难,次生灾害多,因此选择安全地带进行紧急避险尤其重要。针对这类区域,应经常开展防灾减灾及自救互救宣传,同时也有必要在一些偏远的易灾地区储备适量的救灾物资,以备大灾发生时,能够保障外部救援力量进入前人民群众的基本生活和医疗救治。[①] 另外,像绵阳市这样在汶川特大地震

---

① 比如,北川县禹里乡因灾造成100余名危重伤员,由于缺医少药,5月12日晚共有11人死亡。参见阿建:《在难中——深度访谈北川乡镇书记》,北京:人民文学出版社2009年版,第13页。

后所面临的受灾群众数量大、长距离异地转移的并不多见，相关经验教训应及时总结。对于多灾易灾地区，应建立相关行动预案，以保障面临同样问题时忙而不乱。

2. 组织临时安置

震后第一时间，大量人员从受灾地被转移出来，转移人员的数量在后续几天经历了大规模的上涨过程。从灾区一线转移出来的数量巨大的受灾群众被安置在哪里、如何安置、如何保障受灾群众的基本生活，成为各级政府首要解决的工作之一。

为妥善安置受灾群众，绵阳市委、市政府迅速成立由市委常委、市总工会主席王倩，市人大常委会副主任张贵乾、王瑜为指挥长的安置工作领导小组，负责灾民的紧急安置。绵阳市充分考虑安全、交通等条件和尊重受灾群众意愿，确定“就地、就近、分散”的安置原则，科学规划，合理选择集中安置点，第一时间设立了九洲体育馆、南河体育中心和永兴中学等大型救助安置点，后期又根据转移群众不断增多的情况，在三台县、梓潼县、高新区及安县黄土镇设立分流安置点，接纳安置受灾群众。同时，市抗震救灾指挥部还派出 300 余人组成受灾群众安置工作组，赴江油、北川等县指导设置安置点，就地安置部分受灾群众，指派市级部门对口帮扶极重灾乡镇。其他各县区也相继设立救助安置点，就地安置部分受灾群众。截至 2008 年 5 月 19 日，全市范围内共设立集中安置点 880 个，安置 257 万余人。

九洲体育馆安置点是绵阳灾区最大的受灾群众临时安置点，震后第二天即 5 月 13 日紧急开设，至 6 月 29 日最后一批受灾群众撤离，前后历时 48 天，最多时接收安置北川、安县等极重灾区受灾群众超过 4 万人，被中外媒体誉为大灾中的“诺亚方舟”。5 月 14 日，南河体育中心受灾群众临时接待站建立，由涪城区抗震救灾指挥部负责，主要接收安置北川县、安县、平武县等重灾区受灾群众。5月26日，临时安置的群众全部疏散转移完毕，共接待、安置极重灾区群众10 650人，有效地缓解了全市受灾群众临时安置压力。

除市抗震救灾指挥部在市区设立的大型集中安置点外，江油、三台、梓潼等地也采取紧急措施，对境外受灾群众进行了临时集中安置。一是对自发涌入的受灾群众进行集中安置。从5月13日中午开始，北川、平武、青川等相邻县大量受灾群众涌入江油。江油市抗震救灾指挥部紧急决定，竭尽所能全部接纳、妥善安置，并成立工作机构具体负责，在李白大道、市体育馆等处设置多个接待站；协调开发区企业腾出厂房，搭建帐篷6 000多平方米，作为临时安置场所。同时，调集大量矿泉水和面包、饼干等食品和衣物，发放到每一位外来灾民手中。江油市先后接待2.6万余名外来受灾群众。二是在三台、梓潼等地开辟安置点，缓解绵阳市集中安置点压力。5月17日，针对九洲体育馆等集中安置点安置能力饱和的情况，绵阳市抗震救灾指挥部分别与三台、梓潼、盐亭3个县协调，建立3个临时安置点，并于17日、18日向三台、梓潼转移安置上千名受灾群众(盐亭县安置计划取消)。5月17日至6月6日，三台县在县体育中心、县体育馆等地连夜搭设安置点，共安置北川、安县、绵竹、都江堰等地群众787人。梓潼县抗震救灾指挥部在石牛中学、三泉乡政府、西蜀宾馆等处设安置点，全县总共接收安置北川县、平武县受灾群众786人，5月23日后，外县受灾群众陆续撤离返乡。

在绵阳市委、市政府统筹解决极重灾区受灾群众安置问题的同时，各县(市、区)也根据各地灾情，在市委、市政府的统一领导下，采取多种方式开展临时安置。其中，北川由于地貌变化较大以集中安置为主，包括县内集中安置和异地集中安置；平武、安县、江油等其他各县（市、区）按照“分散安置为主，集中安置为辅”的原则开展安置工作，但平武、安县及江油等极重灾区集中安置受灾群众也为数众多，建立多个大型安置点集中安置受灾群众；游仙区等重灾区以分散安置为主（见表3-2）。

表3-2 各县(市、区)安置情况

县(市、区)	安置情况及重点安置点
北川县	5月13—20日，北川县安置受灾群众14.2万人，全县建立364个临时安置点，集中安置和分散安置8.4万人，在绵阳市城区、江油、安县、梓潼等地转移安置5.8万人 绵阳市、北川县抗震救灾指挥部在北川县任家坪、擂鼓镇，安县永安镇、黄土镇、安洲驾校，绵阳高新区永兴镇设立较大规模的临时安置点，安置北川受灾群众。较大的集中安置点有任家坪安置点(3600余人)，擂鼓镇安置点(一度安置4万余人)，永安镇安置点(1000余人)，黄土镇安置点(2800余人)，安洲驾校安置点(1700余人)，高新区永新镇安置点(实验中学700余人，救助站300余人) 6月中下旬开始，北川县根据市政府统一安排，采取有序回迁的安置办法，在县境内安置从九洲体育馆、南河体育中心、江油、梓潼、安县等安置点返回的北川籍受灾群众4.5万多人
安县	采取集中安置与分散安置相结合的办法：高川、茶坪两个重灾乡，睢水、桑枣、永安、安昌、沸水、晓坝等乡镇14个山区村，受灾群众全部外撤并集中安置；其他受灾相对较轻的乡镇，分散安置。全县28.23万受灾群众集中安置在7个重点集中安置点和282个临时安置点，其中安置500人以上的救助站42个，集中安置受灾群众5.4万余人。较大的集中安置点有睢水镇救助站(近5000人)，沸水镇救助站(4000余人)，永安镇救助站(1000余人)。全县另有22万余人自行零散安置
平武县	选择安全地段设立临时集中安置点375个，安置受灾群众18.6万人。较大的集中安置点有县城报恩寺广场、接官亭广场、飞龙广场、涪江南岸河堤、金矿等5处(1.99万余人)，南坝镇临时安置点设旧州、何家坝、后坪、垭头坪、檬子树、石头坝、高庄办事处、石坎办事处等8处(约8万人)

（续表）

县(市、区)	安置情况及重点安置点
江油市	5月12日至6月1日，全市紧急转移安置受灾群众59.1万人，其中设立临时紧急转移安置点159个
涪城区	震后初期，涪城区受灾群众临时安置主要通过自主安置、分散安置解决，未统一建立集中安置点。唐家山堰塞湖排险避险阶段，涪城区建立14个临时集中安置点，安置转移疏散区群众34 439人，其中最大的安置点设在四川音乐学院绵阳艺术学院，安置群众14 964人
游仙区	唐家山堰塞湖排险避险期间，游仙区疏散转移群众10万余人，建立临时安置点41个，集中安置80 046人 全区2 470户城镇和农村居民走出灾区投亲靠友，鼓励和帮助6 048户城乡居民通过租房或其他方式进行安置
三台县	地震后，全县约有100余万人搭建临时"避震棚" 全县63个镇乡设置集中临时安置点580余个，集中和分散安置受灾群众30余万人
梓潼县	分散安置受灾群众30万余人
盐亭县	震后，盐亭县城共形成13个较大的灾民临时集中安置点，共安置灾民约3万余人。较大的集中安置点有县委机关大院、盐亭中学等灾民安置点(8 000余人)，五指山、昆仑山灾民安置点(4 600余人)，绵盐、盐南、盐蓬公路(近1万人)

注：1）本表根据四川省民政厅提供的《汶川特大地震抗震救灾志（卷六）·灾区生活志》资料长编、《汶川特大地震绵阳市民政局抗震救灾志》编纂委员会：《汶川特大地震绵阳市民政局抗震救灾志》(2011年7月)、中共绵阳市委党史研究室：《绵阳市抗震救灾实录》(2009年6月)和绵阳市民政局提供的《汶川特大地震绵阳市抗震救灾志》(征求意见稿)等资料整理制作；2）本表中安置点数量包括集中安置点和临时安置点。

二、集中安置管理与服务

与一般的重大灾害应急期安置相比，汶川地震后绵阳灾区转移安置受灾群众数量巨大，特别是集中安置人口数量巨大，并呈现出点多面广、单点规模大、安置期长等特点。在这种情况下，对集中安置的组织管理、基本生活保障和安置服务提出了全新的要求。

1. 安置点组织管理

根据对汶川地震灾区多地经验的总结分析，集中安置点一般采用属地管理、单位管理和派遣工作组等三种形式进行管理。[①] 这几种安置方式在绵阳市都普遍存在。属地管理一般以社区为单位，分为“原居住地基层组织管理”和“安置点所在地社区管理”两种模式：“原居住地基层组织管理”适用于极重灾区集体转移群众管理，一般重灾区多采用“安置点所在地社区管理”。单位管理主要是指由单位（企业）设立应急安置点，这种安置点虽然也收容附近受灾群众，但其主体是单位职工及家属，应急安置点的建设单位同时也负责管理。[②]

派遣工作组管理形式是市级、县级管理受灾群众应急安置点的重要方法。各灾区安置点管理机构主要负责组织受灾群众入住，发放食品、饮用水，并保证群众户外过夜安全等工作。大型集中安置点由于人口多、情况复杂，一般采用这种方式管理。绵阳市在九洲安置点成立安置工作领导小组，其下分设了办公室、综合组、宣传组、后勤保障组、物资发放组、安全保卫组、卫生防疫组、学生工作组、志愿者管理组等九个小组，保证了安置点各项工作的有序开展。同时，相继制定《九洲体育馆灾民安置组职责（暂行）》《市级部门灾民责任区工作职责》《九洲体育馆灾民管理暂行办法》《九洲体育馆志愿者管理暂行办法》等，为管理工作的开展提供制度保证。应急初期，北川县集中安置点主要由绵阳市级部门搭建帐篷

---

① 参见四川省民政厅提供的《汶川特大地震抗震救灾志（卷六）·灾区生活志》资料长编。

② 国家电网在四川地震灾区各单位利用灯光球场、健身乐园、花园、生活空旷地带搭建临时帐篷，安置职工家属，就采用单位管理模式。参见四川省民政厅提供的《汶川特大地震抗震救灾志（卷六）·灾区生活志》资料长编。

并牵头管理服务，北川县抗震救灾指挥部统一抽调工作人员协助管理。[①] 7月10日，市抗震救灾指挥部统一安排部署，将8个集中安置点移交给前期协助配合的北川县级部门管理，涉及的乡镇协调配合管理工作。县委各工作部门、县政府各职能部门和乡镇按照相关规定，分别履行自身职能，积极主动开展工作，实行授权小区管理机构管理和住户自治管理相结合的管理模式，在安置点先后成立了临时党总支、临时党支部、临时管委会等安置点管理机构。其他各县（市、区）也大都由县委、县政府领导分片区负责各安置点的管理和监督工作，成立临时党委，恢复党支部，建立党小组，发挥党组织在安置点维护正常秩序、稳定受灾群众、帮扶特殊群体的骨干作用。

2. 安置点基本生活保障

应急安置时期，由于巨灾效应，绵阳市集中安置群众数量占到整个应急期临时安置数量的80%以上，安置点聚集的大量受灾群众的基本生活保障是抗震救灾中急需解决的重大问题。这其中，解决临时住所和用餐、饮水问题尤其重要。

在临时住所方面，地震灾害发生初期，除在九洲体育馆、南河体育中心等大型安置点有部分室内安置外，大部分人员以室外安置为主。这就需要大量临时安置帐篷等设施予以解决。在灾后初期，因组织调拨、采购的救灾专用帐篷、活动板房还没有及时运送到灾区，救灾专用帐篷、活动板房数量较少，灾区群众安置以搭建

① 比较典型的是绵阳市司法局创建的擂鼓镇灾民安置模式，受到了中央电视台、新华社、《参考消息》等多家媒体的报道和好评，被誉为“擂鼓灾民自治管理模式”。参见 http://sfj.my.gov.cn/bmwz/941274325237891072/20090407/395255.html。读者还可参阅新华网成都6月3日电《北川县擂鼓镇安置点探索自治管理模式》，http://news.qq.com/a/20080604/002509.htm。

防震棚为主，包括简易棚、工棚、钢管大棚及成品帐篷等，多为群众自发搭建，也有部分居民利用私家车夜晚临时居住。上述在救灾初期灾区搭建的简易棚、工棚、钢管大棚及不同规格成品帐篷，因其凌乱、易燃、不耐用等缺点，逐步被救灾专用帐篷和活动板房所取代。[①] 北川县曲山镇任家坪安置点从5月13日起搭建帐篷1 000顶，安置群众近万人，成为地震灾区存在时间最长的帐篷安置点，同时也是北川县抗震救灾指挥部所在地。5月25日，北川县抗震指挥部和县直机关由北川任家坪撤到擂鼓镇一带，擂鼓镇就地安置受灾群众和接收曲山镇等乡镇转移回来的受灾群众及县直机关单位、救灾援建人员达4万人，是地震灾区最大的帐篷安置点。

在食品和饮用水供应方面，汶川地震发生初期灾区普遍实行物资配给制，集体供餐是灾区群众的主要就餐形式。集体供餐根据安置点管理部门不同，划分为政府供餐、单位供餐和救援部队供餐。由于灾区执行物资配给制度，集体供餐都是免费提供。

一是政府供餐。政府供餐一般由灾区各市（县）民政部门或抗震救灾指挥部指派专人负责，初期主要是就地就近利用生活资料维持供应，后来则依靠应急救援物资。供餐形式经历了以方便食品为主，逐步走向热食供餐的过程。九洲体育馆安置点受灾群众初步安置下来后，经历了从开始供应面包、饼干、牛奶、方便面等食品，到后来供应热腾腾的米饭、回锅肉；从开始提供瓶装矿泉水到后来提供新烧的开水，使群众的吃喝质量不断得到改善。灾区群众救助站是人民政府集体供餐的主要供餐点。5月13日，民政部要求四川省民政厅在灾区群众设立民政救助站（点），做好灾区群

---

① 参见四川省民政厅提供的《汶川特大地震抗震救灾志（卷六）·灾区生活志》资料长编。

众安置工作。绵阳市在九洲体育馆、南河体育中心外，设置过往受灾群众临时救助点，提供方便食品、热水、饮料等；各县（市、区）在主要道路两侧依托场镇停车站点、救助站点设置60余处临时救助站（点），提供食品、饮水等救助服务。此外，部分社会爱心人士也自发设立临时站点救助过往灾民，免费提供临时休息、热水、饮食等，有效保障了集中安置点群众以及转移途中的群众、各类救援力量的基本生活。

二是单位供餐。单位组织供餐是抗震救灾初期一种特殊的供餐形式，单位集体供餐又分为灾区单位供餐和灾区外单位供餐两种方式。灾区内单位供餐以灾区企业、餐饮业为主。比如，5月12—17日，地处北川县的解放军总装备部某工厂聚集了2 000名避险群众，工厂多方采购粮食，保证灾区群众一日三餐。灾区外单位供餐是灾区以外单位、企业支持灾区抗震救灾，为灾区群众提供餐食。应急救灾期间，临近省份针对灾区群众吃饭难题，组织一些餐饮企业组建支持四川灾区餐饮服务队进入极重灾区开展赈灾活动。如重庆市商委发起餐饮企业组建支持四川灾区餐饮服务队。15日上午，组织厨师和工作人员分赴北川、江油、安县等地开展“粥棚行动”；19日重庆商委召开会议，提出扩大“粥棚行动”规模，组织第二批抗震救灾餐饮服务队，抽调机关14名干部带领100名餐饮企业职工，分成7个服务组分赴救灾第一线，为救援力量和受灾群众提供稀饭、馒头等热食，并在北川县桂溪乡、安县晓坝镇和睢水镇等极重灾乡镇安营扎寨，埋锅做饭。

三是救援部队供餐。震后，最先进入灾区执行救援任务的解放军部队，自5月12日起，根据责任区内灾区群众热食保障需求，陆续开设赈灾饮食供应点。5月22日，成都军区联勤部在北川擂鼓镇设立赈灾饮食供应站。

地震灾区集体供餐形式是由于抗震救灾初期严峻形势所迫不得已的，这种形式存在食品安全风险和不利于正常社会功能恢复两个弊端。因此，5 月 27 日，国务院抗震救灾总指挥部根据国家减灾委—科技部抗震救灾专家组提出的地震灾区近期可部分保持集体供餐形式，但要尽快向以户为单位和货币补助方式转变，以及通过恢复灾区市场供应等手段，降低食品安全风险。[①] 此前的 5 月 20 日，民政部、财政部、国家粮食局发出《关于对汶川地震灾区困难群众实施临时生活救助有关问题的通知》（民发〔2008〕66 号），明确了灾区受灾群众临时救助标准等问题，随着相关款物逐步发放到受灾群众手中，各地灾区逐步停止集体供餐。

3．安置点服务

在解决群众基本生活（吃、穿、住）的情况下，各安置点也高度重视安置点服务功能的建设，保障临时安置的长期有序运转。绵阳市按照“八建”（建有厨房、厕所浴室、消防通道、临时垃圾点、商业网点、警务室、医疗室和公共场所）、“六通”（通水、通电、通电话、通电视、通广播、通道路）、“六防”（防震、防雨、防风、防寒、防火、防雷）的标准，完善配套设施，满足受灾群众的生活需求。[②]

九洲体育馆安置点在保障安置群众基本生活需求外，针对安置受灾群众数量大、安置时间长、安置群众大都背井离乡、受灾严重等特点，逐步全面开展了各项安置服务，使安置群众能够体验到更加舒适、便捷的临时安置生活。一是提供医疗卫生服务。安置组在馆内先后设置了绵阳中医院、安徽红十字会、上海普陀区中心

---

① 参见四川省民政厅提供的《汶川特大地震抗震救灾志（卷六）· 灾区生活志》资料长编。

② 同上。

医院等10个医疗救助点，组织1 000多人次的医疗工作者对近4 000万人次的伤员和生病群众进行了救治。各医疗点不定期开展巡回医疗、查诊访诊等，及时发现群众伤痛，及时解决群众疾苦。此外，每天4次对馆内安置区域环境进行消毒，灭杀蚊虫。环卫处清洁工随时对馆内环境进行清扫，确保无大疫情发生。二是提供教育服务。5月18日，安置组与市教育局仅用24小时就在九洲体育馆篮球场建立了可容纳300余人的帐篷学校，给每个入学的学生发了书包、作业本、圆珠笔等学习用具。北川县教育局、绵阳中学、绵阳外国语学校每天安排150多名教师，分小学和初中进行教学，满足了1200多名学生的学习要求。安置组还协调国家、省、市各级心理教育专家，及时对学生和家长进行心理疏导，帮助学生和家长减轻因地震而受到的生理和心理伤害。三是提供警卫安全服务。先后抽调300名公安民警、160名民兵预备役人员在九洲体育馆东南西北四角建立流动警务室，实行24小时执勤，共调解各类矛盾274起，为受灾群众提供各类服务3 563起。此外，为避免次生灾害的发生，安置组及时调整大树下危险帐篷区，同时组织市级部门在帐篷周围开挖排水沟，为住帐篷的受灾群众配发隔潮布，使受灾群众有了一个临时的、安全、温暖的“家”。四是提供寻亲咨询登记服务。为帮助受灾群众寻亲，现场指挥部专门设置了寻亲登记点，并轮流在广播里播放寻亲信息。五是提供宣传娱乐服务。开设广播站和流动宣传车，宣传国家法律法规、安置政策，每天出一期反映九洲体育馆受灾群众安置情况的简报。安装电视供受灾群众观看，免费发送《绵阳日报》《绵阳晚报》1 000余份。有计划地为群众举办文艺晚会、卡拉OK歌会、羌族锅庄晚会、广场电影放映等活动。六是提供特殊群体照顾服务。对老人和残疾人，专门安排志愿者一对一帮助，提供食品和生活用品。先后为行动不便的残疾人提供200余个轮椅。认真做好受灾群众中老人、残疾人、孕妇、学生这一特殊受灾群体的工作，给予特殊的照顾。2008年6月29日下午15时许，随着最后一名受灾群众的撤离，九洲体育馆完成临时安置使命，历时48天。

北川县针对由市抗震救灾指挥部接管的8个重点集中安置点，组建了治安巡逻队、义务消防队、义务防疫组等受灾群众自我服务机构，创办广播站，坚持每日宣传关于群众安置、公共卫生等方面的政策和知识。逐步配套建设了水、电、道路等基础设施，按比例配备了帐篷学校、医疗点、集中供水点、厕所、浴室、垃圾收集点以及必要的文化宣传设施等配套公共服务设施。至8月12日，各帐篷集中安置点的群众有序入住板房，全县受灾群众临时性安置管理工作全面结束。

震后，面对大量受灾群众无居住场所、无生活保障的情况，通过在市区利用九洲体育馆、南河体育中心等大型体育场馆异地安置极重灾区受灾群众，在各县（市、区）建立临时安置点对大部分受灾群众进行了集中安置，有效解决了超过200多万受灾群众的临时安置与生活保障问题，保障了灾区稳定并顺利进入过渡安置和恢复重建阶段。从整个集中安置点的管理来看，安置点管理和避难场所问题值得关注。一是如此大规模的集中安置，特别是长时间集中安置，其饮用水和食品供应、临时住所的集中式供应，在食品卫生、防疫卫生、治安管理等方面都存在很大隐患。绵阳市在应急抢险阶段的紧急安置通过市县两级抗震救灾指挥部的周密组织部署，大量机关干部、企事业单位志愿者夜以继日的参与，保证了这个特殊时期没有出现大的问题，但我们也应该意识到，安置点管理、生活保障和服务的经验需要上升到技术规范，并通过有关培训，形成一支在这些方面有经验、有技能的专业队伍。目前，在安置点管理方面，虽然也陆续出台了一些管理规范，但主要针对一般灾害安置人员数量少、安置期短的情况制定的，不适应巨灾防范的要求。二是避难场所的管理问题值得关注。按照《中华人民共和国防震减灾法》，九洲体育馆、南河体育中心都属于地震应急避难场所。在安置初期，九洲体育馆、南河体育中心等大型安置场所也都经历了安置初期秩序混乱、基本设施严重不足[①]的过程。而这也一定程度上反映了当前我国很多地区避难场所只注重挂牌，不注重应急避难功能的日常维护的现状。同时，也暴露出大规模集中安置生活保障和服务经验的缺乏。因此，对九洲体育馆、南河体育中心以及其他大型安置场所在汶川地震中所积累的经验教训予以总结分析，对于提高巨灾应对能力是非常必要的。目前，从管理层面，我国的应急避难场所的建设、日常维护管理和应急管理涉及多个部门，各个阶段难以有效衔接。从技术层面看，避难场所在建设时如何考虑其应急避难功能，在日常维护管理时如何维护应急避难设施，在应急管理中如何最大化地发挥避难场的效用，目前都缺乏相应的工作制度、技术规范。有关技术部门虽已出台或正在积极制定相关技术标准，但限于管理机制的问题，这种技术规范的效用也在一定程度上受到限制。

---

① 比如，受灾群众大量进入九洲体育馆以后，如厕成了一大问题，随处大小便的情况十分严重，尤以5月15—16日前后为甚，站在九洲体育馆门前的桥上都明显感觉到空气污浊，臭气熏人。后由市环卫处加班加点、昼夜施工，修建了大型厕所一处、流动厕所五处，及时解决了群众如厕问题。针对群众从地震灾区出来，长时间没法洗澡的情况，安置组及时协调联系江西萍乡矿业集团支援热水锅炉，市建设局将平时需要两三天的安装时间缩短到不到24小时就在馆内安装了一次可容纳70多人洗澡的热水锅炉和洗澡棚，使群众每天都能分批洗上热水澡。另外，在九洲体育馆内还相继建起了开水锅炉、饮用水净化设备等服务设施。保证了群众有干净水喝，有热水澡洗。参见四川省民政厅提供的《汶川特大地震抗震救灾志(卷六)·灾区生活志》资料长编。

三、临时生活救助

2002年中央财政首次单独设立应急救助补助项目。针对紧急转移安置，中央财政补助标准为100元/人。2006年，紧急转移安置的中央财政补助标准由100元/人提高到150元/人，台风灾害中央财政补助标准为70元/人。但上述补助内容和标准主要针对一般性重大灾害，并不适应汶川特大地震这种特别重大灾害所造成的损失严重、应急期相对较长等的特殊需求。

2008年5月20日，民政部、财政部、国家粮食局发出《关于对汶川地震灾区困难群众实施临时生活救助有关问题的通知》（民发〔2008〕66号），规定了救助对象及其补助标准，以及补助资金来源。[①] 5月21日，四川省民政厅、财政厅、粮食局转发相关规定。[②] 5月27日，四川省民政厅、财政厅、粮食局发出《关于落实汶川特大地震受灾困难群众救助和遇难人员家属抚慰金发放有关问题的补充通知》（川民电〔2008〕75号），提出八项具体规定。[③]

---

① 救助对象为因灾无房可住、无生产资料和无收入来源的困难群众。补助标准为每人每天10元补助金和1斤成品粮，补助期限3个月。因灾造成的“三孤”（孤儿、孤老、孤残）人员补助标准为每人每月600元，受灾的原“三孤”人员补足到每人每月600元，补助期限3个月。发放补助所需资金，由中央财政专项安排；救济粮由中央从中央储备原粮中无偿划拨给省级人民政府。

② 四川省民政厅、财政厅、粮食局：《转发民政部 财政部 国家粮食局〈关于对汶川地震灾区困难群众实施临时生活救助有关问题的通知〉的紧急通知》（川民电〔2008〕58号）。

③ 这八项规定是：1. 汶川特大地震受灾困难群众救助实行属地管理的原则，县级民政部门在核定救助对象的基础上，及时发放救助钱粮。2. 凡户籍地、居住地和安置地一致的受灾困难群众的救助，由户籍地的县级民政部门负责救助对象的政策落实。3. 户籍地和居住地不一致，灾害发生地为居住地，居住一个月以上的受灾困难群众的救助，由居住地县级民政部门负责救助对象的政策落实。4. 户籍地、居住地与安置地不一致，需要进行转移安置且一个月内不能实现转移安置的受灾困难群众的救助，由安置地县级民政部门负责救助对象的政策落实。5. 对受灾地区统一组织转移的受灾困难群众的救助，按照“费随事转，责

在应急救助期间，绵阳市市、县两级政府采取多种措施落实国家和四川省相关决策，做好临时生活救助的钱粮发放工作。

1. 制定方案

由于生活救助政策属于刚性的国家政策，地市一级政府对救助金、救助粮的发放标准和发放范围并没有太大的自由决策空间，对于此类政策一般是以转发上级政策的方式来贯彻落实，同时在转发的文件中会对如何落实提出具体的要求。

5月21日，绵阳市民政局、财政局、粮食局以“绵市民电〔2008〕13号”转发四川省文件②，同时要求各县（市、区）务必高度重视该项工作，充分保障受灾困难群众的基本生活，加强对受助人员的统计，及时准确上报相关数据，加强因灾生活困难群众补助金、救济粮的发放管理。

随事转”的原则办理，做到“权责明确”。灾区民政部门要将统一组织转移的受灾困难群众的基础档案及情况，及时送达安置地民政部门，由安置地民政部门负责救助对象的政策落实。6. 对灾区受灾群众自动投亲靠友，请求由亲友所在地民政部门安置和救助的，救助对象须凭身份证、户口簿以及灾害发生地县级民政部门写出书面申请，县级安置地民政部门对符合条件的办理审核手续，并兑换成现金和粮食。安置地民政部门要规范和完善手续，受助人要填写救助卡，并加盖私章或手印。7. 县级安置地民政部门对户籍地、居住地、安置地不一致的异地受灾群众，符合条件的要会同此类人员专项登记注册，由市、州民政部门向省民政厅写出专题报告，省民政厅汇总后，向财政、粮食部门提交相关转移人数，省财政、粮食部门在下次拨付补助资金和粮食分配计划时予以调整。市、州内县间发生转移的，由市、州参照上述办法处理。8. 遇难人员家属抚慰金发放，以县（市、区）为单位，由县（市、区）级民政部门组织实施。原则上按照属地管理的办法，由遇难人数统计地发放。领取人（配偶或子女或父母）凭家属关系证明、本人有效身份证明材料及死亡地公安机关出具的“5·12”地震死亡证明书，到遇难人数统计地民政部门领取。因路途遥远异地家属领取抚慰金困难的，家属所在地民政部门要提供准确的文字证明材料，与遇难人数统计地民政部门取得联系，办理代发事宜。

② 即四川省民政厅、财政厅、粮食局：《转发民政部 财政部 国家粮食局〈关于对汶川地震灾区困难群众实施临时生活救助有关问题的通知〉的紧急通知》（川民电〔2008〕58号）。

5月28日，绵阳市民政局、财政局、粮食局以“绵市民电〔2008〕17号”转发四川省文件[①]，同时要求绵阳各级民政部门认真落实国务院关于受灾困难群众口粮和补助金、家属抚慰金以及“三孤”人员的补助政策。

6月3日，绵阳市民政局、财政局、粮食局、监察局发出《关于对灾区困难群众实施临时生活救助和对唐家山堰塞湖三分之一溃坝淹没区疏散撤离群众实施临时生活补助及鼓励受灾农村居民自建过渡安置房有关问题的通知》（绵市民发〔2008〕19号），再次明确有关政策和规定，并要求民政、财政、粮食和监察部门密切配合，准确把握救助政策，加强对救助金和救济粮的发放管理。

2. 实施救助[②]

为了把救灾钱粮及时发放到灾民手中，5月19日，经市抗震救灾指挥部审批同意，绵阳市民政局将民政部紧急下拨绵阳市抗震救灾资金5 200万元和2008年自然灾害应急资金100万元下拨到各县（市、区），同时紧急制定《灾区困难群众临时生活救助实施方案》，印制60万份“5·12地震灾害灾民救助卡”和“灾民款物发放登记表”，所有救灾钱粮的发放都必须以乡镇为单位进行登记，造花名册，建立基础台账。对每一位需要政府救助的群众发放“救助卡”，受灾群众凭“救助卡”领取钱粮。

2008年5月24日，绵阳市民政局派出6名干部，组成3个工作组，分别到安县、江油市、涪城区、游仙区、三台县、盐亭县、高新区，着重就救灾补助金和救济粮发放工作进行检查督导。各地都

① 即四川省民政厅、财政厅、粮食局：《关于落实汶川特大地震受灾困难群众救助和遇难人员家属抚慰金发放有关问题的补充通知》（川民电〔2008〕75号）。

② 本部分主要根据《汶川特大地震绵阳市民政局抗震救灾志》编纂委员会：《汶川特大地震绵阳市民政局抗震救灾志》，2011年7月，第179—192页的资料整理。

以村为单位,对救灾钱粮发放的对象和标准进行张榜公布,广泛接受群众监督。各县(市、区)也迅速行动起来,通过印发公告以及媒体宣传等多种形式进行深入宣传,通过对临时生活救助对象的调查摸底,县(市、区)民政局登记造册并建立台账;各乡镇严格按照“户报、村(社区)评议、乡(镇)审定”和“两榜(村、乡)公示”的程序操作,确定临时生活救助对象。通过市县两级的紧张工作,在国家有关通知发布不到半个月的时间内,即5月底到6月初,首月临时救助金和救助粮就发放到各县(市、区)受灾群众手中。针对部分因交通道路损毁而导致发放工作困难的地区,绵阳市采取一些特殊措施加以解决。横跨北川县城的湔江大桥在地震中垮塌,公路大面积塌方,导致大山深处的一些乡镇数据报不上来,受灾群众无法及时获得救助。在市委常委、副市长、北川重建党工委书记左代富的亲自安排下,由武警护卫,绕道安县、绵阳城区、江油市、平武县、松潘县、茂县,翻山越岭行程800余公里,将2 000多万元救济资金送到每一位受灾群众手中。6月19日,北川贯岭乡在救援部队的支援下,奋战11天,抢通通往外界的唯一道路,使各类救灾资金119万元发放到灾民手中,其中救济金106.02万元,成为最后一批送达救灾资金的乡镇之一。从5月28日江油市武都镇首批发放救济金开始,至6月27日,全市发放救济资金6.24亿元,覆盖9个县(市、区)、286个乡镇(街道)、3 721个行政村(社区),救助人口245.48万人。

在第一个月的临时生活救助钱粮发放过程中出现了一些问题,如部分干部存在畏难情绪、对国家救助政策不完全了解、对发放程序不熟悉、不严格按政策进行发放;政策宣传不够导致部分受灾群众对救助政策不了解;个别乡镇政府履职不够,把救灾钱粮发放工作全部交给村级组织去落实;个别村级组织以“村规民约”等形式限制受灾群众享受救助政策；部分群众有相互攀比心理，认为国家下发的钱粮不拿白不拿，不吃白不吃；一些地方民政部门对此项工作督导不够，等等。为此，绵阳市民政局要求各地进一步提高对搞好受灾群众生活救助的认识，加大救助政策的宣传力度，明确救灾钱粮发放的对象、范围和标准，核准灾情，准确掌握发放对象；及时发放救灾钱粮，完善发放手续；加强对救灾钱粮发放的督促和指导。6 月 1 日，市民政局局长杨学辉根据前期全市民政部门在灾情报送和钱粮发放工作的情况，向各县（市、区）民政局和各园区社会发展局局长写一封公开信，并两次亲自打电话给他们，督导救灾钱粮和物资发放等工作。6 月 13 日，绵阳市民政局会同市财政局召集北川县民政局、财政局两部门领导和人员，就北川县如何落实好遇难人员家属抚慰、受灾困难群众临时生活补助、自建过渡房补助等有关政策性资金的发放管理工作，进行专题研究和商讨，帮助拟定规范、详细、易于操作的办法。6 月 15 日，绵阳市民政局与市纪委、监察局联合下发紧急通知，要求各乡镇党委政府进行清理自查，对发现的问题要及时纠正。由市纪委、监察局牵头组织民政、审计、财政和市上派驻各乡镇工作组成员组成多个检查组，分赴全市 40 个乡镇进行专项检查，抽查到户到人。上千名不符合享受临时生活救助的人员主动或被责令退还已领的钱粮。7 月 18 日，副市长黄正良组织召开市政府落实受灾群众救助工作会议，要求加大相关救助政策的宣传力度；坚持公开、公平、公正，严格救助条件、程序和标准；建立规范的救助登记册、登记卡和统计台账；严格救灾资金的管理，确保救助资金的准确发放；坚持督促检查；重视群众信访，对群众反映灾害救助当中的问题，要及时处理。

据统计，2008 年 6 月至 8 月，全市下拨临时生活救助资金 23.76 亿元，救助困难群众 287.8 万人，实际发放临时生活救助金

23.71亿元。

四、唐家山堰塞湖人员转移安置和生活救助

汶川特大地震造成山体滑坡，阻塞河道，绵阳市境内形成大中小堰塞湖53处，其中北川县唐家山堰塞湖系极高危堰塞湖。唐家山堰塞湖是所有堰塞湖中最大、最复杂、最危险的一个，也是处置最为困难、处置时间最长、涉及人员最多的一个。绵阳市按照国家的统一部署，全力做好紧急转移和生活救助等工作。

1. 避险转移

按照党中央、国务院和省委、省政府的部署，一方面集中水利、军队、四川省相关技术、工程人员抓紧堰塞湖排险，另一方面做好涉及区域群众的避险工作。根据国务院抗震救灾指挥部总体安排，群众避险转移安置由绵阳市委、市政府具体负责。市委、市政府把确保避险疏散过程人员“零死亡”、力争“零受伤”作为主要目标任务，专门成立了唐家山堰塞湖避险疏散指挥部，指挥部办公室抽调绵阳水务局、水利设计院、武引局、市政府办公室等部门的相关人员，研究制定了以《绵阳市唐家山堰塞湖应急疏散预案》为统领的预案体系和一系列应急措施。

水利部专家组经过全面研究分析，认为唐家山堰塞湖必然溃坝，且存在三分之一溃坝、二分之一溃坝和全溃坝三种可能，其中发生三分之一溃坝的可能性最大。如果出现三分之一溃堤险情，绵阳将撤离常住人口14.7万人，流动人口1.1万人，涉及33个乡镇，169个社区。如果出现二分之一溃坝险情，绵阳将撤离常住人口91万余人，流动人口29万人；如果出现全部溃坝险情，绵阳将撤离常住人口99万人，流动人口30.9万人。根据专家组提出的三种溃坝可能，绵阳市抗震救灾指挥部制定了以《绵阳市唐家山堰

塞湖应急疏散预案》为统领的预案体系和一系列应急措施。

5月26日，绵阳市召开唐家山堰塞湖群众撤离动员大会。绵阳市抗震救灾指挥部两次印发《唐家山堰塞湖群众撤离疏散宣传提纲》，进一步加大宣传力度，做到家喻户晓，并决定于2008年5月30日开始疏散、转移唐家山堰塞湖三分之一溃坝洪水淹没线以下的所有人员。

唐家山堰塞湖避险疏散工作于5月29日下午启动，唐家山堰塞湖避险疏散指挥部按照避险疏散预案三分之一溃坝方案发布疏散指令。在24小时内（30日8时到31日8时），预案涉及的19.75万下游群众即全部撤离到预先设定好的安全地带。随后，唐家山堰塞湖避险疏散指挥部指挥长又发布第二号令："在2008年5月31日至2008年6月2日之间进行唐家山堰塞湖全溃坝淹没线以下人员疏散撤离指挥系统演习，以确保唐家山堰塞湖全溃坝时的紧急撤离有序完成，全面做好唐家山堰塞湖全溃坝撤离准备工作，确保零死亡。"6月11日16时，唐家山堰塞湖泄流排险后，疏散转移群众开始安全、有序返家。

为确保撤离工作准确到位，唐家山堰塞湖避险疏散指挥部成员实行分片区包干责任制，共分涪城、游仙、江油、三台、北川、科学城6个片区；每个片区设牵头人一名及责任人数名，各自负责一个乡（镇）或街道办事处，负责检查督促所包干片区疏散撤离方案落实到社区、村、组、户、人头。同时，市级责任领导牵头市级91个责任部门分为6个督查组对6个片区的撤离疏散工作进行督查，对转移不力引发恶性后果的，要坚决追究责任。30日上午8时开始，市、县、镇（乡）、村各级在1小时内即被紧急动员起来，干部们挨家挨户做撤离宣传，为每一个需要撤离的人指定召集人，使他们即使在慌乱中失散也能迅即找到"组织"。解放军战士、武警官兵与公安干警进入紧急状态，24小时待命，一旦出现险情，就分头入户查找、通知、搜救，确保不漏掉一个；市政府和驻军准备了冲锋舟严阵以待，在撤离过程中一旦发现掉队群众，第一时间进行营救。

2. 临时安置与生活救助

为保障被转移群众生活，绵阳市抗震救灾指挥部下发《关于唐家山堰塞湖避险疏散撤离群众临时安置点管理的指导意见》，从安置点选址，帐篷分区管理，工作人员设置和职责，交通、安全、消防管理，基本设施要求，安置物资管理、发放制度，卫生防疫等方面给出了全面、具体的要求。绵阳市在撤离的各乡镇和社区临近的安全地带设立了274个安置点，仅涪城区、游仙区在绵阳市郊就安排了61个安置点，搭建了1万顶帐篷。指挥部组织人员在绵阳市沿江地区画出三分之一、二分之一、全溃坝的等高线，告诉群众哪些地方可能被淹没。这些暂离家园的市民住进了"帐篷社区"。每顶帐篷都编了号，每顶帐篷都推举"篷长"，对每一位安置在这里的群众都进行详细登记。根据需求增加餐饮摊位133个、商业网点177个。高龄体弱的特殊人群被集中安置于临时搭建的"老年帐篷公寓"，配备专门的医护人员，志愿者每天为老人做可口的饭菜。卫生部门为疏散群众设立了188个医疗救助点，每个医疗救助点均有十几名医生；电力部门为绝大多数灾民安置点接通了临时电源，提供夜间公共照明，为避灾市民提供手机充电和电饭锅做饭用电；环卫工人抢建出384座临时简易公厕；自来水公司在7个疏散区域安装临时供水管道，设供水点694个；燃气公司在安置群众较多的"帐篷社区"架起新锅炉，接通天然气，设临时洗澡点384个，让疏散群众洗上了热水澡、喝上了开水；文化部门每天晚上为"帐篷社区"的群众放映露天电影，并赶排出一台主题为"我们永远在一起"的节目，在各个安置点巡回演出。

6月3日，市民政局、财政局、粮食局、监察局发出《关于对灾区困难群众实施临时生活救助和对唐家山堰塞湖三分之一溃坝淹没区疏散撤离群众实施临时生活补助及鼓励受灾农村居民自建过渡安置房有关问题的通知》（绵市民发〔2008〕19号），对唐家山堰塞湖三分之一溃坝淹没区疏散撤离群众实施的临时生活补助做出了规定。唐家山堰塞湖三分之一溃坝淹没区疏散撤离群众的补助标准为每人每天1斤粮、10元补助金。已享受因灾困难群众临时生活救助的，不再重复享受此项补助。补助期限从疏散撤离命令下达之日到唐家山堰塞湖三分之一溃坝险情解除为止。唐家山堰塞湖三分之一溃坝淹没区除国家公职人员外的疏散撤离群众到全溃坝淹没区以外投亲靠友的，除继续享受每人每天1斤粮、10元补助金的补助政策外，从投亲靠友当天开始到返回原居住地期间（超过险情排除之日的时间不计算在内），再发给每人每天10元钱的补助。唐家山堰塞湖三分之一溃坝淹没区疏散撤离群众的补助钱粮发放，由村（居）委会实行实名登记，并经乡镇（街道）人民政府（办事处）公示、批准后，由乡镇（街道）人民政府（办事处）负责发放到人。

在开展超过200万受灾群众集中安置工作的同时，绵阳市配合唐家山堰塞湖泄洪排险成功组织了近20万人的避险转移、临时安置和生活救助。与之前震后自救转移到政府组织转移安置不同，此次避险转移安置完全在政府设定的预案下有序组织进行，撤离的区域范围和撤离人群对象、撤离路线和转移方式、安置点选择和生活保障都经过周密部署，有效保障了大规模人口转移安置的成功实施，同时也积累了宝贵经验。那就是，通过宣传和预案演练的方式，使群众知晓事情发展的全过程，积极配合政府组织的避险转移；相关安置服务为超大规模人群安置提供了技术参数；创造性地为投亲靠友人员提高补助标准的方式，也促进了群众进行分散安置，为类似工作提供了可供借鉴的经验。

第三节 应急保障

人财物及灾区交通运输是应急救灾的根本保障之一。汶川特大地震对绵阳市经济社会影响的广泛性、巨大性和复杂性使相关人财物保障需求更为迫切、需求数量更为巨大、需求内容更为多样，相关人财物保障力量的协调与动员、管理与监督等都显得异常复杂和艰巨。在应急救灾期间，绵阳市一方面竭尽所能动用本市人财物等救灾资源抗击灾害，另一方面也全力以赴为支援绵阳的救灾力量提供保障和服务，想方设法管理和使用好支持绵阳的救灾资金和物资，做好交通运输的保障工作。在本节，我们从人力资源协调与保障、救灾资金和物资保障、交通运输保障三个方面，描述和分析绵阳市的应急保障。

一、人力资源的协调与保障

汶川特大地震灾害的毁灭性使救灾工作远远超过绵阳市灾区本地力量的应对能力。针对这种情况，绵阳市一方面充分利用本地党政机关企事业单位力量开展救灾，另一方面积极协调、动员外部力量参与救灾。

1. 本地力量的动员与调用

作为汶川地震受灾最为严重的地区，绵阳市党政军全体动员参与应急救灾成为绵阳灾区开展应急救灾工作不得不做出的选择。从绵阳市本地救灾力量的投入来看，主要分为以下几个层次。一是市、县两级党委政府及各部门、工青妇干部职工。这部分力量的领导干部主要充实到市、县两级的指挥机构以及市县两级设置管理的大型安置点的组织管理工作。一般干部职工则成为保障市县抗震救灾指挥机构、大型集中安置点、重要办事机构正常运行管理的中坚力量。例如，市抗震救灾指挥部就涉及绵阳几乎所有的市级部门。九洲体育馆受灾群众安置工作组，由市委常委、总工会主席王倩牵头，市人大常委会副主任张贵乾、王瑜负责，抽调市检察院、市委组织部、市直机关工委、市委老干局、市委党研室、市委党校以及市档案局、人事局、体育局、贸促会、工会、团委、妇联等38个单位400余名干部参与安置和服务工作。二是乡(镇、街道)及村(社区)干部职工。这部分干部职工是灾区最基层的管理和服务人员，承担了大量的救援抢险、安置和服务、救灾资金和物资发放等工作。三是医疗、交通、通信、电力、水利、工商等涉灾行业部门干部职工。这部分行业本身就是抗震救灾的重点领域，各行业都集中所有力量投身到各自领域的抢险救援工作中，并积极配合国内外救援力量在绵阳开展救灾工作。四是企事业单位干部职工。在抗震救灾过程中，很多企事业单位在自身受灾的情况下，在市委、市政府的领导下有组织地参与到抢险救灾工作中。5月12日22时06分，绵阳市抗震救灾指挥部召开紧急会议，安排市级机关50岁以下的男性干部和长虹、九洲两家大型国有企业的职工5 000人，自带干粮、衣被、工具，前往北川参与救人。在灾民安置方面，长虹集团、长兴集团等积极利用企业厂房、办公用房和设备设施，为灾民安置、学生复课发挥了重要作用。五是绵阳军分区、武装部、民兵预备役人员，以及公安、消防队伍。这些力量充分发挥自身职能，迅速参与到抢险救援和灾区秩序维护工作中。六是广大自发的志愿者和企业。地震发生后，绵阳市委迅速安排部署，团市委立即行动，于5月13日发出《关于组织团员青年参与抗震救灾工作的紧急通知》[①]，向全市团员青年发出了投身抗震救灾工作的倡议，要求各级团组织和广大团员青年迅速行动，把抗震救灾作为首要任务，充分发挥生力军和突击队的作用。绵阳市志愿者协会第一时间通过绵阳市广播电台，向全市人民发出了参与抗震救灾志愿服务的倡议。5月12日晚21时，首批有组织的150名志愿者赶赴城区各大医院。5月13日凌晨5时，60名医疗志愿者跟随首批救援队奔赴北川中学。5月13日上午9时，600余名志愿者赶赴九洲体育馆帮扶灾区转移的受灾群众。5月13日，绵阳市志愿者协会在火炬广场设立志愿者服务点，现场招募志愿者参与抗震救灾工作，并在团市委、各县(市、区)团委以及九洲体育馆、南河体育中心等灾民安置点设立志愿者服务点，负责志愿者的招募管理工作，努力为公众提供参与抗震救灾的有效途径。5月14日，志愿者协会组织有车青年、出租车司机等成立交通应急服务队，在车身悬挂红丝带，发起“红丝带行动”，开通绿色通道，保障交通运输。随后，在绵高校学生、国有大中型企业职工等也纷纷加入“红丝带行动”，使红色丝带成为绵阳市抗震救灾志愿者的明显标识。

绵阳市在本地力量的动员与调用上，体现了几个特点：一是市级力量补充县(市、区)力量。5月12日，市抗震救灾指挥部即派出市委、市政府的领导干部赶赴北川、平武、安县、江油与县(市)委、政府共同组成指挥部，指挥抗震救灾工作。针对北川县干部损失严重的情况，派出多名市级干部赴北川开展灾民安置工作。二

---

① 参见共青团绵阳市委：《关于组织团员青年参与抗震救灾工作的紧急通知》(团绵发〔2008〕14号)，2008年5月13日，http://www.mygqt.org.cn/index.php?m=content&c=index&a=show&catid=32&id=4061。

是以重灾区力量充实极重灾区力量。涪城、游仙、三台、梓潼、盐亭等重灾区(县)在做好辖区内救灾工作的同时,各行各业均抽调干部支援北川等极重灾区工作。三是非涉灾部门力量充实涉灾部门力量。大量非涉灾部门及团体,在保障本行业职能运转的同时,均派出大量干部职工充实到涉灾部门参与抗震救灾,解决灾后应急工作量大、人手紧缺的问题。四是充分发挥党员先锋带头作用。5月12日14时55分,市委组织部向全市1.6万名党员干部和26万多名党员发出紧急救援动员令,各行各业的党员干部都在各自岗位上发挥了中坚作用。五是动员本地志愿者充实救灾力量。据不完全统计,应急救灾期间,绵阳市有8万余名志愿者参与抗震救灾工作,他们活跃在各地灾区、各个领域,成为一支重要救灾力量。

绵阳的实践经验表明,本地力量的极大调动是灾区各项工作有序进行并取得胜利的最坚实保障,如何更好地发挥灾区救灾力量是应急工作要处理好的核心问题之一。

2. 外部力量的协调与保障

从汶川地震灾区外部力量参与救灾情况来看,主要包括以下几方面力量:一是各类救援力量,主要有解放军、武警部队、消防部队等;二是医疗力量,即各省市医疗机构和军队医疗力量;三是通信、电力、水利等基础设施紧急恢复及抢险的专业抢险队伍;四是参与到应急抢险各领域的外来志愿者队伍等(参见专栏3.2)。上述外部力量中,以军队为主的救援力量和志愿者队伍人员数量最多,参与救灾的内容和形式也最为复杂。绵阳市主要从请求支援、成立专门机构、信息沟通与后勤保障等四个方面协调与保障外部力量在绵参与救灾,使他们在绵阳灾区应急救灾阶段的工作中发挥了不可替代的作用。

专栏3.2

部分外部救援力量来绵参与救灾基本情况

军队救援力量：震后20天内，绵阳市共接待协调了解放军救援部队32支，2.56万余人；解放军医疗救援部队19支，2 600余人；武警消防救援部队36支，9 900余人；民兵预备役救援部队31支，1.7万余人；公安特警救援队2支，439人。

志愿者队伍：抗震救灾期间，全市共招募抢险志愿者、医护志愿者、关爱志愿者、献血志愿者、心理咨询志愿者等各类志愿者10万余名，先后参与志愿服务40万人次，调动志愿应急车辆5 200余台次。

医疗队伍：市外医疗队157支，6 900名医疗人员奔赴重灾区，对伤员进行救治。

资料来源：根据《汶川特大地震绵阳市民政局抗震救灾志》编纂委员会：《汶川特大地震绵阳市民政局抗震救灾志》(2011年7月)、中共绵阳市委党史研究室：《绵阳市抗震救灾实录》(2009年6月)和绵阳市民政局提供的《汶川特大地震绵阳市抗震救灾志》(征求意见稿)等相关资料整理。

---

(1) 请求支援。

汶川特大地震发生后，根据国家有关部门的判断，军队力量第一时间以进入震中汶川为主。[①] 与此同时，绵阳市、县两级第一时

---

① 汶川特大地震发生后8分钟(14时36分)，成都军区即启动应急方案，派出6 100余名官兵从都江堰、理县、茂县向震中汶川推进。参见郭伟等：《汶川特大地震应急管理研究》，成都：四川人民出版社2009年版，第143页。

间收集信息、判断灾害强度和损失程度，对军队支援、医疗力量支援、救灾物资支援等方面的需求果断作出判断，及时向四川省委、省政府发出支援请求，为救援力量的快速进入争取了时间。

（2）成立专门机构。

根据来绵参与救灾的救援部队、专业救援力量以及志愿者为数众多，在绵时间长等情况，绵阳市针对不同力量成立专门机构，做好相关接待与协调工作。

5月12日，绵阳市即决定由市人大常委会负责迎接、协调赴绵救灾部队，为广大官兵提供运输、后勤、联系等方面的服务。大批部队进入灾区后，绵阳市委调整部署，市人大常委会成立以常委会机关为主，绵阳军分区、市纪委、市民政局、团市委等18个单位为成员的外来救援队伍接待组，下设办公室、军队综合协调组、志愿者及救援团体综合协调组、后勤保障协调组、各县市工作组织协调组，全面负责外来救援队伍的接待服务工作。工作组及时协调落实了外来救援队伍领受救灾任务、前往抢险救灾岗位、抢险救灾期间救援队伍调动以及食品给养、油料补充、救灾工具配备等必要的后勤保障工作，协助已经完成救灾抢险任务的部队撤离休整。

针对四面八方像潮水一样涌来的志愿者，如何有效组织他们参与抗震救灾工作是绵阳市迫切需要解决的问题。为此，绵阳团市委专门成立志愿者工作组，明确工作职责，加强对抗震救灾志愿者工作的组织领导。各招募服务点在规范志愿者报名审核工作的基础上，在志愿者队伍中发展骨干，落实志愿者联络员，任命志愿者工作组长。绵阳团市委高度重视服务点的建设管理，不断完善志愿服务点的工作机制。在人员配备上，服务点安排5名干部职工值守，并招募6名能长期工作的志愿者协助管理。服务点管理实行24小时值班制度，做到全天候服务。

（3）信息沟通。

做好信息沟通工作，是保障在绵各种救援力量及时有效参与到各重点灾区、各重点领域抢险救援、安置服务工作的基础性工作之一。

在与救援部队信息沟通方面，绵阳军分区、市民政局以及各县（市、区）、乡（镇）政府都做了大量工作。绵阳军分区充分发挥军队与地方联系的桥梁纽带作用，克服通信中断、指挥协调不畅等困难，做好与地方党委、政府的协调工作。军分区成立军地协调组，派驻市抗震救灾指挥部，吸收二炮、14集团军联络员参加军地协调工作，制作通信联络表和兵力部署图，做到“五个清楚”——清楚人数装备，清楚技术实力，清楚临时驻地，清楚保障需求，清楚困难和问题。通过与抗震指挥部物资保障组及电信、移动、联通公司加强沟通，及时协调解决部队交通保障、通信保障、装备保障、医疗救护等问题。抗震救灾部队进入灾区后，指挥调动部队执行抢险任务急需重灾区地图。5月16日，绵阳市民政局安排社会事务科紧急赶制，18日将北川、安县、平武、江油等地行政区划图各1 000幅，送往抗震救灾部队和市、县抗震救灾指挥部。各重灾县（市）及乡镇也发挥自身优势，帮助救援部队找向导、运物资、落实驻地，有力支撑了在绵部队高效执行救援任务。

针对志愿服务涉及领域多、志愿者来自各行各业的情况，志愿者工作组从志愿者信息、志愿需求信息、志愿者服务信息等三方面做好信息沟通工作。一是对志愿者进行分类登记，掌握志愿者的服务意愿、自身技能等基本信息；二是有效收集志愿者服务需求，先后在各受灾群众安置点、捐赠物资转运场所、医院等志愿者需求量大的部门专门安排30余人次的志愿者联络员，及时向协调组反馈所在部门的志愿者需求信息，使得志愿者能够及时到岗提供服务；三是对志愿者服务情况进行跟踪。以上做法为救灾各个环节及时有效地提供了人力保障，充分发挥不同领域、不同来源志愿者的作用，同时能够为志愿者提供更好的后勤保障。

（4）后勤保障与服务。

数万名来自不同领域、不同地区的外部救援力量在绵阳参与救灾工作，为保障其在绵有效开展救灾工作、维持基本生活，绵阳市开展了大量的保障工作。

针对救援部队的后勤保障，在抗震救灾指挥部的领导下，主要由绵阳市军供站提供后期保障服务。经绵阳集散的抗震救灾部队数量大、批次多、间隔时间短，是50多年来绵阳市军供站担负的最艰巨的军供保障任务。绵阳市民政局统筹协调指挥整个军供保障工作，市军供站迅速启动突发事件应急预案和领导带班24小时值班制度，成立抗震救灾应急领导小组。为完成经绵阳集散的抗震救灾部队的接待供应任务，市军供站在自身接待供应能力不足的情况下，采取整合社会资源、在外加工、送餐保障的方式做好接待供应工作，并与长虹物业管理配餐公司签订送餐供应协议。军供站派出专人到现场，从买菜、制作等各个环节进行全程监督。全站人员按照预案分工合作，从人员、物资、车辆、食谱、供应方式等方面组织好协调工作，装盒、打包、保温、运输、供应等各环节一气呵成，忙而不乱，有条不紊。准确掌握好制膳时间和就餐时间，满负荷运转，尽最大限度满足部队供应之需。部队在哪里就餐，供应点就延伸到哪里；部队需要什么时间供应，就什么时间供应。整个军供保障中，未发生一例食物中毒和错供、漏供、晚供等责任事故。

据统计，抗震救灾期间，共有来自北京、上海、江苏、广州、湖南、湖北、云南、江西、河南、贵州、青海、辽宁等地的2万余名外地志愿者，以及来自美国、英国、日本、加拿大、澳大利亚、墨西哥等国的100余名外籍志愿者。由于灾区物资供给较紧张，很多外地志愿者自带物资用完后无处补给；还有的由于过度疲劳，不断出现抵抗力下降、生病住院等现象。为确保志愿者工作顺利开展，共青团绵阳市委专门设立志愿者驿站，为志愿者提供医疗后勤、返程车票订购等服务，组织心理咨询、防震救灾专家为志愿者开展专业的心理培训和防震知识辅导，从工作、生活上给予志愿者最大的关心和帮助。据不完全统计，服务点共为4 000多名志愿者提供了医疗检查、降温防暑药品发放等服务，为500多名志愿者义务订购了返程火车票，为20多名志愿者提供了返程差旅费。同时，为感谢志愿者在绵的辛勤付出，团市委还专门为他们印发感谢信及在绵开展抗震救灾志愿服务的证明。

二、救灾资金物资保障

汶川特大地震不仅使得人员伤亡和房屋倒损极其严重，也使得全市多年形成的粮食及商贸流通行业的存储和供应体系中断，供应网点接近瘫痪，加工设施受损停产待修，市场供应一度告急。同时，多条道路损毁、交通阻断，市县城区和乡镇的水、电、气等严重受损，供应一度中断。而大震之后，不论是抢险救援，还是灾区群众的基本生活安置，均迫切需要大量的救灾资金和物资保障，这些资金和物资的需求之巨远超灾区应急储备能力。绵阳市在非常时期果断采取非常举措，千方百计筹措钱物，保障供应。

在救灾资金方面，由于灾害造成的损失巨大，绵阳市救灾资金主要来自国家和省级资金（见专栏3.3），以及来自全国各地和全世界的各类捐赠资金；救灾物资则主要来自中央和四川省提供的救灾物资及通过捐赠接受的物资，同时，绵阳市也积极通过救灾物资的征集与采购以及恢复市场供应等多渠道保障应急期间的各类物资供应。

专栏 3.3

绵阳市抗震救灾应急资金拨付情况

应急救灾期间，全市共拨付抗震救灾应急资金 56.76 亿元，其中上级财政下达 56.18 亿元，市级财政应急安排 0.58 亿元，主要用于基础设施应急抢险、灾区人员转移安置及伤员救治、中小学校舍加固及设备购置等应急保障。其中，基础设施抢险资金 6.72 亿元，主要用于大中小型病险水库、堤坝防洪工程抢险和排危加固，公路、桥梁等基础设施应急抢修，堰塞湖抢险和排危加固，应急供水供电设施建设等；兑付给个人的救济补助 33.48 亿元，主要用于地震死亡人员家属抚慰金和灾区困难群众补助等；其他救灾资金 15.98 亿元，主要用于综合救灾财力补助、校舍加固和设备重置、地震灾毁耕地复垦、公共卫生及伤员救治等；市本级财政安排救灾应急专项资金 0.58 亿元，主要用于医疗卫生、防疫、基础设施抢修等。

资料来源：根据四川省民政厅提供的《汶川特大地震抗震救灾志(卷六)·灾区生活志》资料长编、《汶川特大地震绵阳市民政局抗震救灾志》编纂委员会:《汶川特大地震绵阳市民政局抗震救灾志》(2011 年 7 月)的资料整理。

1. 组织管理与工作制度建设

2008 年 5 月 13 日，市抗震救灾指挥部组建“供给保障·社会捐赠组”，统一负责全市抗震救灾资金物资的接受管理和分配发放。5月14日,中共绵阳市委办公室、绵阳市人民政府办公室发出《关于印发〈绵阳市“5·12”抗震救灾指挥部分工职责〉的通知》,成立市抗震救灾指挥部“供给保障·社会捐赠组”,主要负责救灾急需的抢险物资、防护用品、生活必需品和水电油气等物资的生产、储备和调度,保证供应;负责维护市场秩序,保持物价稳定,为转移灾民和运送救灾物资提供运输保障;负责组织接受捐赠款物等事宜。工作组由市政协牵头负责,市政协机关各委室、市委统战部、市工商联、市商务局、市经委、市发改委、市物价局、市国资委、市交通局、市建设局、市房管局、市民政局、市财政局、市审计局、市监察局、金融单位等16个单位为成员单位,下设物资供应分配、水电气油、运输保障、建筑物鉴定整治、社会捐赠等5个小组开展工作。5月15日,供给保障·社会捐赠组进一步细化职责分工,成员单位增加为17个(增加市目标督查办公室),下设7个小组(见表3-3)。与此同时,各县(市、区)也都成立相应的工作组,配合市工作组对于救灾款物的统一管理实施辖区内的相关具体工作。

表3-3 市抗震救灾指挥部供给保障·社会捐赠组职能分工

小组	工作职能
综合协调小组	组织接受、接待全国各地、社会各界人士来访;办理回复慰问函、电等事宜,综合救灾款物捐赠、供应、分配情况和发布每天信息;协调有关物资接收、供应、分配、运输等工作;下达指挥部和领导安排的工作并检查督促落实情况
物资捐赠(捐款)接受小组	负责国内外各类救灾捐赠款物归集,只进不出。资金由指挥部统一掌握使用,市目标督查办公室、市民生工委办公室、市财政局、市民政局监管;登记款物清单,报分配小组,协助、协调救灾物资转送等
救灾物资采购小组	负责救灾物资采购;组织救灾抢险物资、防护用品、生活必需品货源;了解救灾地区物资需求并报分配小组;建立采购资金及救灾物资的台账;维护市场秩序,保持物价稳定,搞好市场供应;协调有关部门搞好救灾物资生产供应、储备工作

（续表）

小组	工作职能
救灾物资分配调剂小组	主要掌握救灾物资需求情况；提出救灾物资分配建议，报领导审批；建立救灾物资分配台账
运输保障小组	组织、调度运输车辆；及时将分配物资送达指定目的地；在重点收费站，设立防疫消毒站，预防疾病和疫情
水电气油小组	负责水电气油供应
建筑物鉴定整治小组	负责建筑物鉴定整治工作

注：本表根据《汶川特大地震绵阳市民政局抗震救灾志》编纂委员会：《汶川特大地震绵阳市民政局抗震救灾志》，2011年7月，第319—324页资料制作。

5月28日，根据四川省委关于抗震救灾进入常态化管理的要求，市抗震救灾指挥部决定，市政协将供给保障·社会捐赠组部分职能逐步移交市民政局。5月29日，经市抗震救灾指挥部同意，市政协副主席郑和平主持召开供给保障·社会捐赠组会议，会议决定供给保障·社会捐赠组物资分配任务由计划组（救灾物资需求计划组）承担，计划组改为计划物资分配组；原物资分配组（救灾物资分配调剂小组）的任务于5月29日下午14时全部移交给计划组，也就是计划物资分配组接收；物资发放单由市民政局赵健、唐玉生、龙中杰签字发货；市建设局、药械组、粮食局、交通局均接受计划物资分配组的安排；具体工作交由民政局负责，对于汽车、机具、帐篷、粮食、化肥等紧缺物资，仍由政协领导和市政府领导一支笔审批。供给保障·社会捐赠组内部分工调整后，市民政局从全市民政系统抽调10多名干部职工充实工作力量，及时建立快速有效的工作运行机制，保证各项工作正常开展。6月9日，绵阳市抗震救灾指挥部决定①，救灾捐赠款物接收分配和救灾物资供给保

① 参见《关于调整供给保障社会捐赠组职责分工的通知》（绵指〔2008〕164号）。

障的全面工作由市政协主席张世虎牵头负责，市民政部门全面管理救灾物资接收分配、仓储管理和火车货站物资装卸等工作。7月4日，市抗震救灾指挥部供给保障·社会捐赠组更名为市抗震救灾资金物资接收保障组，由市政府副市长黄正良牵头负责，救灾捐赠款物接收分配和救灾物资供给保障工作，由民政部门负责日常工作，相关部门按职能分工承担相应工作。[①] 7月9日，市民政局正式承担市抗震救灾资金物资接收保障组日常工作。

鉴于救灾资金物资供给保障与社会捐赠的复杂性，绵阳市委、市政府以及抗震指挥部供给保障·社会捐赠组高度重视工作制度的建设，规范相关工作流程和要求。5月17日，市抗震救灾指挥部发出《关于印发募捐资金管理办法的通知》和《关于规范全市抗震救灾资金捐赠管理的公告》；5月22日，市抗震救灾指挥部供给保障·社会捐赠组制定《捐赠物资接收制度》《捐赠物资分配制度》《救灾物资发放办法》《物资采购程序》《加强库存物资管理的通知》《救灾物资发放流程》等规章制度；6月10日，中共绵阳市委办公室、绵阳市人民政府办公室下发《关于加强救灾捐赠款物管理使用工作的通知》；7月4日，绵阳市政府发出《关于进一步加强抗震救灾款物接收使用管理工作的通知》（绵府办发〔2008〕20号）。上述工作制度有效规范了资金接收账户、接收程序、募集基金信息发布以及各类抗震救灾资金物资分配使用等方面的工作。

2. 救灾捐赠动员与款物接收

汶川特大地震的救灾捐赠是中华人民共和国成立以来最大规模的捐赠活动。截至2009年9月30日，全国共筹集社会捐赠款

---

① 参见绵阳市人民政府办公室：《关于进一步加强抗震救灾款物接收使用管理工作的通知》（绵府办发〔2008〕20号）。

物797.03亿元(含“特殊党费”)[①],同时还接收到大量国际社会援助。此次救灾捐赠数额巨大、来源广泛,部分款物第一时间投入抗震救灾工作,发挥了积极作用,同时也使救灾捐赠工作异常复杂和艰巨。绵阳市从社会捐助动员、接收和发放等方面精心组织,努力做好救灾捐赠管理工作。

(1)救灾捐赠动员。

绵阳市通过发布募款倡议书,向全国及全世界做好灾情和救灾工作宣传,组织社会团体、工青妇及文艺团队参与救灾和宣传工作等多种手段,积极争取多方社会援助。

绵阳市抗震救灾指挥部于5月14日向全国各族同胞发出《关于为四川省绵阳市“5·12”特大地震灾害受灾群众募捐的倡议书》:“请伸出你援助的双手,奉献出一分爱心,为灾区人民募捐,使灾区人民在中央、省、市的关怀下尽快恢复生活秩序,开展灾后自救,重建家园。”相关部门通过电视、报纸等多种媒体渠道公布、宣传接收捐赠账号、地点、电话,让公众和企业及时、便捷地了解捐赠途径。市抗震救灾指挥部供给保障·社会捐赠组以多种渠道先后向全国、省、市多家新闻媒体报送地震灾情、救灾抢险图片100余幅、新闻稿件75篇,及时通过网络、短信、信函、传真、电话等多种形式向外介绍绵阳地震灾情,呼吁关注绵阳。市民政局、市慈善协会积极与省抗震救灾指挥部、省内外民政部门、友好城市联系,先后协调落实上海市慈善基金会、美国角声基金会、李宁基金会、泰康人寿、四川省慈善总会、攀枝花市民政局等机构或单位的援建捐款。市社团工委会同市民政局及时下发《关于在抗震救灾、灾后重

---

① 中华人民共和国审计署:《汶川地震社会捐赠款物审计结果》,2010年1月6日,http://www.gov.cn/zwgk/2010-01/06/content_1504299.htm。

建中充分发挥社会团体作用的通知》，全市各社会团体积极响应。城区个体协会、市浙江商会、市律师协会、市电力行业协会、市农资行业协会、四川亨帝建筑装饰有限公司、绵阳市汇达装饰工程有限公司、维修行业协会等社会团体纷纷捐款、捐物，发挥行业独特优势，全力投入慈善赈灾活动。绵阳市总工会、共青团绵阳市委、市妇联、市文学艺术界、市委统战部及各民主党派、市工商联、市红十字会等积极争取各方援助，努力为灾区抗震救灾工作提供资金、物资支持。

（2）捐赠款物接收。

根据相关工作通知及5月22日《捐赠物资接收制度》的规定，所有捐赠物资由市抗震救灾指挥部捐赠物资接受组统一接收；建立捐赠物资接收台账，确定专人负责，实行捐赠物资随接收、随清点、随登记、随出具接受凭据；建立捐赠物资仓储台账，实行分类管理，做到妥善和有序保管；实行捐赠物资接受情况按日统计和上报；公示捐赠物资接收情况。同时，明确了捐赠资金接收程序和捐赠物资接收程序。在捐赠资金接收程序方面，现金捐赠箱运到银行，由银行清点现金；存入指定账户（通过银行转账捐赠的直接汇入指定账户）；接收银行出具捐赠明细；进行登记，建立台账；将捐赠情况上报总负责人和计划分配组；市政府分管领导审阅；向社会公布资金捐赠接收情况。在捐赠物资接收方面，规定了受理各地捐赠物资的约函登记；组织人员接收物资；填制物资接收表；交接双方签字；给捐赠单位回执；将接收物资的清单报计划分配组（入库或分发）；具体责任人审核；报市政府分管领导审阅；向社会公布物资捐赠接收情况等工作程序。

3. 救灾物资筹集、采购与市场供应恢复[1]

在接收各界捐赠物资的同时，绵阳市积极筹集、采购物资，抓紧恢复市场供应，逐步缓解、解决绵阳灾区的物资供应问题。

（1）救灾物资筹集、采购。

绵阳市第一时间通过统一管理辖区内粮食等重要生活物资、紧急在绵阳辖区外采购紧缺物资、积极争取国家支援等多渠道征集、采购救灾物资。

5 月 12 日深夜，领导小组即组织商务、民政等部门紧急研究，果断采取政府行为，接管绵阳城区各经营企业库存的粮食、食用油、汽油、柴油等大宗必需物品；在第一时间集中采购食品、饮用水、奶制品等 4 万余件以及药具、救灾机具 60 余车，连夜发往北川、平武、安县等重灾地。5 月 13 日，借支辖区内国家储备粮和商品粮 2.15 万吨用于救灾。商务、粮食、物价、经委等单位在做好捐赠物资接收工作的同时，按需组织协调、采购、调运大批物资，5 月 18 日，市商务局向商务部争取调运生活用品达 100 个车皮。

背景资料

绵阳市民政局紧急筹集物资

地震发生后仅 20 分钟，市民政局局长杨学辉立即召开全局干部职工动员会，安排部署救灾工作，要求各级民政部门紧急启动救

[1] 本部分主要参考了政协绵阳市委员会研究室：《千方百计筹钱物 科学调度保供应——绵阳市救灾物资保障的主要做法和经验启示》，载绵阳市重建委办公室、绵阳市委政策研究室：《绵阳市抗震救灾和恢复重建经验启示录》，绵新出内（2012）字第 80 号，2012 年 4 月，第 59—62 页。

灾应急预案，竭尽全力救助灾民，安抚群众。按照局党组的安排，副局长张廷永立即前往市抗震救灾指挥部汇报市民政局救灾应急物资储备情况和救助实施方案。局机关迅速抽调20名干部职工组成4个组，分赴文化广场、南河体育中心、五一广场、高新区火炬广场搭建帐篷，分发物资，安抚群众；及时将300床棉被、3 000余件衣服送到市区医院和福利院等最需要救助的地方。同时，组织安排专人到城区几个大型超市，联系征集食品、药品、饮料等应急物资，以备及时救助地震重灾区。调研员钟新源在震后不到一小时，就到百盛超市联系食品20吨，并及时送到南河体育中心救助点。社会事务科科长王镳、救灾救济福利科科长李才、民间组织管理科科长苏兴高、局机关职工范全生等一起到好又多超市征购60余万元的食品，并组织发往北川羌族自治县、安县等极重灾区。社团工委副书记周志勇、民间组织管理科副主任科员周涛驾车直驶大型超市沃尔玛，紧急征购全部饮用水和食品，并督促超市员工将水和食品装运到火炬大厦；按市抗震救灾指挥部指示，又将征购的部分食品和饮用水转运到救援北川羌族自治县的卡车上，余下的物资移交给市商务局。

12日下午18时，副局长杨德宗按照市政府的要求到市商务局，会同该局同志负责调集卡车，向北川羌族自治县运送生活物资。经过多方协调，杨德宗从部队调来军车，到好又多、百盛等超市装载生活物资，于13日凌晨4时30分将11车物资运进北川羌族自治县，及时发放到受灾群众手中。

12日晚，赴北川羌族自治县参加抢险工作的人员急需物资，办公室副主任庞映华逐个小摊小店收购，终于在13日凌晨3时许将所需物资采购完毕。

13日上午，调研员唐玉生冒雨押送华丰无线电厂下岗职工何洪昌一家送来的一车刚出笼的馒头，到当天才搭建的安县永安安置点发放。下午16时30分，在市民政局值班的办公室副主任科员车韵飞接404医院求助电话，北川羌族自治县运送1000多名地震伤员到医院外广场，急需帐篷和食物。车韵飞经多方联系，紧急调拨帐篷100多顶，医院的难题得到解决。

资料来源：《汶川特大地震绵阳市民政局抗震救灾志》编纂委员会：《汶川特大地震绵阳市民政局抗震救灾志》，2011年7月，第176—177页。

（2）市场供应恢复。

面对受灾范围广、受灾群众数量巨大的困难情况，绵阳市清醒地认识到，必须尽快恢复市场供应，才有可能保障灾区物资良性供应，保障一线救援和受灾群众基本生活。震后，市商务局立即启动《生活必需品市场供应突发事件应急预案》，市政府颁发《关于尽快恢复市场供应工作的紧急通知》等5个促进市场供应的指导性文件。市商务局协调调运饮用水、方便食品、紧急救援工具和物资1 900多车次，组织空运物资600余架次。在极重灾区设商业网点近1 000个，在安置点设立帐篷商店和板房商店250个，在边远山区组织流动售货车近5 000车次，在交通中断的地方组织小分队送货销售。在集中安置点，设置餐饮配送中心、洗浴、美容美发等便民服务网点，确保受灾群众生活需要。至5月18日，城区各市场、超市、商店、餐饮90%恢复营业。

针对全市各类市场受灾严重的情况[①]，工商部门创造性地采取

① 全市330个市场，受灾市场222个，其中关闭市场86个，倒塌市场28个。大灾之后，大部分市场功能不全，很多经营户失去营业场所，灾区群众生产、生活秩序受到严重影响。参见绵阳市民政局提供的《汶川特大地震绵阳市抗震救灾志》（征求意见稿）。

了多种措施,在应急期间努力恢复市场经营。一是允许以街为市,允许经营鲜肉、蔬菜、水果、熟食品、副食品等的受灾经营户沿街经营,保障市场物资供应。抢险救灾期间,全市以街为市的市场达56处,经营户达4 700余户,既解决了城镇居民生活的需要,也使受灾经营户增加了收入。二是支持店外开市。一些经营户的经营门面在地震中受到严重破坏,店内经营不安全。为使经营户尽快恢复营业,工商部门积极引导经营户因地制宜,就地取材恢复经营,有的以车为门市营业,有的在门面外撑伞营业,有的以帐篷为铺面营业,以满足灾区群众购物需要。据统计,全市店外开市的经营户达到2 600余户。三是组织场外兴市。经营户在市场内失去经营场所,工商部门考虑到群众购物习惯和交通要求,在原市场外划出一条街,让经营户到街上经营。全市兴办场外市场38处,经营户3 100余户,一些受灾的农户也进场销售农产品,实现生产自救,同时保障灾区生活必需品的供应。四是帮助维修复市。对于经维修可以使用的市场,工商部门积极动员市场开办单位维修复市。全市经维修后复市的市场达56个。五是实施应急办市。对于地震中全部毁损的市场,工商部门积极修建抗震救灾应急市场,解决群众生产生活的需要。地震后,全市在个协投资200万元的基础上,鼓励市场业主投资160余万元,建设抗震救灾应急市场3个,交易面积8 200余平方米。

(3) 维护市场秩序和稳定物价。

在积极恢复市场供应的同时,加强市场监管,稳定市场价格秩序。5月13日,市政府发布《关于稳定抗震救灾期间市场物价的公告》,要求全市生产经营单位,切实维护市场价格秩序,不得借机囤积居奇、哄抬物价,散布捏造涨价信息,进行价格欺诈、价格垄断等行为,违者将依据相关法律、法规予以从严、从快、从重处罚。5

月16日，市政府决定对饮用水、部分药品、搭帐篷所需的塑料布和帆布等三大类十余种商品实行临时价格干预措施。[①] 5月26日，针对预防药品和医疗器械类及建筑材料类十余种商品实施临时价格干预措施。实行临时价格干预的药品和医疗器械，各类医疗机构、生产企业、批发企业、零售商销售价格不得高于5月12日前的价格水平；实行临时价格干预的建筑材料价格，实行综合差率管理，建筑用钢材、木材（不含直接运杂费）进销综合差率最高不超过4%，水泥（不含直接运杂费）进销综合差率最高不超过5%，砖、瓦、砂石（不含直接运杂费）进销综合差率最高不超过8%。[②] 应急期间，市物价部门每天组织两个检查小组，重点对食品、饮用水、帐篷、篷布、消毒液、防疫药品等抗震救灾相关商品价格进行监督检查，对城区4大汽车客运站的车票价格进行巡查，把广告棚架、伞具、蚊帐等也纳入价格监督检查范围，保证相关物资的价格平稳。5月28日起，价格监督检查的重点由前期的食品、帐篷等商品价格转移到灾后重建的建材价格检查上。

4. 救灾资金物资的接收与发放

为做好救灾资金物资的接收和发放，绵阳市通过明确物资接收与发放的原则、范围和程序，动态掌握各县（市、区）需求，合理高效开展救灾资金物资的接收与发放。

绵阳市救灾资金拨付按照“调度资金保急需，灾情稳定作分配”的管理原则，根据市抗震救灾指挥部的统一安排，按照专项资金用途，严格审批程序，简化工作手续。本着保障重点、兼顾一般

---

① 参见绵阳市政府5月16日发出的《关于对地震灾害期间部分商品实行临时价格干预措施的紧急通知》。

② 参见绵阳市物价局发布的《关于抗震救灾期间对部分药品、医疗器械和建筑材料实行临时价格干预措施的公告》。

的原则，对灾情严重的北川县、安县、平武县、江油市的安置点以及在绵阳市区设立的市级安置点，在编制计划时给予重点保障。市抗震救灾资金物资接收保障组只对各县(市、区)抗震救灾指挥部和市级灾民安置点发放救灾物资，对个别特殊需要的困难群众也给予适量发放，市级机关单位和其他个人不在发放范围之列。对定向捐赠的款物，按照捐赠人的意愿进行分发，其他部分物资由市接收保障组进行分发，资金全部上缴国库，由市委、市政府进行统筹安排，重点向极重灾区倾斜。

严格按照《救灾物资发放办法》的规定，开展救灾物资的分配与发放。根据灾情急需，由各县(市、区)抗震救灾指挥部当日 16 时前提供各类物资需求计划；市物资需求计划组于当日 17 时前安排供应计划，提供给物资分配组；物资分配组根据捐赠物资接收组提供的接受捐赠物资的品种、数量，按照各地供应计划，由专人审批分配。各县(市、区)抗震救灾物资组派 2 名工作人员(其中 1 名领导)为救灾物资接收工作联络员，专门与市接收保障组进行联系协调，上报本级物资需求计划和进行物资的接收。市接收保障组针对各县(市、区)抗震救灾指挥部的物资需求，对接收的物资进行调配和分发。对于汽车、机具、帐篷、粮食、化肥等紧缺物资以及贵重、大宗物资的分配，坚持由政府主要领导一支笔审批，严格发放程序。部分救灾急需又无存货的物资，经市政府主要领导同意后进行采购供给，确保抗震救灾工作的顺利进行。对于食品、饮料等不易保存的物资，尽量做到随到即发，不停留，少储存。分发到县(市、区)抗震救灾指挥部的物资和分到市级安置点的物资，由所在县(市、区)抗震救灾指挥部物资接收组和各灾民安置点负责签收；为防止多头领取捐赠物资，市上只对各县(市、区)抗震救灾指挥部和市级安置点，不对其他任何单位和个人。针对捐赠资金，采用由市财政局和市民政局协商提出分配意见、由有关领导审批的捐赠资金分配运行方式进行资金分配；针对捐赠物资，严格分配程序：由受理各县（市、区）提出需求报告；根据需求报告编制分配方案；将分配方案报综合协调小组和总负责人审核；报市政府分管领导审批；根据领导审批的分配方案开具发货单；分发物资，做好物资分发登记；库存签发出库通知单；交接双方查验物资并签字；接收单位运走物资；接收单位出具回执单；向社会公布物资分配情况。

5. 救灾资金物资监管

应急救灾期间，绵阳市救灾资金物资及其管理呈现出三个主要特点：一是接收、分配使用救灾资金物资数量相对巨大、来源广泛、种类繁多。应急救灾期间共拨付抗震救灾资金56.76亿元[①]；发放衣被173.6万件、成品粮12.96万吨、食用油5667吨；市本级累计接收上级下拨和社会捐赠救灾帐篷50.23万顶，向受灾地区和灾民安置点分配发放44.82万顶（截至2008年8月）；接收来自全国各地的捐赠物资7000余车（次），5万余吨，价值近5.4亿元（截至6月12日）；截至2008年7月9日，市抗震救灾指挥部捐赠资金专户和截至2010年1月25日市财政局国库抗震救灾捐赠资金账户，共接收捐赠资金2.8亿元。二是资金物资接受、分配、发放工作量大，以日为单位收集掌握各灾区需求、制订审批分配计划、进行紧急采购和发放，资金物资的接受、分配和发放工作同步进行，工作难度大。三是参与部门与人员多，市抗震救灾指挥部供给保障·社会捐赠组就由17个部门及金融单位构成，市工商联、市红十字会等社会团体也参与了大量工作，市县两级参与相关工

① 据统计，2011—2015年全国新灾中央应急救助资金平均为28.78亿元（主要包括新灾应急救助、过渡性生活救助、倒损房屋恢复重建等资金）。

作的人员一度达到数百人，大量部门、人员是临时抽调，首次参与抗震救灾资金物资保障的相关工作。

针对上述情况，绵阳市高度重视救灾资金物资的监管工作，从行政监管、纪检监察监管、审计监管、舆论监管等多方面开展工作。

（1）组织管理与制度建设。

5月22日，绵阳市成立由市纪委副书记、监察局局长赵志强为组长，市监察局、市民政局、市财政局、市审计局等部门组成的抗震救灾款物监督检查领导小组，专门负责抗震救灾专项资金和捐款捐物工作及款物发放使用的监督检查工作。5月19日，市审计局向绵阳市抗震救灾指挥部报送《关于专项审计救灾资金和物资的报告》，得到领导批示后，成立绵阳市抗震救灾捐赠资金和物资审计领导小组，具体负责救灾款物审计方案的制定、人员和审计的组织实施、审计结果的审核报告。

除在救灾资金物资接收、分配、发放等相关制度中明确监督检查的工作要求和程序外，5—8月，绵阳市密集制定出台多个专项文件，加强救灾资金物资管理的监督工作。5月21日，市审计局印发《绵阳市抗震救灾资金和物资审计监督管理办法》，由市审计局组织专门审计组，对全市收取、接收捐赠资金和物资的部门、单位、社会团体进行审计，必要时延伸到相关个人。5月22日，中共绵阳市纪委、监察局、民政局、财政局、审计局发出《关于加强对抗震救灾资金物资监管的通知》。6月4日，市财政局紧急下发《关于管好用好抗震救灾财政资金的紧急通知》，要求各级财政开通救灾应急“绿色通道”，严格管理使用抗震救灾资金，提高资金使用效率和效益。6月16日，市财政局紧急下发《绵阳市财政局关于调整2008年财政监督检查工作计划的通知》，要求各级财政监督检查机构调整监督检查计划，集中力量组织开展对抗震救灾资金管理使用情况的监督检查，从严查处违法违规违纪行为。6月26日，市财政局紧急转发省财政厅《关于切实解决当前抗震救灾资金管理中有关问题的紧急通知》，要求各级财政部门认真查找救灾资金管理中存在的问题，坚决查处救灾资金管理使用中出现的违纪违规问题。7月1日，市财政局与市纪委、监察局、民政局、审计局联合下发《绵阳市关于加强抗震救灾款物审计监管意见》，对抗震救灾款物收发使用原则、监管目标、监管要求和监管措施进行明确。7月17日，市抗震救灾资金物资监督检查领导小组发出《关于认真做好当前抗震救灾监管工作的紧急通知》，要求市境各受灾县、乡、村成立抗震救灾款物监督检查机构和在受灾县、乡及集中安置点设立信访举报投诉点，并安排专人到位开展工作。7月23日，市财政局印发《绵阳市抗震资金监督管理办法》，对抗震救灾资金监督依据、范围，抗震救灾资金的申报、审批、发放、使用管理、信息公开、监督检查和责任追究等方面做出详细规定。8月4日，绵阳市抗震救灾资金物资监督检查领导小组制定《绵阳市抗震救灾及灾后重建资金物资管理使用监督办法》。

通过组织机构和制度建设，明确了监督的重点是资金物资的来源、性质、流向、流转和最终去向。监督的重要环节和内容包括资金物资的募集、接收、分配（调拨）、物资储运、发放、物资变卖、政府采购以及工程建设招投标、过渡房分配、农房重建等，各项内容都明确了监管方法和工作程序。同时，加强信息公开公示管理，要求各级各单位定时定期主动公开上述监督环节和内容的来源、数量、种类和去向，重要事项随时公开。市县两级重点公开救灾款物的管理、使用和分配情况。乡镇重点公开救灾款物的接收、发放情况。村民委员会和居民委员会负责公开受灾群众的救助条件、标准、对象以及救灾款物发放的种类、数额。乡、村、居委会发放救灾款物逐次公开。公开的方式根据实际情况，主要采取政府公报、政府网站、新闻发布会、村务公开栏、政务公开栏、报刊、广播、电视等各种有效方式。

部门监督、社会监督、效能监督、新闻舆论监督、民主监督等多手段齐抓共管。采用的具体监督方式有：工作监督、专项监督检查、专项审计监督、重点环节设置监督岗、派员同步监督；暗访；效能监督；设立投诉点、举报箱，受理投诉举报；案件查处；组织社会监督员、特邀监察员、政风行风监督员等监督；村民（社区居民）代表监督；舆论监督等。明确各级各部门的主要领导是抗震救灾及灾后重建资金物资监督管理的第一责任人，各职能部门依法履行在抗震救灾及灾后重建资金物资监督管理工作中的职责。

（2）实施监管。

应急救灾期间，市委常委会、市政府常务会议、市纪委常委会多次将监督检查工作作为重要议题进行研究部署；市委、市政府、市纪委（监察局）主要领导经常深入一线，开展监督检查；有关部门充分发挥职能作用，加强本部门本系统的监管，促进抗震救灾工作有力有序有效进行。

自2008年6月起，市财政局根据调整后的财政资金监督检查工作计划，抽调专人组成抗震救灾资金检查小组，对汶川特大地震灾害临时生活补助金、地震灾害遇难人员家属抚慰金和灾后农房重建补助等资金进行监督检查。6月至9月，市财政局组成调查小组，深入农户、社区、乡镇，对涉及全市21件救灾资金管理使用举报案件逐一进行调查、取证和核实。查实并处理举报案件5件，分别做出加快资金发放进度、督促补发和收回已发救灾资金等处置意见。另外的16件举报案件，经查实属举报人对政策理解有误，给予政策解释和说明。

从8月18日至8月底，在全市范围内开展一次抗震救灾资金物资专项清理检查。清查内容包括：各级财政部门自地震以来接收捐赠资金和上级拨付资金到账的时间和金额，按要求应拨付（发放）的时间和金额，实际拨付（发放）的时间和金额，未及时拨付（发放）资金的原因。各级民政部门自地震以来接收物资的时间、种类和数量；物资的存储、保管和分发情况；有无积压库存物资，其种类、数量和原因。各级粮食部门自地震以来接收、组织、调入粮油的时间、来源地、品质标准和数量；粮油运输、存储、保管和加工情况；粮油发放时间和数量；粮油发放是否及时足额，有无变质，原因是什么。接收单位和基层群众对救灾资金物资的发放方式、进度、数量、质量是否满意，经验和教训是什么。清查工作采取自查和抽查相结合的方式进行，以各单位和各部门自行清理检查为主，各级抗震救灾资金物资监督检查领导小组组织专门力量对重点单位和重点部门进行重点抽查。

应急期间，全市审计机关坚持救灾款物流向哪里，审计就跟踪到哪里，监督到哪里，不仅检查到市、县、部门，还跟踪检查到乡、村、人，实行事前、事中审计。市审计局共抽调12名审计干部，直接到建设、交通、卫生、民政、教育等重点部门蹲点，从资金物资“收”的环节就提前介入，全程跟踪，及时发现存在的问题，帮助相关部门规范整改。建立审计组日报、周报、半月报、月报制度。各审计组每天审计情况及时报告救灾款物审计领导小组，确保动态实时的审计监督。市审计局还对救助政策落实情况进行专项调查，调查各县财政、民政等部门，走访27个乡镇，实地与乡镇干部、村社干部、村民进行座谈，发现救助工作中存在“三无”对象认定标准不统一，各地执行不一致；还有个别地方救助资金发放不及时，政策宣传不够，造成群众误解等问题。市审计局7月14日向市政府作专报，提出“加强政策研究、加大宣传力度、对受损农房进行全面鉴定”等审计建议。5月29日至9月28日，全市审计机关共审计市县抗震救灾指挥部、财政、民政、粮食、卫生、组织部等部门和单位318个，调查乡镇93个、村组99个、1 286户灾民，发现各种违纪违规及管理不规范等问题117个，向各级被审计单位制发审计建议书46份，提出审计建议129条。

从上述救灾资金物资保障的组织管理与工作制度建设、救灾捐赠动员与款物接受、救灾物资征集采购与市场供应恢复以及资金物资的监管，我们可以深刻体会到汶川地震后绵阳灾区资金物资保障工作的复杂性和艰巨性。在国家和四川省的支持下，绵阳市创造性地开展了大量工作，积累了宝贵的经验。充分的组织和人力保障以及工作制度建设，使得异常复杂的资金物资筹集、接收、分配与发放工作变得高效而有序，特别是动态跟踪灾区需求，合理制订分配计划是科学开展资金物资供应的关键所在。在政府计划供应的同时，注重发挥市场供应的作用，才有可能尽快恢复灾区物资供应的良性循环，这也是保障整个灾区群众生活和灾区稳定的根本出路。同时，利用多种手段监管，保障了应急救灾期间资金物资供应没有出现大的问题。

三、救灾运输保障

震后，灾区道路破坏严重，大量运输线中断、受阻。同时，救援部队、医疗队以及志愿者，国家、省以及市、县调配的物资，各地支援、社会捐赠的物资源源不断抵达绵阳。不处理好救灾人员、物资的运输问题，不仅难以保障各个灾区一线救援抢险工作的开展以及受灾群众基本生活的维护，大量人员、物资的积压又会产生更多的次生问题。震后，绵阳市多措并举，确保救灾物资顺利运输。

1. 运输力量组织、恢复

在公路、铁路和航空运输不同程度因灾受损的情况下，绵阳市第一时间恢复运输力量，保障救灾运输的有序进行。

地震发生后，市抗震救灾指挥部立即启动《绵阳市交通战备应急动员预案》，成立交通运输保障组，通过政府行为，征调富临运业、通力运业、成绵快车、千佛运业、公汽公司、长虹物流、遂宁开元运业等 15 个公司的车辆，执行急难险重运输任务，及时将救援人员和各类救灾物资送往北川、安县、平武、江油等灾区。期间，大量外地支援运力和志愿者车辆加入抢险救灾运输行列。5 月 21 日起，按照市抗震救灾指挥部的要求，开始对征调执行抗震救灾应急运输的车辆实行补助，本着节约救灾资金、保证车辆运行成本并低于市场运价的原则，对征调车辆补助进行核算和发放。5 月 28 日，发放首批补助资金，稳定了交通运输队伍。抗震救灾期间，全市累计调派客运车辆 5 075 辆次，调派货车 14 183 辆次，输送救援人员 98 346 人次(解放军和武警官兵 25 776 人次，志愿者 34 940 人次，地方救灾抢险人员 37 630 人次)，转移受灾群众 252 933 人次，运送救灾物资 140 434 吨。市公交集团等单位在唐家山堰塞湖三分之一溃坝方案转移期间有力保障了老弱病残孕以及转移群众的顺利转移及撤回。

抢险救援阶段，绵阳火车站紧急装卸军列物资 25 列 680 车，救灾物资 1 570 余车，活动板房 3 187 车；接发党和国家领导人专运 30 余列，特运 6 列，军列 37 列。7 月 21 日至 10 月 19 日，抢险救灾部队回撤归建，绵阳站、江油站始发回撤部队军运列车 60 列，装车数 1 501 辆。5 月 17 日，党中央、国务院决定，及时将部分能够安全转移的伤员，送往外省市条件较好的医疗机构救治。5 月 18 日 4 时，成都铁路局主持拟定《“5 · 19”绵阳灾区伤员转移重庆北实施方案》。5月19日11时，四川地震灾区首列转运伤员专列57005专列由绵阳开往重庆，运送246名伤员、220名护理家属。同日，铁道部决定成立转运地震灾区伤员指挥部，总指挥由成都铁路局局长安路生担任，办公地点设在绵阳。5月19日至31日，从绵阳、江油始发转运专列7列，向重庆、西安、昆明、武汉转运伤员1 596人，陪护1 537人，医护人员752人。另外，绵阳站还始发转运灾区学生异地复课专列3列，运送2 043人，其中教师446人、学生1 597人。

绵阳机场在地震发生后全力组织抢修，确保迅速恢复正常运转状态。5月13—15日，绵阳机场集中保障救援部队运送飞行任务。仅5月15日，绵阳机场就保障救灾飞行62架次，运送救援部队4 109人次，加上民航正常航班，累计保障飞机起降72架次，创单日飞机保障的最高水平。从5月21日起，机场的工作重点转入全力保障陆航部队救援飞行。抗震救灾期间，绵阳机场累计保障陆航部队直升机飞行1 200架次，运送人员5 703人，空投物资735.9吨。5月下旬，又陆续保障唐家山堰塞湖排险工作所需的大批部队、工程技术人员和重型机械设备进入。绵阳机场大规模保障直升机飞行任务，在机场通航史上是第一次。抗震救灾期间，为满足日益增多的人员运输需求，绵阳机场积极协调航空公司采取加班、包机等方式增加航线航班，并得到中国国际航空公司、南方航空公司、山东航空公司的积极响应和大力支持。从5月12日至6月30日，绵阳机场累计保障民航正常航班466架次，其中正班380架次、加班56架次、包机30架次，累计运输旅客42 102人，运输货物991.6吨。

2. 公路、铁路、航空运输协调衔接

综合铁路运输主要解决大宗物资的长途运输，空中运输主要解决救援部队、专业抢险人员、伤员、特殊救灾物资的长途、快速运输，公路运输确保各类人员、物资运输到灾区一线的特点，绵阳市积极做好公路运输、铁路运输和空中运输的协调和衔接工作，快速建立救灾运输网络，为全市抗震救灾工作的顺利开展提供有力、有序、有效的交通保障。

5月13日起，大批救援部队和救灾物资空运抵达绵阳机场，需要尽快转运至北川、平武等受灾地区。市委、市政府成立绵阳市抗震救灾空中救援指挥部，下设交通运输保障组，市交通局运管处抽调9名工作人员参与工作。针对大量的用车需求，交通运输保障组集结200余辆客货车辆、300余名驾驶员，研究制定车辆调派工作程序和后勤保障制度，做到随时要求、随时出车。安排19辆各型车辆为参与救援的4个陆航团服务，落实14辆货车固定装载、转运空投灾区的物资。5月19日，绵阳火车站交通运输保障组成立，负责组织货运车辆，及时转运车皮物资，确保完成市抗震救灾指挥部下达的火车物资调运计划。运输保障组与物资交接组、物资发放组密切配合，根据每天发放的救援物资品种和数量，调剂安排不同运力，确保工程机具、粮食、活动板房等大宗物资及时送达灾区。

3. 加强交通疏导、维护交通秩序

由于道路设施受损、次生灾害持续发生、受灾群众疏散撤离、救援力量不断进入等多种原因，灾后灾区交通混乱是近年来重特大灾害灾区普遍出现的问题。绵阳市针对这种情况，通过增派警力、重点部位全天候执勤、适时施行交通管制等多种手段维护交通秩序，保障正常的救灾运输。同时，还利用抗震指挥部发布公告以及媒体宣传等方式，号召市民不要盲目进入灾区，以减轻交通运输负担。

5月12日下午15时，绵阳市公安局交警支队利用车载电台、手持对讲机，对全市交通民警进行统一组织、部署，迅速成立城区交通疏导组，在较短时间内疏导机动车2万余辆，及时恢复城区交通秩序。为确保进入北川的救援通道顺畅，绵阳交警成立重灾区救援组，首批33人于5月13日凌晨4时到达北川灾区。从13日凌晨起，进入灾区的军队、救援队、医疗队、志愿者、救灾物资、重型机械逐渐增多，道路塌方不断，人车拥挤。交警部门立即对安（县）北（川）路全线实行24小时交通管制，利用道路两旁的农田开辟4个临时停车场，指挥军车、民用车辆有序停放；各种救灾车辆实行单边停放，缓解交通压力；临时设置道路各种提示标牌，让外地救援车辆对行驶路线一目了然；协调部队成立军警纠察队，专门对军警车辆进行管理，有效规范行车、停车秩序。根据四川省交通厅、四川省公安厅关于灾区交通管制的通告和《四川省公安厅交通管理局西线道路交通管制方案》，为保障救灾车辆顺利通行，严格控制与救灾无关车辆进入灾区，5月14日起，绵阳市对安县至北川线路、绵阳至平武线路和三条线路进行交通管制，确保抗震救灾车队及时在绵、进入绵阳市灾区或通过绵阳灾区执行任务。500余名交警、协警开辟伤员救援绿色通道，在通往灾区的主要道路和城区主干道设立20余处执勤点全天候交通管制，增派警力对灾民救助点、中小学校加强执勤巡逻，对全市所有医院救护通道和临时停车点进行守护，对恢复供油的加油站派专人维持秩序，保证交通的畅通。堰塞湖险情期间，公安交警在两次撤离和橙色警报疏散行动中，设立130个固定执勤点，提前介入疏散区域实施临时交通管制，加强巡逻疏导。为保障绵阳机场运输救灾物资的飞机安全起降，涪城区各镇（乡）发动620名民兵开展制止焚烧秸秆的巡逻，有效保障了救援飞机的正常起降。

为缓解志愿者涌入造成的交通压力，绵阳市抗震救灾指挥部发布第9号公告："当前，我市抗震救灾工作正处在十分紧急、十分严峻的时刻，各项救灾措施正在加紧落实，各地救灾工作都在紧张进行。'5·12'地震灾害后，社会各界高度关注，纷纷通过各种途径和方式积极援助灾区，部分群众还自发赶赴地震灾区进行救灾慰问活动，其精神和热情令人感动，值得肯定。但由于灾区道路损毁严重，加之专业救援队伍和救灾物资急需运往灾区，为了优先保证运送专业救援队伍和救灾物资的车辆快速通行，为全省、全市抗震救灾工作的顺利进行创造良好的条件，根据省委、省政府(川委办发电〔2008〕26号)通知精神和抗震救灾的需要，请各地、各部门和企事业单位加强组织协调，做好宣传解释工作，引导献爱心的单位和群众采取就地就近捐款捐物等方式，到市抗震救灾指挥部捐赠处和指定的银行账号捐赠，为灾区群众献爱心，为抗震救灾做贡献，确保全省和我市抗震救灾工作有序、有效开展。"通过相关的宣传活动有效地缓解了灾区交通运输压力。

灾后，交通运输保障是灾区生命线保障的关键之一。从绵阳市的经验和近年来重特大灾害应急期间的交通运输保障工作来看，山区救灾交通运输工作应引起高度重视。近年来多次重特大灾害都发生在山区，山区道路资源本来就有限，地震波及次生地质灾害的影响使得山区道路损毁严重，断点众多。而灾区群众的救援、大量群众的疏散救援和救援力量的不断进入，使得救灾运输更加困难。山区道路的修建维护、交通极为不便区域的移民以及灾后应急期道路抢通、灾区救援力量的合理分配和交通秩序的有效维护，都成为救灾交通运输需要考量的重要问题。

第四节 信息发布与媒体报道

正确处理和引导灾害应对过程中的舆论，也是抗灾救灾的一个重要内容。[①] 应急状态下，政府部门及时发布权威信息并通过媒体进行舆论引导，对稳定灾区人心，为抗震救灾营造良好的社会舆论环境，为社会各界全面客观地了解灾情和抗震救灾情况并给予积极支持具有十分重要的作用。在这一节，我们从组织与决策、信息发布和媒体报道三个方面，描述汶川特大地震发生后，绵阳市在灾害应急处置期间是如何进行信息发布和媒体报道的。[②]

一、组织与决策

突如其来的特大地震灾害，让绵阳市在信息发布和媒体报道方面至少面临着三个决策困境。首先，地震导致大量通信设施无法使用、电力和通往灾区的道路中断，决策者难以全面掌握灾情和抗震救灾工作的各种信息，在信息发布中面临信息不足的困境；其次，地震发生后的很短时间内，大量的中外媒体涌入灾区[③]，毫无巨灾情形下媒体应对经验的绵阳，如何引导和协助好市外媒体采访报道是需要应急决策的重要内容；最后，面对突发性特大地震灾

---

① 参见吴锦才：《灾害应急状态下的媒体沟通》，载李立国、陈伟兰：《灾害应急处置与综合减灾》，北京：北京大学出版社 2007 年版，第 201 页。

② 本节除专门引注外，资料来源于绵阳市民政局提供的《汶川特大地震绵阳市抗震救灾志》(征求意见稿)。

③ 至 5 月 16 日下午 14 时整，根据绵阳市抗震救灾指挥部新闻宣传组记者注册情况统计，先后有国内外 200 家(组)、653 人(次)赴绵采访，其中国内媒体 162 家(组)、514 人(次)，国外媒体 38 家(组)、139 人次。详见中共绵阳市委党史研究室：《绵阳市抗震救灾实录》，2009 年 6 月，第 344 页。

害，如何发挥好本地媒体的作用同样也需要决策者应急决策。

面对如此困境，绵阳市迅速成立专门机构并进行应急决策。绵阳市抗震救灾指挥部成立后，专门设立由市委常委、市委宣传部部长牵头，市委宣传部、市信息办、市广电局、绵阳日报、绵阳晚报、绵阳市广播电视台、绵阳广电中心、驻绵新闻单位为成员单位的新闻宣传组。新闻宣传组的职责是，根据市委、市政府和市抗震救灾指挥部的要求，组织协调新闻媒体向公众发布灾情等有关信息，发布抗震救灾工作进展情况，做好舆论引导和宣传工作，组织媒体宣传救灾知识，提高全市人民防灾、减灾、救灾的意识和能力。新闻宣传组以宣传系统为主体，整合外事部门、台事部门力量，组成宣传协调小组，分赴各重灾县指挥部，为中外媒体服务，帮助提供新闻素材，联络协调采访对象和采访重点；将受灾地区和受灾群众安置点划分成若干个宣传协调网点，构建纵向联动、横向互补的工作机制。同时，市抗震救灾指挥部确定新闻发言人，及时发布抗震救灾工作进程，接受中外媒体采访。

在抗震救灾期间，新闻宣传组先后60余次与中央、省、市和港澳媒体连线，发布灾情、救援进展、群众安置等情况；策划通过短信、电子邮件等形式向外界发送新闻素材、通稿等，最多时每日达150万字以上；协调接待中外媒体1 500余家、6 000余人（次），共发稿53万多篇（条、幅），网页搜索达2 500余万条；组织宣传车1 969台（次），免费发放报纸和宣传单120余万份，起到了稳定民心、鼓舞士气、凝聚人心的作用。

除了市抗震救灾指挥部设立新闻宣传组外，绵阳市各新闻宣传机构也迅速成立负责宣传报道的应急组织并做出紧急决策。作为新闻宣传的主管部门，中共绵阳市委宣传部在地震发生30分钟后即启动突发事件新闻宣传应急预案，组织起草新闻通稿，及时发布权威信息;地震发生后不到10分钟,立即派人前往市级各媒体通知各大媒体总编率记者到市抗震救灾指挥部集中,下达宣传任务,要求媒体克服一切困难,及时、准确、全面将灾情向外报道;整合市委宣传部所有力量,成立应急新闻中心,设外宣、内宣、联络、材料、舆情、后勤保障6个工作组,并在北川和九洲体育馆设立了前线宣传点,建立高效有序、各司其职、相互配合的工作机制,掌控抢险救援应急宣传工作的主动权。[①] 市属媒体也在震后迅速成立应急组织,紧急决策部署,组织开展抗震救灾新闻报道工作。

二、信息发布

信息发布是政府向社会公众传播公共信息的行为。[②] 在突发事件应对中,“履行统一领导职责或组织处置突发的人民政府,应当按照有关规定统一、准确、及时发布有关突发事件事态发展和应急处置工作的信息”[③]。按照《国家突发公共事件总体应急预案》的规定,突发公共事件的信息发布应当及时、准确、客观、全面。事件发生的第一时间要向社会发布简要信息,随后发布初步核实情况、政府应对措施和公众防范措施等,并根据事件处置情况做好后续发布工作。[④]《中华人民共和国政府信息公开条例》,把“抢险救灾、优抚、救济、社会捐助等款物的管理、使用和分配情况”列为设区的市级人民政府、县级人民政府及部门重点公开的信息之一。[⑤] 在汶

---

① 中共绵阳市委党史研究室:《绵阳市抗震救灾实录》,2009年6月,第199页。

② 王宏伟:《突发事件应急管理:预防、处置与恢复重建》,北京:中央广播电视大学出版社2009年版,第180页。

③ 参见2007年8月30日第十届全国人民代表大会常务委员会第二十九次会议通过的《中华人民共和国突发事件应对法》第53条。

④ 参见2006年1月8日国务院发布的《国家突发公共事件总体应急预案》。

⑤ 参见2008年5月1日施行的《中华人民共和国政府信息公开条例》。

川特大地震灾害的应急处置中，绵阳市抗震救灾指挥部和市政府依据法律法规和应急预案，通过发布公告和召开新闻发布会两种主要方式向社会发布相关信息。

1．发布公告

公告是政府、团体对重大事件当众正式公布或者公开宣告，具有告知的广泛性和新闻的传播性等重要特点。应急状态下，政府部门及时发布公告对稳定人心和灾区秩序具有十分重要的作用。在汶川地震发生1个多小时后，绵阳市抗震救灾指挥部即发布了第1号公告，并在不到5小时内，又先后发布了第2、3号公告；在获知地震余震的趋势情况后，又及时发布了第4号公告。

5月12日15时32分，市抗震救灾指挥部手写宣传稿，通过警车喊话器、宣传车喇叭等发布第1号公告：请广大市民保持镇静，暂不进屋，尽量到室外空旷地带避险。

5月12日19时20分，市抗震救灾指挥部发布第2号公告：接省上通知，汶川县发生特大地震，绵阳及其周边大部分地区地震烈度为5—7度。请市民注意：第一，不到危险房屋、高楼居住；第二，远离建筑物、高压线、加油站、加气站；第三，随时提高警惕，听从干部和公安干警指挥；第四，搞好自救，注意防火、防盗等治安安全。

5月12日19时45分，市抗震救灾指挥部发布第3号公告：第一，发生余震时，在室内的市民不要跳窗、跳楼，就近躲入室内小开间的厨房、厕所等处，或钻入坚固的床、写字台下，用双手护头蹲下；第二，在室外的市民避开高楼、广告牌、围墙及电线杆等潜在危险；第三，离开室内的市民拉下电源，关闭燃气开关，避免发生新的灾害。

5月13日14时05分，市抗震救灾指挥部发布第4号公告：国家、省地震部门专家根据目前余震活动情况分析认为，这次特大地震为主震—余震型，余震活动呈减弱趋势。未损坏及无明显裂缝的房屋可以入住。如遇余震发生，不要惊慌，请就近进入厕所等小开间避险，或到桌子下躲避，切勿跳楼跳窗。[①]

从四个公告的内容来看，在灾害情形尚未完全清楚的情况下，公告主要是告知市民发生了什么事件，以及应对灾害的一些基本防范措施。这对稳定市民的情绪，提高他们的灾害防范意识，避免二次灾害的伤害具有十分重要的作用。

随着应急救灾工作的深入开展，为防止因地震灾害引发物价哄涨进而导致社会混乱的情形，5月13日9—11时，绵阳市人民政府发布《关于稳定抗震救灾期间市场物价的公告》，要求全市生产经营单位，维护市场价格秩序，不得借机囤积居奇、哄抬物价，散布捏造涨价信息，进行价格欺诈、价格垄断等行为。违者，市政府将依据相关法律、法规予以从严、从快、从重处罚。与抗震救灾指挥部发布的四个公告相比，市政府的公告更多的是针对可能发生的消极事件而发出的警示性信息。这对稳定民心、市场和社会秩序同样产生了十分积极的作用。

2. 召开新闻发布会

政府新闻发布会是以政府新闻发言人为主体，以多元化媒体为对象，以发布新闻和回答问题为主要内容，以最大限度满足公众知情权为目的的一种政府信息公开制度形式。[②] 及时召开新闻发布会，通过新闻发布会的形式发布信息非常重要。[③] 在做好抢险救援的同时，绵阳市就社会关注的热点问题，适时召开新闻发布会，通报灾情和抗震救灾工作进展，让社会各界及时了解绵阳抗震救

① 参见《绵阳年鉴 2009》。

② 郭伟：《汶川特大地震应急管理研究》，成都：四川人民出版社2009年版，第372页。

③ 王国庆：《关于做好突发事件新闻处置工作的思考》，载李立国、陈伟兰：《灾害应急处置与综合减灾》，北京：北京大学出版社2007年版，第194页。

灾的相关情况。抗震救灾期间，绵阳市政府及市抗震救灾指挥部共举办36场新闻发布会，参加新闻发布会的媒体1 200家、4 000多人次。其中，《艰苦奋斗重建家园八条规定》新闻发布会、唐家山堰塞湖新闻发布会等引起媒体广泛关注。

5月30日，市委、市政府召开《艰苦奋斗重建家园八条规定》新闻发布会，号召全市各级党政机关、企事业单位立即行动起来，大力弘扬艰苦奋斗、勤俭节约的优良传统，节约一切财力和开支用于抗震救灾和灾后重建。市委副书记薛康发布新闻，市委常委、副市长左代富出席，人民日报、新华社、中央电视台、中新社、四川日报、四川电视台、绵阳日报、绵阳电视台等国内20余家媒体参加新闻发布会。

6月3日晚，绵阳市人民政府在富乐山九洲国际酒店举行唐家山堰塞湖新闻发布会。水利部总工程师、唐家山堰塞湖抢险指挥部专家组组长刘宁，绵阳市副市长、唐家山堰塞湖疏散群众工作指挥部副指挥长林新向媒体通报有关情况。中央电视台对新闻发布会进行全程直播，新华社、人民日报等120家媒体参加新闻发布会。

三、媒体报道

在做好信息发布的同时，绵阳市按照国务院新闻办和四川省新闻办5月12日晚和5月13日制发的国家级和四川省新闻报道总体方案[①]，以及中央外宣办《关于加强境外记者在汶川地震灾区

---

① 方案对国内媒体提出了宏观指导：在满足公众知情权的同时，明确一个基调，即"坚持团结稳定鼓劲、正面宣传为主"；确立一个主题，即"抗震救灾、众志成城"；提出"两个第一"要求，即"第一时间报道、第一现场报道"；突出四个重点，即党和政府抗震救灾的决策部署，灾区党委政府全力抢救和妥善安置受灾群众的具体措施，军队和武警官兵、公安干警为抢救人民生命冲锋在前、连续奋战的感人事迹，以及灾区群众互帮互助，舍己为人的精神风貌。参见郭伟：《汶川特大地震应急管理研究》，成都：四川人民出版社2009年版，第383页。

采访管理和服务工作的意见》，通过网络、广播电视、报纸三种主要方式，组织市内媒体开展宣传报道工作，积极引导和协助市外媒体的采访报道。

1. 网络宣传报道

在抗震救灾新闻宣传中，绵阳市抗震救灾新闻宣传组发挥网络媒体互动性强、覆盖面广、传播速度快的特点，围绕防灾减灾知识宣传、辟谣、救灾捐赠宣传、寻亲救助等四个内容，积极开展对外宣传工作，组织全市网络媒体及时、快捷地向国内外公众报道绵阳的灾情及抗震救灾情况，使绵阳的灾情迅速引起国内外广泛关注，抗震救灾工作获得外界高度评价。

在防灾减灾知识宣传方面，根据地震灾害的特点，及时开设主页和栏目，先后发布600余篇（幅）科普文章、图片，用形象直观的形式普及地震知识，介绍避震防震小常识，引导人们科学认识、正确面对地震灾害。

在及时辟谣方面，根据抗震救灾初期道路中断、通信不畅、信息混乱、谣言四起的特殊情况，市委宣传部充分发挥网络优势，迅速制定网上宣传方案，各网络媒体开辟抗震救灾专栏，及时发布市抗震救灾指挥部的工作部署、公告、公示等260余篇（次），让全市群众及社会各界及时了解绵阳受灾情况、抗震救灾工作进展、市委市政府决策部署，迅速稳定民心，鼓舞士气，粉碎谣言。针对不法分子利用网络平台散发干扰抗震救灾的负面信息甚至传播谣言的情况，新闻宣传组采取特殊措施，加强网络监管；自5月14日开始，实行24小时轮流值班制度，以市委宣传部各科室为单位，轮流对网站、论坛、博客、贴吧等进行监看，发现涉绵负面信息及时报告；对社会影响较大的负面信息，上报省委宣传部请求删除。抗震救灾期间，绵阳市通过直接监看发现并删除负面贴文1 260余条，通过启动联网舆情信息收集处置联动工作机制,相关单位协同删除负面信息近百万条,发动网络评论员发帖、跟帖2 000余条。同时,针对一些负面信息,通过网络评论员进行跟帖,引导网民正确认识事件本质,及时引导网上舆论,最大限度地消除各种负面影响,为抗震救灾营造良好的舆论氛围。

在救灾捐赠宣传方面,通过网络及时报道使捐赠物资的接收和发放工作透明化。自5月13日起,新闻宣传组主动配合救灾款物捐赠组,每天收集社会捐赠物资接收和发放情况,通过市内网站及时发布,先后发布接收捐赠及发放情况120余次,让社会各界群众广泛了解救灾物资捐赠接收和发放情况。

在寻亲救助方面,为帮助受灾群众寻找亲人,组织全市各大网络新闻媒体在网站上开通"绵阳市灾民寻亲救助信息查询系统",协调市抗震救灾指挥部、全市各主要安置点、各医院和参与救援的志愿者组织,将全市受灾或寻亲群众的姓名、性别、籍贯等信息录入系统,随时更新,全面开放,方便查询。

2. 广播电视报道

地震造成广播电视设备受损和大面积停电,导致绵阳市广播电视台停播,广播电视信号中断。强震刚过,市广播电视台就在操场召开紧急会议,全台职工临时编成新闻、技术、后勤三个组,奋力抗灾自救;派出12组记者奔赴绵阳各地报道灾情;调动三支技术抢险队快速抢救、抢修广电器材设备,在室外搭建广播电视传输平台、临时直播间,第一时间播出了市政府1、2号公告,两小时内,临时直播间靠自己发电,开通直播。17时左右,绵阳人民广播电台开始应急播出;19时左右,绵阳电视台开始应急播出。

抢险救援期间,绵阳电视台3个频道并机直播,每天滚动播出量达58个小时;绵阳人民广播电台3套频率每天24小时直播。

各县(市)广播电视台全力抢救和抢修受损设施设备,建立临时调频广播,搭建“帐篷电视台”“车库广播电台”,恢复广播电视播出,启动抗震救灾宣传报道。市、县广电部门先后恢复绵阳、三台、盐亭、梓潼、平武广播电视无线发射塔功能,在北川县擂鼓镇、任家坪、安县南塔山、江油市城区、平武县南坝镇设立6个临时小功率无线发射台,播出中央台1套广播电视节目,基本实现灾区无线广播电视信号覆盖。市广播电视台声屏网报互动,有效地沟通了灾区各地的信息,搭建了绵阳地震灾区通往全国的信息平台。[①]

全市广电部门在208个安置点建立临时广播电视设施(包括临时广播站和电视集中收看点),组织架设车载流动宣传车,对安置点受灾群众进行抗震救灾宣传。在安置初期,通过临时广播引导群众自我管理,维护安置点的生活、防疫、治安秩序。受灾群众基本安顿下来后,重点播报抗震救灾最新动态、政府公告、寻找失散亲人、疾病防治温馨提示、心理疏导等节目。在堰塞湖抢险排险阶段,利用广播电视作为指挥工具,引导疏散转移区群众有序避险。安置点广播电视宣传,起到了组织指挥、稳定人心、维护秩序、引导避险、心理疏导、舆论引导、凝聚力量的作用。

为加强安全播出管理,广电部门和各安置点落实专人负责日常管理和维护,确保正常使用。对新建和移址重建的无线发射台、发射点,做好防雷电技术保障,落实专人值守,做好值班记录、播出日志。对恢复和采取措施应急恢复的有线电视前端和网络,做好防插播保障,恢复预警系统正常工作。对安置点临时播出的新闻、专题等广播电视节目,坚持播出审核制度、监听监看制度、重播重审制度,做好播出记录。

---

① 参见《绵阳市广播电影电视局抗震救灾总结报告》(内部资料),2008年11月21日。

3. 报纸报道

地震发生后，《绵阳日报》《绵阳晚报》《新报》《绵阳广播电视报》迅速设立抗震救灾特刊或专刊，用绝大部分版面刊发抗震救灾新闻。《绵阳日报》《绵阳晚报》在自身遭受损失的情况下，克服重重困难，及时开展应急报道工作。

地震发生十几分钟后，绵阳日报社领导班子成员立即召开紧急会议，决定无论遇到多大困难，都要坚持出报，确保在第一时间发布权威信息，并从即日起除确保订阅发行外，再加印几千份报纸无偿送到避灾群众手中。同时，迅速成立抗震救灾特别宣传新闻报道领导小组，组建临时新闻中心、临时编辑部、后勤保障组等。根据报道需要，报社对采编部门进行整合，编辑、记者重新分工，20多名记者组成5个采访小分队，迅速奔赴重灾区北川县、安县、平武县、江油市等地采访报道。

5月12日下午15时半，报社工作人员冲进变成危楼的办公楼六楼，抢出8台电脑及相关设备。当晚，全体采编人员赶到距报社20公里外的印刷厂编报。5月13日凌晨，震后第一张黑色报头的《绵阳日报》出刊，共4版，刊发《我省汶川县昨日发生7.8级地震》《张作哈在绵指导抗震救灾时要求努力夺取抗震救灾胜利》《省"5・12"地震救灾指挥部发出通知确保避震群众生命安全》《我市全力以赴抗震救灾》《众志成城倾力抢险——我市抗震救灾见闻》等新闻稿件和绵阳市抗震救灾指挥部第1、第2、第3号公告等。

为确保抗震救灾宣传报道，绵阳日报社三次搬迁编辑部，先后在印刷厂厂房、报社车库、"帐篷编辑部"办公。从5月14日起，绵阳日报推出"抗震救灾特别报道"。5月15日起，绵阳日报恢复每天八版。5月17日，推出以"团结一心 众志成城"为主题的抗震救灾特别报道。5月18日至6月11日，连续推出以"众志成城抗震救灾”为主题的特别报道。6 月 12 日起，推出以“抗震救灾重建家园”为主题的特别报道。

针对绵阳几十个乡镇成为重灾区、交通中断、报纸发行受阻的情况，绵阳日报社及时调整发行策略，决定采取“每天加印数千份报纸，免费赠送到九洲体育馆、南河体育中心等灾民安置点；每天向重灾区的前线指挥部专门投送报纸；加大城区的零售份额”三项措施，确保党和政府的声音及时传递到群众中。针对灾情发生后，电力、通信设施遭受极大破坏，人们听不到广播、看不到电视、无法上网，容易导致谣言传播的情况，绵阳日报社从四个方面引导舆论：一是及时刊发抗震救灾指挥部公告等重要信息，对谣言和不实之词及时澄清，有针对性地给予驳斥，维护了正常的生产生活秩序；二是及时、如实报道灾情，让人们在第一时间了解事实；三是突出报道各级党委、政府指挥部署抗震救灾的举措，让人们坚定战胜困难的信心；四是推出了系列评论《党员干部要冲在一线》《社会各界要多献一份爱心》《受灾群众要坚定战胜困难的信心》，对抗震救灾工作进行及时的舆论引导。

绵阳日报社的应急报道工作得到中央领导的充分肯定。6 月 1 日，中共中央政治局常委李长春视察绵阳日报社帐篷编辑部，会见在绵参加抗震救灾报道的媒体记者，并对绵阳日报社的同志们在抗震救灾中的表现给予高度评价。① 截至 6 月 2 日，绵阳日报社累计派出记者 938 人次，深入灾区采访小分队 218 个/次，刊发新闻 2 129 条，向中央和省级媒体提供新闻通讯稿件 245 条/篇，被采用稿件 149 条/篇。

---

① 参见《绵阳日报社“5·12”抗震救灾纪实》，http://media.people.com.cn/GB/22114/86916/86917/7339477.html。

绵阳晚报社在地震灾害发生后，立即派出4批14名记者突进北川县、安县等极重灾区，在抢险救援一线帮助搜救幸存者，用笔和镜头记录生死大营救。摄影部主任杨卫华在救援现场抓拍的《敬礼娃娃》，记者任明勇在救援现场拍摄的《夹缝男孩》，在全世界引起极大反响。

在此次地震中，绵阳晚报社办公大楼、印刷厂厂房在地震中成为危房，办公设施、采编系统、采访器材、印刷设备等严重受损。尽管如此，报社仍然坚持天天出报，及时把党和政府关于抗震救灾方面的决策、关怀准确传递到灾区，鼓舞抗震救灾士气。其中，2008年5月14日刊载的《救援·救援·千军万马进发北川》获得了中国新闻界最高奖——中国新闻奖。在参与抗震救灾和抗灾自救的同时，绵阳晚报社还与国内一些知名媒体携手，先后发起十余次大型爱心援助活动，筹集近千万元的资金和物资帮助灾区群众渡过难关，还通过当地媒体与山东一些爱心企业合作，成功帮助部分受灾群众走上创业路。

4. 协助市外媒体采访报道

地震发生后，绵阳灾情受到全世界的高度关注，大批国内外媒体紧急赶赴绵阳进行采访。[①] 针对这一情况，绵阳市抗震救灾指挥

---

① 据统计，进入绵阳灾区采访报道的国内媒体有：人民日报，新华社总社、四川分社、陕西分社、辽宁分社，中央电视台综合频道《焦点访谈》《东方时空》《军事天地》《整点新闻》《新闻调查》《新闻30分》，中央电视台经济频道《经济半小时》，中央电视台国际频道《新闻60分》，中央电视台军事农业频道《军事纪实》，中央电视台纪录频道《今日中国》，中央电视台新闻频道《新闻会客厅》《共同关注》，中央人民广播电台，中国新闻社，中国新闻周刊，解放军报，中国日报，经济日报，光明日报，中国经济时报甘肃分站、四川分站，中国青年报，新京报，南方都市报，京华时报，新民晚报，新闻周刊，二十一世纪经济报道，上海新闻晨报，南方日报，羊城晚报，广州日报，东莞时报，东方早报，晶报，郑州晚报，杭州日报，重庆电视台栏目中心、都市频道、新闻中心，重庆晚报，重庆晨报，重庆商报，搜狐网，凤凰卫视专题部、

部迅速做出“为中外媒体服务，帮助提供新闻素材，联络协调采访对象和采访重点”的决策。

按照市抗震救灾指挥部的统一部署，绵阳市委宣传部及时组织创建了突发事件服务应急宣传模式，以服务为手段，以宣传为目的，以把握导向为准则，从记者接待、注册、发证到提供翔实新闻素材、宣传重点、对外媒采访的引导等实行“一条龙”服务，服务与管理并举，保证了整个抗震救灾宣传工作有序进行。自5月12日灾情发生至6月底，先后有1 500家中外媒体、10 000人(次)赴绵采访报道，发稿量达到800万篇(条、幅)。

同时，市委宣传部及时组织中央、省级新闻媒体和境外记者深入重灾区和重要安置点实地采访，迅速将绵阳灾情和抗震救灾工作传递到世界和全国各地。5月12日深夜，新华社、人民日报、中央电视台等媒体连夜突进北川县，于5月13日凌晨开始向外发出报道，为争取后续救援力量增援北川发挥了重要作用。13日凌晨，中新社发出《有灾民称四川地震极重灾区北川县城基本夷为平地》；13日上午，新华社一组关于北川中学受损情况的照片发向了全世界；13日下午，中央电视台记者向全世界播发了绵阳受灾情况的图像新闻；同时中央人民广播电台在北川与北京连线，播报绵

新闻部，香港无线电视台，香港文汇报，香港明报，台湾中天电视台，台湾联合报，台湾中国时报，四川日报，四川电视台，四川人民广播电台，四川经济日报，华西都市报，天府早报，四川农民日报，四川工人日报，四川新闻网，四川在线，成都日报，成都商报，成都晚报，成都电视台，成都人民广播电台等。进入绵阳灾区采访报道的国外媒体有：路透社，NBC(美国全国广播公司)，CNN(美国有线电视新闻网)，美国华语卫视，洛杉矶时报，美国基督教科学箴言报，BBC(英国广播公司)，英国天空新闻，法国费加罗报，法国电视二台，德国明镜周刊，德国电视二台，卡塔尔半岛电视台，NHK(日本广播协会)，日报朝日新闻，日本东京新闻，ABC(澳大利亚广播公司)，韩国朝鲜新闻，RTL(荷兰国际新闻电视台)，荷兰共同日报，马来西亚晨报等。

阳受灾情况；人民日报采写了《人民生命高于一切——绵阳市抗震救灾第一个24小时实录》，对外宣传了绵阳严重灾情和救灾进展。随后，美国CNN、法新社、洛杉矶时报、德国电视二台等外国媒体蜂拥而至，并向外发出报道。据统计，自5月12日地震发生日起，新华社连续发出绵阳抗震救灾通稿10余篇，人民日报、解放军报、经济日报、光明日报、中国青年报、中新社等不间断发稿，至5月16日国内发稿（含网络）563 000篇（条、幅），网页搜索条目达到41.6万条。

绵阳市两个最大的受灾群众临时安置点——九洲体育馆、南河体育中心，也受到中外媒体的高度关注。九洲体育馆安置点先后接待新华社、人民日报、中央电视台、美联社、路透社等中外媒体近300多家、950人（次）采访报道，被中外媒体誉为大灾中的“诺亚方舟”；南河体育中心安置点先后接待新华社、中央电视台、中新社、美联社、美国有线电视网等中外媒体61家、227人（次）的采访报道。

此外，市委宣传部还针对一些别有用心的人在网上散布谣言，引起受灾群众情绪激动、人心涣散的问题，迅速向新华社、人民日报、四川日报等媒体提供有关抢险救灾的素材后，分别以《绵阳以人为本，为每一个生命而搏》《重灾下的坚强抗争》为题进行了报道，起到了稳定人心的作用。[①]

从前面对绵阳市应急处置期间信息发布和媒体报道的描述，我们可以较为完整地看到绵阳市在信息发布和媒体报道中面临的困境以及应对困境的主要做法。这些做法至少可以为其他地市在

---

① 本部分一些资料引自中共绵阳市委党史研究室：《绵阳市抗震救灾实录》，2009年6月，第200页。

今后面临特大灾害情形时如何做好信息发布和媒体报道工作提供四点有益的启示。其一，突发性特大灾害发生后，政府在最短的时间内以公告等方式及时“发声”，并适时召开新闻发布会，对稳定灾区人心和社会秩序具有十分重要的作用。所以，在平时做好相关预案，设定不同的突发性特大灾害情形下可发布的信息内容十分必要。其二，当地媒体熟悉本地情况，具有许多外地媒体所不具有的优先或优势资源，如何发挥好当地媒体的引导作用是值得重视的重要课题。其三，外来媒体的报道有助于营造良好的抗灾救灾舆论环境，如何处理好与外部媒体的关系也是突发性特大灾害应对中极为重要的工作，需要决策者予以高度关注。其四，在突发性特大灾害发生后，设立一个高规格的新闻宣传报道统筹协调机构十分必要，对整合媒体资源，引导有利于抗灾救灾的社会舆论具有十分关键的作用。

第五节　相关问题的探讨

在最短时间内有效调动资源，开展最富效率的处置，是政府应急救援工作的核心内容。突发事件发生地政府的迅速反应和正确、有效的应对，是有效遏制突发事件发生、发展的关键。[①] 从震后第一时间绵阳市应急指挥部所做出的自主决策来看，绵阳市反应迅速、指挥有序，在应急管理中展现出优秀的政治动员和资源调配能力，有效降低了灾害损失，为我国地方政府处置特大突发事件积累了宝贵的经验。绵阳应急管理体制机制的表现，得到了国内外

① 李飞：《中华人民共和国突发事件应对法释义》，北京：法律出版社 2007 年版，第 10 页。

政府官员和媒体的积极评价。2008 年 5 月 13 日温家宝总理莅绵视察时，给予“灾情最重、组织最好、抢救有力、指挥有序”的高度评价。[①] 联合国国际减灾战略主任萨尔瓦诺·布里塞尼奥指出，绵阳迅速、高效的动员和反应为世界树立了榜样。[②] 本节从巨灾应对的角度出发，围绕应急预案、属地管理和备灾工作展开讨论。

一、巨灾应对与应急预案

作为应急管理体制机制的重要载体和应急法律法规的必要补充，应急预案是以“一案三制”(应急预案，应急管理体制、机制和法制)为核心的应急管理体系建设的重要组成部分。应急预案是针对可能发生的突发事件，为迅速、有效、有序地开展应急行动，政府组织、管理、指挥、协调应急资源和应急行动的整体计划和程序规范。一般来说，一个完善的预案体系应包括预案制定管理、预案评估管理、基于预案的辅助决策技术等，同时预案的制定应该具有针对性、可行性、及时性和全面性等特点。[③]

2005 年 6 月 24 日，《绵阳市人民政府突发公共事件总体预案(试行)》印发，该预案包括了《绵阳市自然灾害应急预案》等 6 个分预案，规定市应急委是绵阳市常设的突发公共事件应急处置工作的领导指挥机构，主任由市委副书记、市长担任，下设自然灾害应急指挥部等 6 个指挥部，并说明现场应急指挥部可根据应急处置

---

① 四川新闻网绵阳频道，http://my.newssc.org/myxw/system/2008/11/26/000413372.html。

② 转引自颜超：《析政府应急管理体制机制——以绵阳市抗震救灾为例》，西南财经大学 EMBA 学位论文，2008 年。

③ 钟开斌：《风险治理与政府应急管理流程优化》，北京：北京大学出版社 2011 年版，第 15 页。

的实际需要成立抢险救援组、医疗救护和卫生防疫组、交通管制组、治安警戒组、人员疏散和安置组、社会动员组、物资和经费保障组、应急通信组、综合信息组、生活保障组、新闻报道组、涉外涉台工作组。在此之前,《绵阳市自然灾害救灾应急预案(试行)》已于2003年印发。震前,《绵阳市破坏性地震应急预案》等部门专项预案也已具备且每隔一段时间进行修订,应急预案体系建设取得了一定的进展。

2008年5月12日下午,绵阳市相关预案的启动经过了市防震减灾局工作人员回单位取预案到主要领导意识到预案无法实际操作、现场成立抗震救灾应急指挥部灵活决策的过程。[①] 此后,绵阳市各相关部门均在短时间内启动了应急预案。应该说,绵阳市相关应急预案在整个应急救灾期间发挥了一定的原则性指导作用,但从实际过程来看,其作用和效果并没有达到理想中的状态。绵阳市对预案效果的部分自我评价是:"宏观概略,不具体,缺乏可操作性;不适应巨灾。"[②]除去应急预案本身设计缺乏针对性和操作性、预案公布之后缺少相应培训和演练、不同预案之间存在互相"打架"现象等原因之外,预案本身没有考虑"巨灾"因素是一个重要原因。

对比分析震后绵阳市抗震救灾指挥行动与《绵阳市自然灾害救灾应急预案(试行)》规定,我们发现实际行动与预案之间有着明显的差别:一是指挥部的构成及其下设工作组构成与实际工作差别较大(见表3-4);二是预案规定的应对机构主要是日常涉灾部门,并分部门写明各自职责,而震后实际应急救灾过程中有大量非

---

① 2015年8月本书项目调研组一行在绵阳市实地调研座谈中,防震减灾局相关工作人员描述了当时的具体情形,详见第四章第一节相关注释。

② 钟开斌:《风险治理与政府应急管理流程优化》,北京:北京大学出版社2011年版,第189页。

涉灾部门的参与，如人大、政协等，各个部门主要是以工作组履行职责的方式开展工作，而非以成员单位各自履行职责的方式；三是实际应急救灾过程中涉及大量外来力量的参与，预案中并未涉及相关内容。因此本书认为，绵阳市震前相关应急预案的核心问题在于“不适应巨灾”，其“缺乏可操作性”更多是在“不适应巨灾”这个前提下体现出来的。

《绵阳市自然灾害救灾应急预案（试行）》将灾害划分为特大、重大、较大和一般性灾害，其特大灾害划分标准中与地震相关的主要有三条：“倒塌房屋 8 千间以上”“因灾死亡 8 人（含 8 人）以上”“人口稠密或较稠密区发生 6 级和 6 级以上严重破坏性地震”。这些条件都与汶川特大地震对绵阳造成的破坏相差甚远。可见，该预案一开始就没有考虑到巨灾的特性，因而也不可能具有巨灾应对所要求的可操作性。无论从灾害强度、破坏程度还是受灾范围来看，汶川特大地震均具有典型的巨灾特性，绵阳市则充分体现了巨灾极重灾区的主要特征——境内全部受灾，死亡、失踪人口数量巨大，灾区社会秩序受到严重影响、局部地区社会秩序完全瘫痪，等等。这些特征是一般性的重大灾害所不具有的，也难以按照通常的做法予以应对。针对巨灾特性，灾区指挥机构都由党政一把手亲自挂帅。由于工作数量巨大且庞杂，指挥机构的工作职能也较一般的重大灾害复杂而繁重，指挥机构的构成及其职能都较预案有较大差别，也使得大量灾区非涉灾的部门机构以及灾区以外的很多力量参与到绵阳市的具体抗震救灾工作中。从上述汶川特大地震绵阳灾后行动与灾前预案的对比，我们可以看出，巨灾情境下，从巨灾应对的工作流程角度处理好上级政府与下级政府之间、部门与部门之间、地方与军队之间的关系，应急指挥机构如何组建、如何组织灾区内全社会力量参与救灾、如何协调灾区外力量更好地参与救灾都是巨灾预案必须回答的问题。

表 3-4　2003 年版自然灾害救灾应急预案与汶川特大地震实际行动对比

内容	2003 年版预案	地震实际行动
指挥部构成	指挥长由市人民政府主管副市长担任；副指挥长由市人民政府分管副秘书长担任；成员由市政府救灾办、市计委、市经贸委、市民政局、市财政局、市水利局、市交通局、市农业局、市林业局、市国土资源局、市公安局、市建委、市卫生局、市药监局、市教育局、市地震局、市政策粮食局、绵阳电业局、中国电信绵阳分公司、市邮政局、市信产局、成都铁路分局绵阳火车站、市气象局、绵阳民航管理局、绵阳飞行学院、市广播电视局、市外侨办、绵阳军分区、武警绵阳市支队、武警绵阳市消防支队、市委宣传部、市红十字会等部门领导同志组成	指挥长由市委书记担任；副指挥长由市长、来绵支援部队指挥长、市委副书记、市委常委、绵阳军分区司令员、市人大常委会主要领导组成
工作组构成	预测预报、人员抢救、工程抢险、转移安置、交通恢复、生活保障、物资保障、通信保障、宣传动员、恢复重建	综合协调组、抗震救援组、外来救援队伍接待组、供给保障社会捐赠组、空投物资组、医疗组、群众安置组、遇难灾民善后组、抗震技术指导组、水利灾害整治组、损毁建筑规划重建组、学校重建工作组、安全稳当组（交通秩序）、新闻宣传组

注：本表根据 2003 年版《绵阳市自然灾害救灾应急预案（试行）》和绵阳市民政局提供的《汶川特大地震绵阳市抗争救灾志》（征求意见稿）整理而成。

实际上，从我国现行的救灾预案体系来看，从中央政府到市、县等基层政府预案，都缺少巨灾的元素，更不用说建立专门的巨灾预案。分析其原因，一是巨灾的划分标准缺失，相关讨论主要停留在学术界[①]，实际的业务应用几乎是空白；二是巨灾的综合风险评

① 张卫星、史培军、周洪建：《巨灾定义与划分标准研究》，载《灾害学》2013 年第 1 期，第 15—22 页。

估及其情景模拟缺失，因此对巨灾的准备和应急响应也就无从谈起；三是由于预案体系“自上而下”的建设惯性，中央和省级层面如果不尝试开展巨灾应急预案这一新型预案的制定，地方政府主动开展这项政策的创制，缺乏标准和技术支持，实施上也存在困难。

二、巨灾应对与属地管理

汶川特大地震发生之后，被迅速、果断地确定为特别严重的应急事件，政府全面部署抗震救灾工作，动员全国各方面力量投入抗震救灾，显示出中国政府在处理重大自然灾害危机时的政治优势、组织优势、宣传优势和举国体制优势。[①] 所谓“举国体制”，其实就是一种很强的国家能力，国家能力包括汲取财政的能力、宏观调控能力、合法化能力以及强制(管制)能力。[②] 汶川地震的抗震救灾充分证明，“举国体制”在这些方面的能力都表现出色。[③] 童星认为灾害响应的核心就是协调，美国应对“卡特里娜”飓风的失败教训表明，合作模式能够成功应对一般灾害，却难以有效应对巨灾，反观中国实行的源于军队体制的“指挥—控制”模式，则在巨灾响应中显示出优势。因为不仅上级政府对下级政府有行政指挥关系，政府对社会各方面的资源也有综合协调能力。[④]

以上说明政府在巨灾应对中所起的主导作用，而中央政府与地方政府的关系以及各自所起的作用则成为我们关注的一个焦

---

① 胡鞍钢:《特大地震灾害的应对周期》，载《清华大学学报(哲学社会科学版)》2008年第4期，第5—13、159页

② 高建国:《应对巨灾的举国体制》，北京:气象出版社2010年版，第3页。

③ 谢永刚、高建国:《我国重大灾害救援与重建举国体制及其评价》，载《中国井冈山干部学院学报》2013年第3期，第121—126页。

④ 童星等:《中国应急管理:理论、实践、政策》，北京:社会科学文献出版社2012年版，第79—80页。

点。2007年11月1日正式施行的《中华人民共和国突发事件应对法》在其第一章总则第四条中规定了,“国家建立统一领导、综合协调、分类管理、分级负责、属地管理为主的应急管理体制”,以法律的形式明确“属地管理”是我们国家应对突发事件的应急管理基本体制之一。地方政府是发现突发事件苗头、预防发生、首先应对、防止扩散(引发、衍生新的危机)的第一责任人,实行“属地管理为主”,赋予地方政府统一实施应急处置的权力,让地方政府能迅速反应、及时处理,是适应“反应灵敏”突发事件应对工作的必然要求。[①] 从绵阳市的应对情况来看,面对巨灾,我们更需要强化“属地管理”。

一是强化灾区政府对灾情的快速判断能力。这是上级政府动员更多力量参与救灾的核心依据之一。由于巨灾范围广、破坏程度深且复杂,通过灾区一线实际情况与多种科技手段快速判断的紧密结合,才有可能得出尽量准确的灾情,使得上级政府乃至中央政府做出更为科学的决策,而这就必然要求地方政府灾情管理能力和科技支撑水平的提升。

二是强化灾区政府的决策指挥与综合协调能力。巨灾破坏的复杂性,需要外部力量的参与,虽然外部力量贡献了大量的人力、技术、智力以及装备设备,但是面对灾区抢险救援、应急救助等大量复杂的事务,灾区地方政府的决策指挥与综合协调作用难以由外部力量所替代。绵阳市开展多种形式的受灾群众转移安置工作就充分体现出基层政府的决策指挥作用:在短时间内解决了300余万人的转移安置问题,这个数字相当于2014年、2015年全国全

---

① 李飞:《中华人民共和国突发事件应对法释义》,北京:法律出版社2007年版,第10页。

年因灾紧急转移安置人数的一半左右，而这300余万人的转移安置的复杂程度、安置时间都远超一般的重大灾害。

另外，绵阳市委、市政府的综合协调作用在此次抢险救援过程中也得到了极大的体现。绵阳市在充分动员自救互救，科学分配、调度外部救援力量，协助救援力量更快进入灾区的同时，加强后方保障，积累了宝贵的实践经验。但各专业救援队以行业为主线各自为战，缺乏统一的指挥与协调机制和机构，也是重要的经验教训。绵阳市在回顾应急救灾时提出："如果能把公安上的110、消防部队、卫生上的120急救中心、水利上的防洪办、政府的救灾办、科委系统的防震减灾办等各部门分散的抢险救灾力量整合起来，成立一个抢险救灾的综合机构，组织一支综合救灾力量，对于提高应急能力，提高抢险救灾效率将起到更大作用。"[①]汶川特大地震之前，我国传统应急管理更注重如何动员社会力量参与救灾，集中于"什么条件下动员""谁来动员""怎样动员""动员谁"等问题，对于动员之后的协调问题关注甚少。然而，通过汶川地震应对实践，尤其是从绵阳市一个地震重灾市的视角出发，我们可以清晰地看出，动员不是结束，而是开始，随后的协调尤为重要。

三、巨灾应对与备灾工作

与灾后过渡性安置和恢复重建不同，应急响应阶段难以靠出台新政策、新措施去解决很多问题。备灾工作做得如何是决定灾害应急响应成功与否的关键因素之一。备灾与减灾不同，备灾的出发点是更好地做好应急工作，其核心目的是"减少灾害损失"，而

① 参见中共绵阳市委党史研究室：《绵阳市抗震救灾重建家园实录》，2009年，第9页。

减灾的核心目的是“减轻灾害风险”。

美国乔治·华盛顿大学应急管理专家戴克斯塔拉认为,“减损的关键是‘准备’,准备决定了救援的质量”。他同时还指出,“美国可借鉴的经验是,美国应急管理系统不是以‘反应’为导向,而是以‘筹备’为导向的”[①]。巨灾对灾区尤其是极重灾区的破坏是普遍性和毁灭性的,称其为巨灾则其破坏性必然超过灾区自身的应对能力,但灾区自身应对能力在灾后黄金救援期则显得更为重要,而做好备灾工作是提升灾区自身应对能力的最主要途径。巨灾备灾工作与一般性的重大灾害的备灾工作有着鲜明的区别。巨灾备灾工作的复杂性,主要体现在备灾工作内容的多样性和涉及人员、部门、领域的广泛性等方面。对比2003年版和2010年版《绵阳市自然灾害救灾应急预案》,经历过巨灾后的绵阳市,将备灾工作从仅包含救援人员的组成和救援物资的储备两部分内容,扩展到应急队伍准备、应急物资准备、通信信息准备、应急资金准备、对口支援准备以及应急能力准备六部分内容。针对应急物资准备,2003年版仅规定了救援物资的种类及储备和筹集部门两项内容,而2010年版则规定了建立物资储备机制、储备抢险救灾物资、储备生活救助物资、建立应急物资采供关系、依法征用采购救灾物资等五项内容;从应急准备部分涉及的部门和行业来看,2003年版仅从援救和物资储备方面规定了在绵部队、卫生部门以及相关救援、救助物资储备、筹集职能部门的职责,而2010年版预案则规定了市、县以及乡(镇)政府及相关部门、在绵部队、相关领域企业等的立体交叉式的工作组织形式,其中仅物资准备涉及的部门就从2003年版的

---

① 谢永刚、高建国:《我国重大灾害救援与重建举国体制及其评价》,载《中国井冈山干部学院学报》2013年第3期,第121—126页。

9 个增加到 2010 年版的 20 个。应该说绵阳市 2010 年版预案应急准备部分的模式体现了大量巨灾应对的元素，也较为充分地体现出巨灾备灾工作的复杂性和广泛性。

依托绵阳市的做法，再来讨论做好巨灾的备灾工作尤其需要做好哪些工作。第一，要以巨灾预案为抓手。预案是救灾应急工作的纲领，没有巨灾预案，很难从巨灾应对的工作流程角度处理好上级政府与下级政府之间、部门与部门之间、地方与军队之间的关系。第二，要高度重视组织体系和工作机制的应急能力建设。巨灾应对时的职责分工与日常状态相比存在明显差别，依靠日常状态下的行政管理与组织协调方式，无法应对紧急事态控制的需求。这不仅包括涉灾部门，也包括大量非常态涉灾部门，巨灾应对中大量组织关系和工作机制只有事前准备，而不是事后突击建立，才可能真正提高应急响应的工作效率和效果。第三，要重视人财物的储备。从人的储备上，不仅包括涉灾领导干部，也包括大量日常工作与灾害管理无关的大量领导干部的应对能力，还包括抢险救援、救助相关专业队伍以及志愿者队伍的建设，这些都需要通过专业训练、预案演练、培训等多种形式进行经常式能力培养；从资金准备上，要突出救灾资金分级负担的原则，将救灾资金纳入财政预算，并建立社会参与的应急保障资金投入机制；在物资储备上，在灾害高风险区，各类抢险救援设备装备、生活救助物资要根据巨灾应对初期 1—2 天的需求，科学合理地进行储备或做好供应方案。第四，做好救灾应急力量保障工作机制和能力建设。巨灾应对的全社会动员、大量外来力量的参与以及相关的保障工作都是巨灾应对的重要工作内容。这些问题往往被忽视，因而汶川特大地震应对过程中积累的大量经验值得总结。

第四章
过渡性安置

地震发生后，遭受重创的绵阳市有300多万人口需要紧急转移安置。面对突如其来的历史性巨灾，绵阳市政府沉着应对、科学指挥，在短短几天时间内成功完成临时安置任务，保障了受灾群众的基本生存条件，暂时稳定了灾区群众的情绪。随着震情趋稳和物资场地等条件逐步具备，应急性的临时安置转为相对稳定的过渡性安置。①

在这一章，我们将对绵阳市过渡性安置的政策背景、困难与挑战、决策和执行进行概述，进而介绍绵阳市政府开展集中安置和分散安置工作的具体情况，并专门针对"三孤"人员、因灾失地群众、返乡伤员等特定群体的过渡性安置进行分析，最后对过渡性安置中的几个关键问题进行讨论。

---

① 《汶川地震应急处置与救援阶段评估报告》项目组:《汶川地震应急处置与救援阶段评估报告》,2009年5月,第15页。

第一节 过渡性安置的总体情况

在应急阶段后期，一方面，一些安置点配套条件差，部分受灾群众不适应群聚式居住，缺少“家”的感觉，回到原居住地开展住房恢复重建；另一方面，由于涌入城区的受灾群众数量太大、速度太快，集中安置点难以承载，各种压力剧增，而政府正逐步撤除大型公共设施应急安置点和街面临时帐篷。此时，绵阳市相应地开始调整灾区的工作重心，过渡性安置被提上议事日程，应急安置阶段自然转入过渡性安置阶段。

一、过渡性安置与过渡安置期的涵义

在一次灾害过程中，紧急转移安置与灾情趋于稳定后的过渡性安置之间通常并没有一个非常确切的时间分界，但一个大致和相对的分水岭是存在的。具体到此次地震，有关部门、研究者及相关文献对过渡性安置也有规定或论述。2008年6月8日起施行的《汶川地震灾后恢复重建条例》（以下简称《条例》）对过渡性安置有专门规定。根据《条例》第二章“过渡性安置”精神和民政部的有关规定，过渡性安置指震灾地区因灾从原住处转移出来的人员，经一定时间后仍无法回归原住处，需另行安排住所直至入住永久性房屋之前的状态。在过渡性安置的类别上，郭伟认为，从时间和安置方式上讲，过渡性安置是在永久性住房建设没有完成的情况下受灾群众的安置阶段，主要采取了板房集中安置、自建过渡房安置、投亲靠友安置、返乡伤员分类安置、学生异地复学安置等方式。[①]

---

① 郭伟等：《汶川特大地震应急管理研究》，成都：四川人民出版社2009年版，第204页。

过渡安置期与恢复重建期存在重叠，比如农房得到恢复重建后才能结束一些受灾群众的过渡性安置状态；其与应急期也存在部分重叠，因为在应急期就已开始过渡安置工作的准备。因此存在绵阳市各地过渡安置期开始时间和结束时间不一致的现象。与其说过渡性安置这个概念是建构的，不如说其是相对的、动态形成的，具有时间性和事件性两个界定维度。

对于绵阳市过渡安置期的开始时间，一种说法是 5 月 20 日，自 5 月 12 日至 5 月 19 日的八天为应急救援期。[①] 第二种说法是 6 月 4 日，如绵阳市委召开全市灾后重建工作会议，进一步安排部署全市灾后重建工作，会议从十六个方面具体部署了全市灾后重建工作，其中包括做好受灾群众过渡安置。[②] 中共绵阳市委政策研究室也指出，"从 2008 年 6 月开始，市委、市政府坚持就地、就近、分散安置的原则，启动过渡性安置工作，帮助灾民逐步恢复生活与生产"[③]。第三种说法是 6 月 10 日绵阳市打赢唐家山堰塞湖之战的时候。第四种说法由绵阳市研究人员提出，2008 年 6 月 29 日 15 时许，随着最后一名受灾群众——北川羌族自治县开坪乡全益村 5 组何录芬的撤离，九洲体育馆完成临时安置使命，此时为过渡性安置阶段的开始。[④] 第五种说法由时任绵阳市政府应急办主任周俊在 2015 年 8 月 6 日本书项目调研组一行绵阳市实地调研座谈中提出。

---

① 钟开斌：《风险治理与政府应急管理流程优化》，北京：北京大学出版社 2011 年版，第 193、213 页。

② 参见《绵阳年鉴 2009》。

③ 中共绵阳市委政策研究室：《万众一心 众志成城 奋力夺取抗震救灾伟大胜利——绵阳市抗震救灾的主要做法和经验启示》，载绵阳市重建委办公室、绵阳市委政策研究室：《绵阳市抗震救灾和恢复重建经验启示录》，绵新出内(2012)字第 80 号，2012 年 4 月，第 14 页。

④ 《汶川特大地震绵阳市民政局抗震救灾志》编纂委员会：《汶川特大地震绵阳市民政局抗震救灾志》，2011 年 7 月，第 204 页。

他表示当地受灾群众入冬前才基本搬进活动板房，只要受灾转移安置的群众吃、穿、住、饮水还主要靠政府进行救助，都应当是临时安置。这一阶段至少持续了6个月时间，此后才算过渡性安置时期的开始。

对于绵阳市过渡安置期的结束时间，周俊认为，在这次特大地震灾害中，受灾群众有些房屋完全倒塌需要重建，有些严重受损需要加固维修，也有一些遭到损坏只需要进行简单修复，因此恢复重建的进度是不一样的，从几个月到两年多不等，总体而言，过渡性安置持续了大约2年多时间。按照中央的规划，汶川特大地震的灾后重建时间暂定为8年，分成两个阶段：前3年（2008—2010年）以恢复重建为主，力争使灾区基本生活条件和经济发展水平达到或超过灾前水平；后5年（2011—2015年）以发展提高为主。[①]与此相适应，过渡安置阶段存在的时间较长，初步估算需要两三年或更长时间。从实际情况看，绵阳市汶川特大地震受灾群众过渡性安置用了近3年时间。

本书认为，对于绵阳市震情趋于稳定、紧急抢险和救援工作基本结束后的过渡性安置，其开始时间可以界定为2008年5月底6月初，而结束时间则可以界定为震后三年。其中，2008年6—8月是重要的过渡安置初期阶段，9—11月则是攻坚战。在这6个月时间内，绵阳市根据实际情况进行合理决策并迅速落实，奠定了整个过渡安置期工作的良好基础。在过渡安置期内，安排好受灾群众的生活，尽快开展自救互救、恢复生产，是做好整个灾后恢复重建工作的基础，对于受灾地区社会经济秩序的恢复和发展具有十分重要的意义。[②]

① 参见钟开斌：《风险治理与政府应急管理流程优化》，北京：北京大学出版社2011年版，第214页。

② 民政部救灾司、民政部政策法规司、国务院法制办公室政法劳动社会保障法制司：《自然灾害救助条例释义》，北京：中国社会出版社2010年版，第101页。

二、绵阳市过渡性安置的背景、决策与执行

过渡性安置期间，绵阳市政府所承担的任务不仅是为受灾群众供给居住场所，保障受灾群众的基本生活，应对后续次生灾害，还包括城市危房处理、开展防疫、促进就业、维护社会稳定、提供公共服务、重建精神家园、协调对口援建等一系列工作。面对这些工作，绵阳市依据原有法律法规、中央和省级政府出台的政策，结合现实挑战，进行了一系列的决策与实践。

1．绵阳市面临的困难和挑战

地震对绵阳造成了巨大的损失，当时绵阳市过渡安置面临的困难主要是应对准备不足，紧急转移安置后期出现新挑战。地震发生之前，绵阳市关于地震灾害救助工作有一个对策办法，相当于现在所说的预案，也有应对地震的相关规定，但预案的可操作性差，也从来没有认真普及宣传并演练过，基本是束之高阁，即使是政府涉灾部门管理人员也不熟悉，对于过渡性安置工作也相对生疏，救灾物资储备和人员队伍严重不足。[①] 在前期紧急安置阶段，绵阳市主要采取在若干小城镇乡场、街道搭建篷布区（房）、帐篷，在大城市开放体育文化教育大型场馆等临时办法进行安置。由于缺乏规划和配套条件，再加上接收人群数量大（至6月29日，绵阳市九洲体育馆共接待受灾群众、志愿者、医护人员等50余万人

---

① 2015年8月6日下午，笔者在绵阳调研时对时任绵阳市防震减灾局副局长安心灵进行了访谈。据他回忆，因局长当时不在单位，他在意识到地震之后，查看了本单位受损情况，与省地震局联系未果，迅速赶往市委市政府办公地点附近的广场上，市委市政府主要领导正召集各有关部门领导研究对策。当市委书记问及地震发生后有没有相关应对的规定时，他回去找文件；由于文件柜被墙体压住，只能从政府档案存放处找到当时报送审批稿，翻阅完文件后向市委书记汇报；市委市政府决定立刻成立抗震救灾应急指挥部并成立有关工作小组，才开始了有序的抗震救灾工作。由此看来，当时的预案准备是严重不足的。

次)、速度快,工作人员在临时集中点来不及对受灾群众进行登记和分类安置,只得实行无区分无间隔的群聚式安置。这种方式易致人烦躁,易传播疾病,群众生活十分不便。[①] 随着时间的推移,安置点受灾群众的烦躁情绪与日俱增,灾区社会稳定面临失控的危险,过渡性安置面临严峻考验。通过各种方式尽快实现300多万人从紧急转移安置向过渡性安置转变并在此期间进行有序衔接的工作任务,对绵阳市提出了巨大的挑战,也构成了绵阳市过渡性安置决策的现实依据。

2. 政策背景

灾后针对过渡性安置,中央和省级政府迅速出台了大量政策。这些政策,加上原有的法律法规政策,构成了绵阳市进行政策创制和落实的依据之一。

当时的过渡性安置政策主要有三大类。

一是原有法律法规。根据2007年颁布的《中华人民共和国防震减灾法》,地震灾区受灾群众过渡性安置的基本原则,是应当根据地震灾区的实际情况,在确保安全的前提下,采取灵活多样的方式进行安置。该法对安置地点、方式、主体、安置房形式进行了相应规定,并要求根据实际情况选择对受灾群众最方便、成本最低的安置方式。

二是灾后颁布的法律法规。2008年6月8日,国务院颁布《汶川地震灾后恢复重建条例》,其中规定过渡性安置可以采取就地安置和异地安置,集中安置与分散安置,政府安置与投亲靠友、自行安置相结合的方式,提出了过渡性安置可以结合灾区情况采取灵活多样的具体安置方式这一总的原则和方法。《条例》还提出受灾

① 《汶川地震应急处置与救援阶段评估报告》项目组:《汶川地震应急处置与救援阶段评估报告》,2009年5月,第15页。

群众安置点建设中的安全、方便、环保三条原则:安全要求是“避开地震活动断层和可能发生洪灾、山体滑坡和崩塌、泥石流、地面塌陷、雷击等灾害的区域以及生产、储存易燃易爆危险品的工厂、仓库”;方便要求是“交通条件便利,方便受灾群众恢复生产和生活”;环保要求是“应当占用废弃地、空旷地,尽量不占用或者少占用农田,并避免对自然保护区、饮用水水源保护区以及生态脆弱区域造成破坏”。

三是灾后出台的各类指导政策。这些指导政策中,有综合性的,有专业性的,还有专门针对监督管理服务的。其中,综合性指导政策主要是国务院抗震救灾总指挥部有关指示精神和中央部门出台的政策。按照国务院抗震救灾总指挥部第十一次会议决定,地震灾区活动板房建设由住房城乡建设部统一指挥、协调。根据国务院抗震救灾总指挥部第十一次会议精神,2008年5月20日住房城乡建设部印发《关于建设四川地震重灾区受灾群众过渡安置房的通知》(建办电〔2008〕42号),要求用3个月时间在四川省地震重灾区建造100万套过渡安置房,8月10日前完成。5月27日,国务院抗震救灾总指挥部第十四次会议,以及5月30日民政部、住房城乡建设部联合下发的《关于四川汶川大地震灾民临时住所安排工作指导意见》(民电〔2008〕97号),确定了灾区根据“因地制宜,宜篷则篷,宜房则房”的安置总体指导原则,采取帐篷和活动板房作为过渡期集中安置的主要模式,解决受灾群众的临时住所问题。

专业性指导政策主要包括规划选址和技术指导两个方面的政策。过渡性安置期间,民政部、住房城乡建设部联合下发《关于四川汶川大地震灾民临时住所安排工作指导意见》(民电〔2008〕97号);住房城乡建设部颁布《关于地震灾区过渡安置房(活动板房)建设有关问题的通知》(建办电〔2008〕52号)、《关于地震灾区过渡安置房(活动板房)建设有关问题的补充通知》(建办电〔2008〕56

号)、《关于切实做好地震灾区过渡安置房防火防雷工作的通知》(川办函〔2013〕61 号)、《关于地震灾区过渡安置房(活动板房)建设的指导意见》(建科电〔2008〕66 号)、《汶川地震灾区过渡安置房(活动板房)验收规定》(建质电〔2008〕68 号)、《地震灾区建筑垃圾处理技术导则(试行)》(建科〔2008〕99 号)等相关规定,对过渡安置房的供应对象、结构、安全、质量等方面提出了要求;环境保护部印发了《地震灾区过渡性安置区环境保护技术指南(暂行)》(中华人民共和国环境保护部公告 2008 年第 17 号),提出环保技术标准和要求。特别是《地震灾区过渡安置房建设技术导则(试行)》(建科〔2008〕99 号),从技术角度对过渡安置房的建设进行了规定,同时要求地方应从实际情况出发,因地制宜,以安全为前提,尽量节约土地和资源,节省成本,坚持可持续发展的原则。[①] 省级层面,5 月 23 日,四川省政府办公厅印发《四川省"5·12"地震救灾过渡安置规划导则》(川府办发电〔2008〕67 号),制定安置房建设规划,对过渡安置房建设规划选址、建设标准、公共服务设施和基础设施配套等方面进行了明确要求。6 月 13 日,四川省建设厅抗震应急指挥部印发《四川省关于印发〈地震灾区过渡性安置点加强生活污水处理技术指导意见〉的通知》(厅应指办〔2008〕77 号)。6 月 16 日,四川省建设厅印发《地震灾区农村居民自建过渡房导则(试行)》(厅应指办〔2008〕34 号)。

监督管理服务类政策主要包括资金物资监督管理、安置区管理与服务两个方面的政策。在资金物资监督管理方面,6 月 15 日,民政部、财政部、住房城乡建设部下发《关于进一步做好汶川地

---

① 参见《中华人民共和国建设部对政协十一届全国委员会第一次会议第 4699 号(城乡建设类 303 号)提案的答复》。

震灾区救灾款物使用管理的通知》(民发〔2008〕82号),对救灾款物管理提出总体要求;四川省印发的政策文件主要有《四川省抗震救灾指挥部关于加强抗震救灾资金物资监督管理的通知》(川指〔2008〕61号)、《四川省民政厅救灾资金物资管理办法》(川民发〔2011〕91号)等。在安置区管理与服务方面,2008年5月23日,省政府办公厅下发《关于加强地震灾区灾民临时安置点防雷工作的紧急通知》(川府办发电〔2008〕66号),要求活动板房安置点必须建有避雷设备,确保受灾群众生活安全。5月26日,省委组织部和省民政厅联合印发《关于在受灾群众集中安置点建立临时社区管委会和临时党组织的意见》(川组通〔2008〕48号),要求集中安置点尽快组建临时社区管委会,负责集中安置点日常管理。6月6日,省委宣传部、省文明办下发《关于加强受灾群众集中安置点宣传思想文化工作的通知》(川宣发〔2008〕5号),要求灾区市县重视过渡安置点群众思想文化工作。

3. 过渡性安置的决策与执行

根据中央和四川省政府的要求[①],针对灾区的实际情况,绵阳市委、市政府设定了震后3个月内解决过渡性安置问题的目标,7

---

① 为切实安置受灾群众,有效防范次生灾害,2008年5月20日下午,中共中央政治局常委、国务院总理、国务院抗震救灾总指挥部总指挥温家宝主持召开总指挥部第十一次会议,决定从5月30日起,每天运抵灾区3万顶帐篷,一个月内新增90万顶帐篷,用3个月时间,分3批在地震重灾区建成100万套过渡安置房(活动板房),完成重灾区过渡安置房建设,解决受灾群众的过渡安置问题。在四川省人民政府新闻办公室举行的汶川特大地震灾害第三十三场新闻发布会上,国务院抗震救灾总指挥部和四川省"5·12"抗震救灾指挥部要求,在8月8日奥运会前要全部解决地震灾区受灾群众过渡安置问题,建设过渡安置房是当前安置受灾群众最基本、最紧迫、最现实的工作。根据上述目标,四川省委、省政府决定奋战3个月,解决全省地震重灾区群众过渡性安置问题。与此同时,2008年5月26日,民政部要求6月20日前完成90万顶帐篷的生产任务。

月底前全面完成15.6万套活动板房建设的任务。[①] 绵阳市结合中央和省级政府的原则[②]和本地实际情况，自建与对口援建相结合，遵循“以人为本，便于生产和生活”的指导思想，以及“从城市转入农村”的思路，主要采取六种方式进行过渡性安置：(1) 通过搭建帐篷或活动板房进行集中安置；(2) 自建过渡安置房、鼓励投亲靠友进行分散安置；(3) 维修加固原有住房进行分散安置；(4) 鼓励购买商品房等货币安置方式；(5) 加快修建永久性住房进行安置；(6) 外出务工、异地就学等其他方式进行异地安置。在过渡性安置过程中，绵阳市还落实了相应的救助政策。

在具体的政策制定和执行者上，灾后初期，绵阳市过渡性安置工作由绵阳市抗震救灾指挥部负责指导。2008年6月，绵阳市发文对市级主要领导工作职责进行了分工，由副市长李亚莲牵头加快全市过渡安置房建设，做好绵阳城区受灾群众安置工作；由副市长邱明君牵头做好全市农村受灾群众安置工作，研究制定鼓励群众自建过渡安置房和自建房的政策；由另一名副市长牵头做好灾后“三孤”人员安置和特困群众的民政救济工作，切实落实受灾群众钱粮补贴政策，保证及时足额发放到位，做好社会募集、捐赠物资和资金的接收、管理和分配工作；由公安局局长胡钢牵头做好安

---

① 《安民为要 一场猝不及防的大考——我市抗震救灾受灾群众安置全记录》，http://myrb.newssc.org/html/2008-08/31/content_234998.htm。

② 四川省建设厅总工程师、新闻发言人田文通报地震灾区受灾群众过渡安置房建设情况，《四川省人民政府新闻办公室举行汶川特大地震灾害第三十三场新闻发布会》，7月12日上午10时。会上省政府明确提出全省灾区过渡性安置的方法，强调在省外援建的基础上，通过自力更生、艰苦奋斗解决全省受灾群众的过渡安置房建设问题。一是发动群众就近选址，就地取材，自建过渡房或投亲靠友，政府给予每户一定的补贴；二是由地震灾区各地政府统筹建设一些过渡安置房；三是动员社会力量参与过渡房建设，实行政府统一规划，统一安置。

全保卫、治安巡逻、交通管理等工作，负责社会矛盾的排查和化解，打击各种违法犯罪活动，确保社会稳定。[①] 绵阳市抗震救灾指挥部撤销后组建的“绵阳市‘5·12’地震灾后恢复重建委员会”，负责过渡性安置期间的相应工作。县(市、区)一级政府也相应成立过渡安置领导小组，并组建了重建委员会，具体落实绵阳市做出的各项政策。

在安置方式的具体选择上，绵阳市将选择权交给了基层政府，由乡镇、社区工作人员根据具体情况相机决定。在援助省、市的对口支援下，绵阳市各县(市、区)采取帐篷安置、活动板房安置等集中安置方式，鼓励自建过渡安置房自行安置、投亲靠友、外出务工等多种方式进行过渡性安置。[②]

在不同的过渡性安置阶段，绵阳市所侧重的安置方式有所差异。在6—8月的第一个重点过渡性安置阶段，根据绵阳市民政局截至7月24日的统计，绵阳对全市因灾造成房屋倒损较为严重的113万户、245余万人进行了过渡性安置，其中集中安置28万余人，分散安置186万余人[③]，分散安置是主要的安置方式。对于其中需要建造过渡房的安置方式，2008年8月11日，在省政府召开的新闻发布会上，绵阳市对外宣布：截至7月30日，绵阳全市84.08万受灾群众已全部完成过渡房安置，比省政府确定的完成

---

① 参见中共绵阳市委办公室、绵阳市人民政府办公室：《关于抗震救灾和灾后重建重点工作职责分工的通知》(绵委办发〔2008〕27号)，2008年6月29日。

② 《汶川特大地震绵阳市民政局抗震救灾志》编纂委员会：《汶川特大地震绵阳市民政局抗震救灾志》，2011年7月，第211页。

③ 参见绵阳市民政局：《关于“5·12”地震受灾群众救助安置情况的汇报》(内部资料)，2008年7月24日。

日期(8月12日)提前13天。[1]

而在9—11月的第二个重点过渡性安置阶段,面对冬季的来临,绵阳市根据实际情况对安置方式进行了一定的调整:加快一般受损房屋的加固维修,完成农房加固51万户;加快推进农房恢复重建,建成17.7万余户;缩减自建过渡性安置房和投亲靠友等分散安置方式至6.7万户左右,而组织受灾群众外出务工增加到了8.5万户左右;对居住在帐篷中的受灾群众进行撤离,调整到加固公用房、活动板房和租借民房进行安置。[2]

可以说,绵阳市采用最多的过渡性安置方式是自建过渡安置房和就地集中活动板房安置,且具体方式的选择在城乡之间存在差异。在一项由本项目组委托中国人民大学社会学系赴绵阳市问卷调查的结果中,具有农业户口的受灾群众大多选择了自建过渡安置房,占比46%,而41%的非农业户口城镇居民则选择了就地集中活动板房安置(见图4-1)。震前不同户口类型的受灾群众之间在资源条件和生产生活方式上存在差异。比如非农业户口的受灾群众可能居住较为集中,缺少自建过渡安置房的空间和材料,因而选择就地活动板房安置,而农业户口的受灾群众就地取材比较容易,且居住相对分散,自建过渡房对于他们来说是最好的安置方式。

在此过程中,绵阳市以人为本,因地制宜,兼顾长远,科学安置,有效组织,有力地应对了过渡性安置的挑战,维护了灾区的基本稳定,保障了受灾群众的基本生活。

---

① 《汶川特大地震绵阳市民政局抗震救灾志》编纂委员会:《汶川特大地震绵阳市民政局抗震救灾志》,2011年7月,第211页。

② 参见绵阳市民政局救灾救济福利科:《关于2008年度工作总结的报告》(内部资料),2008年12月8日。

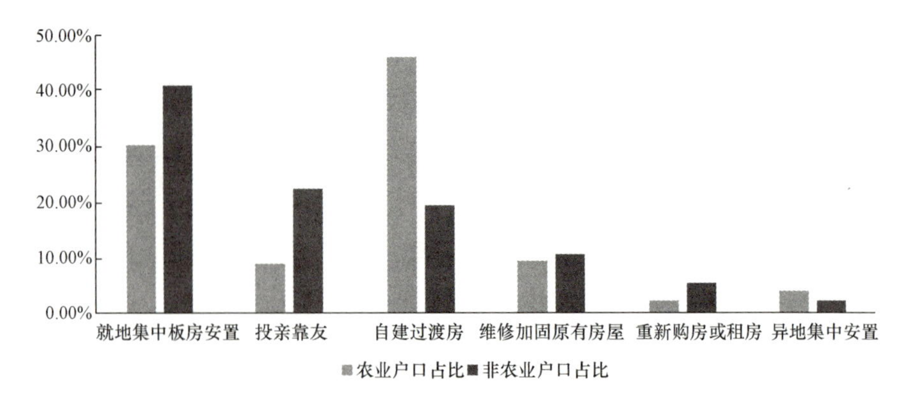

图 4-1　不同户口类型受灾群众过渡性安置方式的差异

资料来源：由本项目委托中国人民大学社会学系 2015 年 8 月 3—7 日对绵阳进行社会调查后形成的报告——《汶川特大地震抗震救灾案例研究报告——以四川省绵阳市为例》。

第二节　集中安置

地震造成绵阳市几个极重灾区地貌发生巨大变化，有些地方已不具备安置受灾群众的条件，从巨量需安置人口的实际出发，绵阳市委、市政府决定按照“分散安置为主，必要集中安置为辅”的原则，对受灾群众进行分类安置。部分受灾群众无法进行分散安置，则转移到新的帐篷、活动板房安置点或相对安全的公共服务场所，由政府实行统一的集中过渡性安置。

一般来说，短时间内建成永久性住房非常困难，从灾情稳定开始到全面完成永久性住房建设至少需要三年时间，因此需要制定过渡性政策，先在相对稳定的地方建造可以居住两到三年的非永久性住房。这种住房因建造周期短，可以在较短时间内让受灾群众入住，也避免了永久性住房选址困难的情况。中国人民大学教授郑功成认为，应急救援和过渡性安置毫无疑问应该由政府买单，市场机制在这两个环节是失灵的，单位和个人也往往没有自我解决的能力。[①] 过渡期的集中安置对绵阳灾区各级政府的管理能力提出了更高的要求，绵阳市把有限的财政资源和外援结合起来，以前所未有的效率建设集中安置点，最大限度地保障和满足受灾群众的过渡性安置生活需要。

在抗震救灾初期，灾区住所主要是简易棚、工棚、钢管大棚及不同规格的成品帐篷，具有凌乱、易燃、不耐用等缺点。救灾专用帐篷和活动板房由于其自身的优势逐渐取代上述简易住所，成为过渡安置期集中安置点最佳居住选择。因此，面对不能回原居住地进行安置的受灾群众，绵阳市主要采取了帐篷安置和活动板房安置两种方式，进行统一集中安置。救灾帐篷和活动板房由于其自身使用期限的限制，存在的时间也有差别。过渡期帐篷集中安置基本上从过渡期开始到 2008 年 11 月底结束，活动板房集中安置从 2008 年 5 月 21 日北京市首批 6 000 套活动板房运抵绵阳安县灾区施工现场开始，到 2012 年回收工作基本完成全部结束。通过科学规划、合理选择集中安置点，按照“八建”“六通”“六防”标准完善基础设施，建立健全制度，完善社区化管理，绵阳市创造性地解决了重大自然灾害发生后受灾群众大规模过渡性集中安置的难题。

一、帐篷安置[②]

帐篷是地震灾区群众临时性安置的主要形式之一，与其他地

---

① 参见 2008 年 10 月 25 日十一届全国人大常委会第五次会议分组会《关于地震灾后过渡性安置及恢复重建——分组审议防震减灾法修订草案发言摘登》。

② 本部分除 204 页注释①、205 页注释①、206 页注释①外，均根据四川省民政厅提供的《汶川特大地震抗震救灾志(卷六)・灾区生活志》资料长编整理。

震灾区一样，绵阳灾区群众安置所需救灾专用帐篷主要来源于国务院抗震救灾总指挥部群众生活组（民政部）紧急采购、对口支援省市的援助以及国际社会的捐赠。所需帐篷基本上靠外援，因此绵阳市的主要任务不是生产帐篷，而是在准确核定帐篷需求的基础上，做好帐篷接收、搭建和分配工作，并对帐篷安置区进行有效管理和服务。

1. 帐篷接收和发放

地震发生之初，由于统计不够准确，绵阳市抗震救灾指挥部提出 60 万顶帐篷的需求。在紧急转移安置阶段灾情逐步稳定的过程中，绵阳市对受损统计数据进行了几次调整，在其他多种安置方式得到应用后，这一数字有了明显的缩减。实际上，绵阳灾区所需救灾帐篷数量主要是由民政部根据灾区的实际需求确定的。国务院抗震救灾指挥部要求一个月内向所有灾区提供 90 万顶帐篷，考虑到绵阳地震灾区需求并与活动板房分配方案相衔接，民政部计划向绵阳市调拨 49.1 万顶帐篷，绵阳市实际接收 32.04 万顶。截至 2008 年 7 月 28 日，绵阳市本级累计接收上级下拨和社会捐赠救灾帐篷 50.23 万顶，其中社会捐赠 18.19 万顶。[①]

配合做好外援帐篷的接收和发放管理，是绵阳市进行集中安置工作的重要内容。5 月 19 日，第一批 100 顶帐篷运抵四川省绵阳市安县桑枣镇中学，安置教师家庭 70 户、学生 600 人，此后外援帐篷不断运抵绵阳灾区。为规范帐篷的接收和发放，7 月 3 日，绵阳市抗震救灾指挥部下发《关于切实做好救灾帐篷分配的紧急通知》（绵指〔2008〕192 号），要求各县（市、区）抗震救灾指挥部严格

---

① 《汶川特大地震绵阳市民政局抗震救灾志》编纂委员会：《汶川特大地震绵阳市民政局抗震救灾志》，2011 年 7 月，第 121、212—213 页。

按照市抗震救灾指挥部分配意见，采取有效措施，加大对帐篷的管理和使用力度，做好接收和组织分配。绵阳市还制定了《绵阳市救灾物资储备仓库管理办法》等文件，对包括帐篷在内的救灾物资和资金发放进行规范。此外，绵阳市政府及时召开会议，专题研究包括救灾帐篷在内的救灾资金物资发放监督管理有关问题，要求全市各级民政部门必须坚持“两手抓”的原则，在抓好对受灾群众的紧急救援和灾民的基本生活保障的同时，不放松对抗震救灾资金和物资的监督管理，要求发放救灾款物时优先考虑受灾的困难群体，准确核定救助对象，建立基础台账，并严格进行公示，坚决做到公开、公平、公正，绵阳市还组织工作组深入到各县（市、区）进行监管指导，确保手续完备、账目清晰明了，运行快捷有效。[①]

2. 安置点选址与帐篷搭建

地震造成山体滑坡、崩塌，许多岩体松动，再加上强余震、强降雨，新的地质灾害威胁严重。绵阳市慎重选址，结合解放军救援部队、对口支援各省市救灾力量大量介入的实际，坚持帐篷安置点选址首先由援建单位完成现场考察，然后征求当地政府和抗震救灾指挥部意见，获得一致意见后，再按照防落石、防洪水、防塌方要求和就近就便、整洁美观原则开始建设。

源源不断的救灾帐篷抵达绵阳灾区，部队官兵成为帐篷搭建的主要力量。绵阳市根据 2008 年 5 月 27 日国务院抗震救灾总指挥部群众生活组关于“参与救援部队在可能情况下，组织力量突击抢运帐篷和彩条布、篷布等救灾物资，并帮助灾区群众搭建帐篷”的建议，以及同日成都军区抗震救灾联合指挥部下发的《关于下一

---

① 参见绵阳市民政局：《关于救灾资金物资接收管理使用和受灾群众救助安置情况的汇报》（内部资料），2008 年 7 月 24 日。

步部队抗震救灾工作的指示》，认真落实“在6月中旬前，在绵阳市北川羌族自治县桂溪乡和平武县南坝镇，用帐篷、活动板房或简易房各搭建一个可住100—150户灾区群众临时安置区”的要求，密切配合部队开展帐篷搭建工作。截至5月31日，四川省军区所属救灾部队先后在绵阳市安县晓坝镇、北川羌族自治县擂鼓镇建立2个群众集中安置点。6月1日14时，成都军区陆军某集团军搭建的绵阳市北川羌族自治县桂溪乡桂溪村灾区群众安置点竣工，安置点占地面积7 420平方米、总建筑面积2 049平方米，安置群众500人、80户，具备召开会议、学习、看电视、娱乐、超市、医疗、通信、行政管理八项功能。此后，军队帮助搭建帐篷的进度不断加快，截至6月5日，各解放军救灾部队完成北川羌族自治县桂溪乡、平武县南坝镇2个灾区群众安置点建设任务，每户被安置群众均有1间房或1顶帐篷，每个安置点均设有公共厕所、商品供应、医疗服务等设施。第二炮兵某部援建绵阳市北川羌族自治县擂鼓镇柳林村群众临时房示范点。帐篷安置入住工作在2008年7月底前全部结束。①

3. 帐篷安置点管理

帐篷安置点建成后，为使受灾群众居住安心、生活安定和生命财产安全，相应的规范化管理得到了高度的重视。在实践中，绵阳市各级政府采用了单位管理和属地管理两种体制。

单位管理是指由指定单位负责管理灾区群众过渡安置点。例如，绵阳市擂鼓镇集中安置点主要由市级部门搭建帐篷并牵头管理服务，县抗震救灾指挥部统一抽调工作人员协助管理。其中擂

---

① 《汶川特大地震绵阳市民政局抗震救灾志》编纂委员会：《汶川特大地震绵阳市民政局抗震救灾志》，2011年7月，第202页。

鼓镇第一安置点由市建工委管理，第二安置点由市司法局管理；永安镇第一安置点由市检察院管理，第二安置点由市科技局管理，第三安置点由市委党校管理；安昌镇安置点由市中级人民法院管理；黄土镇安置点由市劳动社保局管理。在县(市、区)一级，也延续了单位负责管理的做法。如北川羌族自治县把全县20个乡镇和集中安置点划分为若干片区，实行一个片区一个县级领导、一个县级部门的片区分工负责制度，进一步明确工作目标，将责任落实到人头，实行部门包干。绵阳市8个集中安置点通过市级管理部门理顺关系、走上正轨以后，于2008年7月10日移交给前期协助配合的绵阳市北川羌族自治县县级部门管理，涉及乡镇协调配合。北川县司法局、县规划建设局、县环境保护局、县人民武装部、县人民法院、县人民检察院、县科技局、县畜牧兽医局、县劳动和社会保障局接手后，各责任乡(镇)进一步充实干部到安置点，落实责任主体，落实工作人员，建立健全工作制度，保障工作经费，解决群众实际困难，推进各集中安置点日常管理服务工作。

在安置点建立党支部和临时管理委员会，协助指定单位进行管理，也是绵阳市比较有特色的做法。如2008年5月28—29日，绵阳市司法局北川羌族自治县擂鼓镇第二安置点开展共产党员登记活动，登记后的73名共产党员召开会议，民主选举产生中共绵阳市受灾群众擂鼓镇第二集中安置点临时委员会，协助绵阳市司法局完成群众安置点管理和服务保障工作。之后，北川羌族自治县其他集中安置点为做好受灾群众的管理、服务工作，调动安置点内党员、村组干部和积极分子的积极性，也先后成立了临时党总支、临时党支部、临时管委会。

属地管理即集中安置点所在地人民政府负责制。2008年7月下旬，北川羌族自治县由县委常委、纪委书记文刚负责全县受灾群众安置工作，明确提出受灾群众安置的责任主体为群众入住的乡镇党委政府，集中安置点管理的责任主体为各乡镇授权设立的党总支和管委会。集中安置点实行授权小区管理机构管理和住户自治管理相结合的管理模式。针对若干个村（社区）受灾群众集中居住、打破原建制的大规模过渡安置点，按原村（社区）相对集中原则，成立过渡安置点社区管委会。社区管委会对安置点实行统一集中管理。管委会下设居民委员会，居委会下设居民小组，通过层级形式，最终实现社区化管理。

4. 帐篷安置点服务

在帐篷安置点，绵阳市各级政府提供了户政、医疗卫生、教育、文化生活等多项公共服务，保障受灾群众的基本生活。

户政服务。帐篷安置点户政服务工作主要由临时警务室负责。2008年6月1日，绵阳市公安局提出《绵阳市公安局支持灾后重建服务灾区群众20条便民利民措施》，要求开辟户籍证明办理“绿色通道”；在重灾区北川羌族自治县、平武县、安县、江油市灾区群众过渡安置点设立临时办证点，面向灾区群众开辟“绿色办证通道”。江油市在帐篷警务室设立临时户政室，为灾区群众领取第二代身份证、开具有关证明，为群众外出安置、学生借读提供方便。截至6月26日，绵阳市帐篷派出所办理灾区群众临时身份证1 500个，开具户口证明2 000份。

医疗卫生服务。绵阳市帐篷安置点配置医疗点、防疫站，为安置群众提供医疗服务。随着安置点管理的逐步规范，安置点内医疗点、防疫站数量不断增多，水平得到加强。绵阳市按照四川省卫生厅有关规定，在群众安置点按照人数1 000人以下、1 000—3 000人、3 000—10 000人和10 000人以上4个档次，分别参照不同标准配置专业医师、专业护士及医疗设备，满足安置点灾区群众医疗卫生服务需求。灾区群众集中安置点全部实行免费医疗和防疫，每天坚持落实消毒杀菌、疫情报告和预测预警制度。

教育服务。在帐篷安置区，绵阳市把教育恢复作为服务的一个重点，在最短时间内，解决了孩子们的教室场地问题。2008年5月31日，绵阳市北川羌族自治县擂鼓镇“八一幼儿园”开园，170名孩子参加学习。这是四川灾区开办的第一所幼儿园。幼儿园由解放军陆军某集团军步兵师援建，占地面积2 000平方米，拥有12顶最好的棉帐篷及儿童滑梯、儿童床、风琴等教学设备、设施，部队抽调野战炊事车和军医负责饮食、医疗卫生保障。同日，绵阳市安县人民武装部民兵在安县迎新乡铜锣村幼儿园原址搭建帐篷幼儿园，取名“红星幼儿园”，是灾区群众自己恢复的第一所幼儿园。

文化生活服务。绵阳市注重灾后过渡安置区的文化重建工作，市电影发行放映部门进入灾区230个安置点，在园艺山、小枧、丰谷等数十个救助站、社区以及济南军区野战医院、第二炮兵、武警凉山彝族自治州支队、高炮旅等部队、208公司、科创园、富乐山等堰塞湖撤离安置区，放映电影1万余场。2008年6月9日，绵阳市北川羌族自治县在擂鼓镇放映第一场电影，同时组建北川羌族自治县电影公司，成立10支慰问、公益数字电影放映队。

5. 帐篷的回收

随着绵阳市重灾区城乡居民永久性住房、自建过渡安置房和活动板房安置工作的进一步落实，以及天气逐渐变冷，受灾群众搬离救灾帐篷和帐篷回收问题提上日程。2008年11月15日，绵阳市民政局根据四川省民政厅内部明电〔2008〕162号文件精神和绵阳市委、市政府关于灾区所有群众不能在救灾帐篷过冬的要求，印发了《关于认真做好救灾帐篷回收管理工作的通知》（绵市民救〔2008〕89号），要求各地在认真做好受灾群众安置工作的同时，落实专人负责，做好救灾帐篷的回收、清洗、打包、入库保管等工作，明确2008年11月底前拆除救灾帐篷。

为保证救灾帐篷回收保管工作顺利进行，绵阳市民政局要求各地从四个方面着手落实。一是以乡镇人民政府（街道办事处）为责任主体，实行一把手负责制和周报制度，每周四前把帐篷回收情况报市民政局。二是要求深入动员，发动群众，使广大灾区群众自觉自愿地拆除救灾帐篷，并将帐篷篷布清洗干净后与篷杆分类打包送指定地点入库保管。三是要求清理登记，入库保管，各地民政部门和乡镇人民政府（街道办事处）认真核对领取救灾帐篷的台账，能回收的要坚决回收。对损坏的帐篷按照本人书面申请、村组审核、乡镇审批的程序确定报废。县（市、区）民政局、园区社发局要与乡镇人民政府或街道办事处办理结算手续，进行清理登记，做到账物清楚。对回收的救灾帐篷暂时由县（市、区）或乡镇提供仓库妥善保管，听候上级通知。四是要求建立台账，接受审计。对回收入库、报损的所有救灾帐篷，必须建立台账，做到存放地点、时间、数量及报损的审批手续齐全，以备接受上级审计检查。

在回收帐篷的过程中，绵阳市各灾区遇到了一些难题。2015年8月本书项目调研组一行在绵阳市实地调研中了解到，帐篷回收主要存在四个方面的问题。一是群众的认识问题。受灾群众普遍有一个共识，即政府发放的救灾帐篷属于个人所有，不应该再被回收。面对政府的回收工作，受灾群众抵触情绪异常强烈，抵制行为较为普遍。因此，基层干部花费了大量时间和精力在受灾群众中间做思想工作，一家一户耐心地说服群众。二是帐篷自身质量和使用期限问题。帐篷质量高低不一，虽然按照正常情况下连续使用2年以上的标准制作，但是个别帐篷由于是临时赶工期制作的，本身在质量方面存在一些缺陷，使用几个月之后开始有了破损；质量合格的帐篷如果不拆除还能继续使用一段时间，一旦进行拆除，或是衔接之处金属元件生锈，或是布料撕裂，或是丢了零部件，帐篷的完整性遭到破坏。回收的旧帐篷在重新搭建时会出现缺少零部件或漏雨的情况，造成即使回收也无法继续使用或者利用效率低下的问题。三是运输和保管成本加大。回收的帐篷需要运输到专门的场所，重新登记注册并存放储藏保管，占用场地，增加成本。四是重新利用问题。发生新灾后，如果政府部门在给受灾群众发放帐篷时不统一，相对于得到新帐篷的群众，使用旧帐篷的群众容易产生不满情绪。

帐篷作为灾后受灾群众的临时性住所，是一种成本较低、运输安装灵活、使用方便的工具，有着广泛的用途和前景。帐篷安置更加便捷，只要提高帐篷质量，其使用寿命足够长；单帐篷充分考虑了夏季通风和乘凉，冬季来临时单帐篷安装棉内胆变身为棉帐篷，就可以尽量多使用帐篷安置这种成本更低的安置方式。但是使用帐篷安置，要考虑以下因素：一是提高帐篷生产的国家标准。建议以俄罗斯帐篷质量为参考，延长帐篷使用寿命。二是发放的帐篷不再回收，以免增加回收成本，得不偿失。可以要求使用者材尽其用，不随意丢弃。

二、板房安置

活动板房安置也是绵阳市过渡性安置阶段集中安置的主要方式。与救灾帐篷相比，活动板房的选址、接收、安装和管理更具挑战性，难度更大。

1. 板房建设任务与需求核定

2008年5月20日，四川省“5·12”抗震救灾指挥部提出在3天内核定需要解决临时住所受灾群众的户数和人数。6月2日，四川省“5·12”抗震救灾指挥部下发通知，明确灾区活动板房需求数量主要包括受灾群众（包括辖区内中央和省属单位受灾群众）过渡安置所需住房（包括配建生活设施）数量、建设学校所需数量和建设各级医疗卫生机构所需数量三个部分。根据上述要求，参照全市地震倒损房屋和需过渡安置人口情况，通过对需求的调整[①]，绵阳市确定活动板房建设任务，设定7月底前全面完成15.6万套活动板房的建设目标。

此外，绵阳市通过对地震发生初期报送的房屋倒损数据进行交叉复核，力求全面掌握活动板房建设的真实需求，并通过日报、专报等形式更新数据。直到9月2日，绵阳市民政局还印发《关于交叉检查复核地震灾害农房损失有关数据的通知》（绵民救〔2008〕51号），同时从市民政局和各县（市）民政局抽调36人，组成9个工作组，分赴9个县（市、区）和5个园区交叉检查复核数据。[②] 与此同时，9个县（市、区）民政局也组织了45个工作组，采取市县合作、跑面与定点、全面复核与抽查、对比检查等方法，每个组至少抽查4个村，进行入户调查，逐户核查。[③]

---

① 根据2008年6月24日《21世纪经济报道》发表的《过渡安置房计划再调整——安置对象调整为乡以上受灾城镇居民，扩大学校等公用建筑比例》一文，从全国灾区总体情况看，6月21日各个援助省市共完成27.22万套过渡安置房，提前完成住房城乡建设部原定6月25日完成25万套过渡安置房建设的第一阶段任务，完成计划的108.91%。考虑到对过渡安置房需求等因素，6月21日晚，住房城乡建设部决定将北京、天津、江苏、上海等过渡安置房建设任务比较多的地区任务下调，使过渡安置房总建设套数降到70万套左右，相应的，绵阳市对活动板房的实际需求量也有所调整。

② 《汶川特大地震绵阳市民政局抗震救灾志》编纂委员会：《汶川特大地震绵阳市民政局抗震救灾志》，2011年7月，第122页。

③ 参见绵阳市民政局：《关于复核地震灾害农房损失有关数据的报告》（绵市民救〔2008〕53号），2008年9月16日。

2. 板房接收、分配与建设[①]

绵阳市明确由市民政局负责全市活动板房的分配和安置,并配合市建设局、市规划局做好板房验收工作。6月初,绵阳市民政局在抽调专人对北川羌族自治县、平武县、安县和江油市四个重灾区就活动板房有关情况进行专题调研的基础上,起草了《绵阳市"5·12"地震过渡安置活动板房分配入住指导意见》,明确活动板房的分配原则、入住对象和入住申请审批程序,强调活动板房优先供给灾区学校、医院等公共设施。

绵阳市的活动板房建设由市建设局负责,以其他省市援建为主,自建为辅。具体来说,对口支援省与受援县为:山东省—北川县,辽宁省—安县,吉林省—平武县,河南省—江油市。除去明确的对口支援省份之外,上海、北京、河北、云南等省市也参与了绵阳市安置房的建设。

对口支援安置房建设速度相当快(参见专栏4.1)。据绵阳市建设局统计,截至2008年8月12日,全市共建活动板房16.8万套,其中由上海、北京、山东、辽宁、河北、吉林、云南、河南等省市援建15.86万套,自建9400余套。其分布情况是:绵阳城区4.6万套,北川羌族自治县1.9万套,平武县1.3万套,安县3万余套,江油市4.9万套,三台县3500余套,梓潼县2600余套,盐亭县3200余套。除京安小区外,全市较大的过渡安置点有:永兴板房区、任家坪板房区、擂鼓板房区、陈家坝板房区、安昌宛板房区。[②]

---

① 本部分除213页注释②外,根据四川省民政厅提供的《汶川特大地震抗震救灾志(卷六)·灾区生活志》资料长编整理。

② 《汶川特大地震绵阳市民政局抗震救灾志》编纂委员会:《汶川特大地震绵阳市民政局抗震救灾志》,2011年7月,第120—121页、216—217页。

专栏4.1

援建中的"北京速度"

2008年5月21日,北京市首批地震灾区活动板房施工队伍500人,携带6000套活动板房及物资、机械设备的专列从北京出发,22日到达绵阳市安县灾区施工现场,是第一支到达地震灾区施工现场的建设队伍。

绵阳市积极配合援建单位建设板房集中安置点,援建单位以最高时效帮助灾区进行建设。北京市建委先遣组队员每天睡眠不足3小时,驱车1000公里,走遍绵阳市安县、江油市十几个乡镇,才初步确定一期和二期建设用地。

据绵阳市民政局统计,截至6月18日,北京市援建江油市安置房建设工作共完成3000余亩场地平整,交付四所学校、两所医院以及山区乡镇的多块过渡安置区,提前7天完成建设部下达的一期2万套活动板房安装任务。北京住总集团从6月28日接到上级安排,到二期1200套板房援建任务的落实,总共耗时29个小时,创造了惊人的"北京速度"。

资料来源:《汶川特大地震绵阳市民政局抗震救灾志》编纂委员会:《汶川特大地震绵阳市民政局抗震救灾志》,2011年7月,第215页。

在安置点选址方面,由于绵阳市灾区大部分分布在群山中,地震造成的次生灾害多、耕地资源少,所以,需要在保证过渡安置点安全的同时兼顾长远规划。选址时,除避开自然灾害及次生灾害影响的地段外,大多选在废弃地、断头路、晒坝等空地处,以减少耕

地的直接占用，同时采取如砖砌地基、铲除“熟土”等有利于土地复耕的措施。在绵阳城区，活动板房安置地址就有经济开发区飞机场、科创园区九洲大道双语学校、石桥铺樊华地块、游仙镇百胜村、经济实验区老龙山、新桥镇、魏城镇、鸥家坝、高新石桥铺社区、跃进路口长虹厂、经开区三江大道北侧等多处。

活动板房建设工程现场勘查由援建省市和受援县市（单位）共同完成，安置房的生产、运输和安装由援建省市负责，绵阳市各受灾地区主要是配合做好工程建设规划和安装期间的有关工作，在板房安置点建设中承担施工场地通水、通电、通路和平整施工现场的“三通一平”工作。为更好地协调绵阳市与援建省市的工作，住房城乡建设部、四川省建设厅派出由来自全国的建筑、规划、设计专业技术人员组成的专家组，赴绵阳指导工作，协助当地人民政府开展过渡安置点规划选址和重建规划等工作，协调解决活动板房建设工作中出现的问题；住房城乡建设部驻四川前线指挥部还在绵阳重灾区派驻现场工作组。自 2008 年 5 月 19 日开始，各援建省（市）相继派出工作组到省建设厅及绵阳重灾区对口受援县市衔接，许多地市党委政府主要或分管领导及时赶赴绵阳，或亲临支援地现场指导协调援建工作，或长期坐镇指挥，组织活动板房建设施工。援助方和受援方通过会议、现场交流等方式，建立了沟通协调机制，使支援省市及时掌握灾区过渡安置房的建设需求，受援灾区全力以赴，积极配合做好支援省市建设过渡安置区过程中的选址、规划、质监、验收等工作。这样的组织管理模式和工作机制保证了灾区过渡房的建设进度和建设质量。

绵阳市遭受地震灾害破坏极为严重，单靠自身的力量难以完成抗震救灾和恢复重建工作。根据当时灾区的实际，中央确定了对口支援模式，要求灾区把自力更生和对口援助结合起来，自建和援建相结合,开展抗震救灾和恢复重建。在过渡性集中安置阶段,绵阳灾区集中安置所需要的活动板房主要依靠国务院抗震救灾指挥部群众生活组采购拨付和对口支援省份的支援,自身储备微不足道,外部力量发挥了关键性作用。如活动板房建设资金的落实,根据国务院抗震救灾总指挥部第十一次会议决定,四川省、甘肃省、陕西省灾区活动板房建设所需资金,采用国家财政拨款和地方支援兼顾方法筹集,由国家、援建省市共同负担,国家拨付资金包干使用,不足部分由援建省市、计划单列市负责补齐。援建省市地震灾区活动板房建设资金主要有政府财政拨款(垫付)、贷款和捐款(捐建)三种形式。但是,这一模式也有不足之处。例如,尽管中央强调灾区要自力更生,但在板房建设过程中,曾出现过活动板房入住速度慢、入住率低,县(市)入住快,绵阳城区入住慢的问题,其原因除了板房质量问题(如板房雨天渗水、室内积水),配套设施不齐、基础设施不完善(如水、电不通,排水不畅)之外,也在于县、镇(乡)基层干部和活动板房入住对象"等、靠、要"思想严重,要等活动板房的所有设施都完善后才组织群众入住,工作缺乏积极主动性。在集中安置点,出现援建省份提供援建物资需要卸载时,有的受灾群众甚至不愿搭把手等现象,政府大包大揽理所应当的想法在群众中盛行。这些不足在后来的灾害应对中得到了较好的改进。2013 年 4 月四川芦山地震后,灾害管理体制和运行机制发生了明显变化,灾害管理的属地管理原则得到加强,充分发挥地方政府属地管理和群众互帮互助、自力更生的主动性和积极性成为共识。

3. 板房安置点管理与服务

随着活动板房陆续完工,地震灾区受灾群众逐步从帐篷安置过渡到活动板房安置,对板房安置点的精细化管理提上日程。绵阳市的集中安置点原本由市重建委受灾群众集中安置点管理协调办公室管理，后经过调整，该办公室并入市灾后重建委员会办公室。针对集中安置点的管理，绵阳市先后下发《绵阳市人民政府办公室关于受灾群众活动板房安置点配套设施建设和管理有关问题的通知》（绵府办发〔2008〕22号）、《中共绵阳市委办公室 绵阳市人民政府办公室关于进一步加强活动板房集中安置点管理服务工作的通知》（绵委办〔2009〕8号）等文件，就完善安置点功能、加强日常管理、做好卫生防疫、维护社会安全等方面进行规定。

绵阳市各活动板房集中安置点主要推行属地管理和单位管理两种体制，与帐篷安置基本相同，也采取了社区化管理。社区化管理是指在灾区群众中推选产生临时社区成员代表大会和临时社区居委会，对社区进行管理。在此基础之上，按照绵阳市"5·12抗震救灾指挥部"《关于在受灾群众集中安置点建立临时社区组织的实施意见》（绵指〔2008〕183号）要求，受灾居民入住活动板房后实行自我教育、自我管理、自我服务、自我监督。此外，绵阳市要求在县（市、区）人民政府指导下，发挥群众自治组织社区居委会功能，在民主选举居委会成员基础上，民主制定管理规章，民主管理本社区乃至整个安置点各项事务。具体地说，临时居委会在安置点设立平面示意图，房屋门牌号、床铺位号，建立《入住须知》《生活作息制度》等制度，设立宣传、卫生、治安、互助队等机构，实行民主管理、民主监督。民主管理适用于多方人员组成、人员流动较大、居住规模较大的群众过渡安置点。

板房安置点的服务主要体现在五个方面：一是在各活动板房安置点设立警务室、医疗室、商品超市，为受灾居民日常生活提供便捷的服务；二是调整公共汽车线路，设立公共汽车招呼站，为受灾居民出行提供方便；三是完善文化娱乐设施，接通有线电视、设立活动室和读书室，尽可能满足安置点居民的精神生活需求；四是为安置群众做好户政、气象、劳动就业、文化生活、教育、医疗卫生等生活服务；五是通过采购和提供越冬物资等方式保障群众温暖过冬。

背景资料

北川任家坪村板房集中点的管理与服务

北川羌族自治县曲山镇任家坪村板房集中安置点位于曲山镇任家坪村，在山东省青岛市的大力援助下，于 2008 年 5 月 27 日开工建设，8 月 18 日建成并投入使用。整个安置点占地 8.42 公顷，分为北中南三个片区，38 个区（北片 6 个区、中片 19 个区、南片 13 个区），建筑面积 34 531.6 平方米，标准总间数 1 780 间（其中：安置群众住房 1 348 间，公共厕所 130 间，淋浴室 56 间，集中供水点 28 间，公共设施 10 间，学校 133 间，政府行政工作用房 21 间，干部职工生活用房 24 间，仓库及多功能用房 7 间，消防、电信、电力、畜牧、银行、卫生院等 23 间）。

任家坪板房区以 50 户左右为一个单元组团，根据地块形状，采用双拼的方式进行组合，并按标准在各组团内配备了相应的厨房、厕所、淋浴间和供水点等设施，在主入口侧设置粮食供应、商品零售等服务摊点；道路采用方格网式布置，西部邻山设置环形路，并设置泄洪渠以满足截洪、防灾等要求。区内主干道宽 6 米，组团间的道路宽 4 米，宅间道路宽 2 米，以满足消防、通行等群众生活的安全与便利需求。与此同时，主入口设置小型绿地，放置羌族图腾；每个组团内设置交往空间，适当种植花草。

任家坪板房区组织管理机构健全，设有党总支、管委会，共管辖8个社区，设有8个社区党支部、8个社区居委会、52个党小组，组建9支党员服务队。整个区域分6个大区管理，区长由管委会成员、社区干部担任，负责日常工作。管委会认真贯彻执行有关受灾群众生活的各项扶助政策，及时发放生活补助金和粮油等生活必需品，区内社会秩序良好、群众生活稳定。

资料来源：四川省民政厅提供的《汶川特大地震抗震救灾志（卷六）·灾区生活志》资料长编。

4. 板房回收

随着灾后恢复重建工作的顺利开展，绵阳灾区群众从过渡性板房搬迁进永久性住房，过渡安置房逐步出现空置。这些空置的活动板房将如何处理？住房和城乡建设部在进行过渡安置房的结构选型时，已充分考虑了其后期处置问题，即活动板房采用轻钢结构体系，通过螺栓、锚固等连接方式使其易于拆装搬迁和循环利用。2008年7月民政部印发的《救灾物资回收管理暂行办法》明确了对活动板房的处置原则，如对活动板房进行回收，作为中央和地方救灾储备；对于损坏不能继续使用的板房需要进行报废处理，等等。

2009年4月，绵阳市重建委制定的《关于印发过渡安置房（活动板房）日常维护管理和有序拆除工作暂行办法》（绵重建办〔2009〕4号）一文再次对活动板房的日常维护和管理工作进行了明确。2009年9月7日，绵阳市政府召开空置活动板房回收利用管理和处置工作专题会议，制定下发《关于“5·12”地震灾区空置活动板房回收利用管理和处置工作的意见》（绵府办函〔2009〕355号），明确在各级政府的领导下，民政部门牵头，相关部门按照职能配合，有计划、有部署、统筹有序进行的思路，确定活动板房处置采取全屋就地、就近循环利用,全屋异地重装、改装循环再利用,多余板房和构件综合利用,废料无害化处理的方式,并成立由常务副市长为组长、副市长赵琪为常务副组长,市政府副秘书长钟乐海、市建设局局长段扬、市民政局局长张学民为副组长,14 个市级部门主要负责人为成员的领导小组。随后,绵阳市民政局下发《关于进一步完善空置活动板房回收利用管理和处置工作台账的通知》,决定采取原址利用、异地再利用、储备、材料回收再利用等回收利用的方法和措施。各县(市、区)民政部门主动协调建设、教育、卫生等相关部门,在 9 月 30 日前完成了调查摸底工作,建立了活动板房基础台账。截至 9 月 30 日,各地在相关部门都成立了空置活动板房回收利用管理和处置工作领导小组办公室,落实了专门工作人员,负责开展活动板房的回收利用管理和处置工作。[①] 10 月 12—16 日,绵阳市民政局派出 9 个工作组,对全市贯彻落实市政府板房处置工作意见的执行情况进行综合检查。[②]

活动板房的空置和回收引起了多方关注。截至 2009 年 10 月 23 日,绵阳全市还在使用的活动板房有 11 余万套,其中居民住房 8 万套,学校用房 2.6 万套、医疗机构用房 4 000 余套、其他用房 6 000 余套。对于处置空置活动板房中存在的问题,除了部门统筹协调困难、活动板房处置方案没有形成之外,还包括管理上的空当和拆除困难等。按照相关工作部署,活动板房回收利用管理和处置工作的责任主体在各县(市、区)人民政府。2009 年 10 月,绵阳市在检查时发现,市里直接分配由涪城区代发钥匙的 2 800 套双语

---

① 参见绵阳市民政局:《关于全市空置活动板房回收利用管理和处置工作的情况报告》(内部资料),2009 年 12 月 29 日。

② 《汶川特大地震绵阳市民政局抗震救灾志》编纂委员会:《汶川特大地震绵阳市民政局抗震救灾志》,2011 年 7 月,第 127、220 页。

校、服装校、外贸校等活动板房,没有纳入市教育局和涪城区管理,出现了管理上的空当。板房拆除困难的原因,大都是由于前期相关政策未完全落实。如江油市出现受灾群众不让拆除的情况,其原因是建设时损坏了群众的青苗或推倒群众的房子没及时进行补偿,群众不愿意拆除;北川县板房拆除工作艰难,由于部分受灾群众宅基地不能落实、政府前期的公共配套设施如道路、用水、用电等没有得到解决,部分受灾群众不愿重建自己的居住房;由于选址无法确定、材料运输困难、补助资金不能及时到位、担保资金不能落实、自筹资金又困难等原因,农房重建受到了影响,致使这部分群众在规定时间撤离板房比较困难,还将继续居住在活动板房。此后,绵阳市通过加强组织领导、综合循环利用、统计报送、严格处置程序和方法等方式,进一步做好这项工作。到 2012 年,绵阳市基本完成了板房回收工作。[①]

第三节　分散安置

地震发生后,绵阳市人大五届九次会议提出 2008 年 8 月全部解决受灾群众过渡安置问题的目标。此前,绵阳市委、市政府领导也在多个场合提到 8 月底这个过渡性安置的期限。面对如此大规模的过渡性安置任务,分散安置作为传统的主要安置手段自然得到了高度的重视。即使汶川特大地震导致大片城镇、村庄变为平地,不像以前灾害发生后通过投亲靠友等分散安置方式解决安身

---

① 参见绵阳市民政局:《关于全市空置活动板房回收利用管理和处置工作的情况报告》(内部资料),2009 年 10 月 23 日;绵阳市民政局:《关于市政协五届五次会议第 23 号提案的回复》(绵市民救〔2009〕84 号)。

问题的比例那么大,分散安置也仍然是相当重要的方式。

分散安置与集中安置的分类方式强调的是安置的规模,而政府安置和自行安置强调的是安置的主体。在实际操作中,分散安置基本是自行安置,而对于自行安置,《自然灾害救助条例释义》中解释:"受灾人员采取投亲靠友、自行筹建确保安全的临时住所,以及其他方式自行安置,国家对这部分群众给予适当补助。在安置措施的选择上,国家鼓励受灾地区群众采取自行安置由国家补助的方式"①。这个解释更多地强调解决受灾群众在过渡安置期的居住问题所采取的措施。检索相关文献,笔者并没有发现对于过渡性安置期间分散安置的明确定义。

在将分散安置进行分类的过程中,我们可设置地域、城乡、人群等维度,将其分为异地与就地分散安置、农村居民与城镇居民分散安置、特殊群体分散安置和一般受灾群众的分散安置。在具体安置方式上,有投亲靠友、自建过渡安置房、建设永久性住房、维修加固受损住房、购置商品房等几种。在现行工作中,分散安置作为受灾群众不等不靠、自救互救的一种体现,政府在其中所起的作用以鼓励、引导为主,并不承担全部责任。

相对于集中安置,分散安置具有充分利用社会资本、速度较快、自主选择度高等特点,因而成为过渡性安置的主要方式。其中,充分利用社会资本是其重要特征,起到了补充制度资源的作用。社会资本基于社会网络的概念提出。赵延东指出,按目前学界较一致的看法,社会资本概念可以分为个人微观和群体宏观两个层次。从微观社会资本的作用看,灾难的发生总会导致社会正

---

① 民政部救灾司、民政部政策法规司、国务院法制办公室政法劳动社会保障法制司:《自然灾害救助条例释义》,北京:中国社会出版社 2010 版,第 100 页。

式制度系统出现一定程度的混乱，在这种制度空缺的情况下，作为一种非正式制度的社会网络与社会关系正可以起到填补制度真空的作用。他利用"中国西部省份社会与经济发展监测研究"入户调查数据进行的一项研究表明，受灾居民在灾后恢复期间可利用嵌入于自己社会网络中的资源获得正式和非正式支持，从而更快更好地恢复正常生活。[①] 我国农村地区的生产生活基本以"亲缘"关系为纽带展开，在"差序格局"中，与亲戚朋友的关系作为强关系远比其他关系来得可靠，也更容易被使用，因此分散安置的大部分措施主要针对农村居民。

在分散安置过程中，绵阳市面对的是落实上级政策和在职权范围内创制政策的工作，在自建过渡安置房、投亲靠友等分散安置方式上开展了相应的工作。根据绵阳市民政局提供的统计数据，截至2008年7月31日，绵阳市共利用彩条布、篷布、树木等原材料自建过渡房安置受灾群众60万户、160余万人，利用投亲靠友安置21万余户、41万人左右。[②]

一、自建过渡安置房

随着时间的流逝，在紧急安置期搭建的塑料彩条布大棚和简易棚已不能适应受灾群众过渡安置的要求。利用废墟中的材料建设的安置房结构强度不能达到抗风和承重的要求，只适合过渡安

① 赵延东：《社会资本与灾后恢复——一项自然灾害的社会学研究》，载《社会学研究》2007年第9期，第164—187页。

② 《汶川特大地震绵阳市民政局抗震救灾志》编纂委员会：《汶川特大地震绵阳市民政局抗震救灾志》，2011年7月，第222页。

置期最初的一两个月居住使用。[①] 群众自建过渡安置房成本低、速度快,能够解决很大一部分农村受灾群众的过渡安置问题。

对于能够回到原居住地的受灾群众,绵阳市采取每户补助2 000 元、免费提供彩条布和防潮布等办法,鼓励他们以村组为单位互帮互助、就地取材,利用彩条布、篷布、竹木等原材料自建符合"六防"标准的过渡安置房。[②] 此外,绵阳市政府组织救援部队、机关干部帮助受灾群众搭建过渡安置房。截至 2008 年 6 月 6 日,绵阳全市接收发放彩条布、篷布 510 万左右平方米,其中包括:北川羌族自治县 71.7 万平方米,江油市 30.67 万平方米,平武县99.48 万平方米,安县 103.36 万平方米,涪城区 46.97 万平方米,游仙区 55.09 万平方米,三台县 45.17 万平方米,梓潼县 28.43 万平方米,盐亭县 18.84 万平方米。[③]

安县塔水镇三泉村是受灾最为严重的村庄之一。2008 年 5 月 21 日,三泉村党支部和村委会组织全村 9 个组 400 多户、1 300 多名群众,以院落为单位,统一规划,就地取材,以竹子、木材、稻草、麦草、泥土等为原材料,集中搭建安全、经济、方便、适用的简易防震棚,就地安置受灾群众。防震棚统一规划为高 2.2 米、长 4 米、宽 3.9 米,大的院落集中规划搭建 25 户,最小院落也有 5 户集中搭建。在集中的地方统一搭设存放粮食等生活必需物资的大帐篷,设置公共饮用水取水井、消防设施、厕所、垃圾桶等公共设施,

---

① 郭虹、庄明:《NGO 参与汶川地震过渡安置研究》,北京:北京大学出版社 2009 年版,第 68 页。

② 《大地震后百废待举 绵阳连番苦战过大关》,http://scnews.newssc.org/system/2008/07/02/010931984.shtml。

③ 《汶川特大地震绵阳市民政局抗震救灾志》编纂委员会:《汶川特大地震绵阳市民政局抗震救灾志》,2011 年 7 月,第 221 页。

并将青壮年编组进行轮班巡夜守护。[1]

北川县贯岭、都坝、白坭、小坝、开坪、片口、坝底、墩上、马槽、百什、青片乡和桃龙藏族乡12个乡由于受地震和唐家山堰塞湖的影响,公路损毁中断,无法开展活动板房建设。受灾群众利用当地的竹木资源、彩条布和政府发放的自建过渡房补助,在损毁房屋的院落前后搭建临时帐篷,修缮损毁轻微的房屋进行过渡安置。[2]

1. 政策补助标准

2008年5月29日,四川省抗震救灾指挥部通过发文鼓励受灾群众自建过渡安置房[3],并提出了相应的政策补助标准。6月20日,《四川省"5・12"汶川地震灾后农房重建工作方案》下发,明确规定对自建过渡期安置房的农户,每户给予2 000元的资金补助。同月,绵阳市出台了对于省政府政策的说明:为鼓励农村受灾居民自建过渡期安置房,对自建过渡安置房的,由县(市、区)人民政府给予每户2 000元现金补助。[4] 此文贯彻落实了省政府的政策,进一步明确了补助资金由县(市、区)一级财政进行补助。7月,绵阳市下发通知,再次对自建过渡安置房的补助政策进行补充说明,将自建过渡期安置房的补助对象和范围限定为因地震灾害造成房屋倒塌或严重损毁的绵阳市农村居民,在过渡安置期间自愿自建过渡安置房(本人书面申请、与当地乡镇人民政府签订自建过渡房协

---

① 《汶川特大地震绵阳市民政局抗震救灾志》编纂委员会:《汶川特大地震绵阳市民政局抗震救灾志》,2011年7月,第221页。

② 同上。

③ 参见《四川省"5・12"抗震救灾指挥部关于鼓励农村居民自建过渡期安置房的通知》(川指〔2008〕104号)。

④ 《"5・12"大地震遇难人员家属抚慰金、灾区困难群众临时生活救助、受灾农村居民自建过渡安置房和唐家山堰塞湖三分之一溃坝撤离群众生活补助政策说明》,http://mymz.my.gov.cn/MYGOV/150666117008850944/20080607/301207.html。

议)，自行解决过渡安置期居住的家庭；强调了补助资金的发放程序，要严格按照“户报、村评、镇乡审核、县级审定”的程序进行，且必须进行“三榜”公示，明确了实际操作在县级及以下进行，救助资金下拨至各街道、乡镇，最后通过银行“一折通”的形式发放至农户；并提出市、县(市、区)财政部门要积极筹集农房重建政府补助资金，通过调整财政支出结构，按政策要求安排地方配套资金，再次规定自建过渡安置房补助资金的支出责任由县(市、区)政府承担。[①] 为保障资金的落实，绵阳市多次对户数进行核定，并向四川省政府报告尽快拨款。各县(市、区)自建过渡安置房和发放补助资金如下：北川县4.7万余户，9 540万元；安县10.5万户，2.1亿元；平武县2万户左右，3914万元；江油市10.2万户，2亿余元；梓潼县4.4万余户，8 874.2万元；游仙区4.2万户，8 407.6万元；涪城区约1.4万户，2 724.6万元；三台县7.8万户，1.6亿元；盐亭县3.3万余户，6 646.6万元。[②]

在鼓励受灾群众自建过渡安置房的过程中，绵阳市遇到了一些难题。四川省关于自建过渡期安置房的补助政策相对于国务院的规定来说缩小了补助范围，绵阳市政府按照省级方案出台实施方案并执行后发现，做好群众工作有困难，有可能引发群体性上访，对市政府工作造成被动。[③] 与国务院规定的自行筹建符合安全要求的临时住所的地震灾区农村居民相比，四川省的方案将2 000元过渡安置房资金补助的对象界定为地震中房屋倒塌或严重损

---

① 参见绵阳市民政局、绵阳市财政局：《关于“5·12”地震灾后农村居民住房重建补助资金发放和管理实施意见的通知》(绵市民救〔2008〕37号)。

② 参见绵阳市民政局提供的《汶川特大地震绵阳抗震救灾志》(征求意见稿)。

③ 参见《关于“5·12”地震受灾群众安置情况的调研报告》(内部资料)，2008年8月19日。

坏、无家可归自建过渡安置房的农户，部分房屋受损程度不严重，已通过维修加固原有房屋自行安置的受灾群众对政策期望值高，但不在补助范围内。

同时，灾后绵阳市对于接受农村居民自建过渡房安置补助的核定对象数量一直在增加，到11月下旬稳定在57.7万余户，且在11月12日将补助全部下拨完毕[①]，此时很多群众已从自建过渡房中退出，转为其他安置方式进行安置，一些县（市、区）由于把农村居民自建过渡房安置补助金与重建资金补助打捆发放，加上统计不完整等问题，导致这项补助金发放未及时到位的现象存在，对自建过渡安置房的建设造成一定的影响。

2. 建设技术标准

四川省建设厅抗震应急指挥部于2008年5月28日下发试行导则，对自建过渡房提出了“五防”（即防震、防雨、防风、防火、防寒）“三通”（即通电、通水、通信）的要求，并对其选址、建设面积、配置、结构、组合形式和建筑材料进行了规范。明确轻木（竹）屋架，轻木穿斗墙裙骨架，防雨帆布屋面，绳拉四角立柱稳定，或木柱、木屋架、木檩子、木椽子、爪钉组合固定形成简易过渡房骨架，斜坡花胶布（彩条布、油毡）屋盖等安全的简易建房形式；过渡房的建筑材料以经济的轻质材料为主，应就地取材，充分利用倒塌房屋的可利用材料。从以上规定可以看出，自建过渡安置房多利用当地已有的便宜建材自行搭建，活动板房优先提供给了集中安置点和公共设施，较少提供给农村自建过渡安置房者。四川灾区多个县市的

① 参见绵阳市民政局：《关于“民生工程”、受灾群众安全越冬和救灾款物管理使用等情况的汇报》（内部资料），2008年11月17日；绵阳市民政局救灾救济福利科：《关于2008年度工作总结的报告》（内部资料），2008年12月8日。

实践表明，灾区农村自建竹木结构过渡房既能保证过渡居住，成本又远低于活动板房。在绵阳市开展政策宣传时，这些建筑技术标准变为我们所熟知的“六防”（防雨、防风、防寒、防潮、防冻、防火）。绵阳市各县（市、区）和负责联系乡镇的市级各部门，充分发挥基层党组织和党员干部的作用，及时组织救援部队、机关干部帮助受灾群众搭建符合“六防”标准的过渡安置房。

自建过渡安置房的人力资源培训与建设永久性农房一起开展。面对人力资源短缺的情况，针对震后农村建房需要大量建筑技术工的实际，绵阳全市共组织举办农房建设技术免费培训班 15 期，通过聘请建筑专家和建筑工程技术人员授课，技术工人现场指导等方式，将 2.9 万余名普通农民工培养成建筑工匠，1.2 万余名传统工匠培养成行家里手，其中 5 000 余人取得建筑施工许可证。①

自建过渡安置房还要考虑如何有效应对后续灾害的冲击。在过渡性安置期间，绵阳市接连遭受了“7・20”特大暴雨洪涝灾害、“9・24”洪涝泥石流灾害。其中 9 月份的这次灾害主要集中于绵阳市地震极重灾区的北川县、平武县、安县和重灾区的江油市、陪城区、游仙区、三台区和梓潼县。各地均普降大到暴雨，部分地方大暴雨，局部地方达到特大暴雨，并伴随大风袭击，河水猛涨，造成北川、平武、安县和重灾区的江油市数十处大面积的山体滑坡和大量的泥石流。至 9 月 25 日，全市因灾死亡 14 人、失踪 40 人，因灾房屋倒塌或严重损坏及一般受损 1.2 万余户。暴雨来势凶猛，大部分受灾群众来不及抢救粮食、衣物及家庭生活必备品，紧急转移安置后又陷入了一无所有的状态。暴雨过后，全市 1.2 万余户需

① 参见《绵阳年鉴 2009》。

要进行过渡安置，其中不少也是地震受灾群众；按照每户 2 000 元的补助资金计算，需要 2 500 万元。[①] 绵阳市委、市政府及时安排部署抢险救灾工作，在基本没有外援的情况下，有效控制和及时排除了所有险情，受灾群众得到妥善的安置。[②] 此次灾害表明，自建过渡安置房的分散性导致先期评估、科学选址的成本较大，有时候难以兼顾后续灾害的冲击，而以上"六防"的技术要求并不能使自建过渡安置房应对极端洪涝和地质灾害的侵袭。

二、投亲靠友

通过投亲靠友进行分散安置是最为充分利用社会资本的方式，也是安置成本最低的方式，因而得到了绵阳市政府的积极鼓励。在国家出台《条例》之前，绵阳市就已经出台了十项惠民措施[③]，针对城镇地区投亲靠友的受灾群众进行了政策创制。具体规定为：城区因地震造成无房居住的城镇居民，不符合银行申贷条件或自筹资金不足，只能靠租房、投亲靠友等方式解决住房的，由财政给予 260 元/月的租金补贴，期限为 5 年。针对灾区群众可能去投靠外地亲友等需要身份证明，且北川、平武、安县、江油等县（市）和辖区派出所因地震造成户政业务全面瘫痪和停滞的情况，绵阳市公安局立即出台《关于灾后重建时期户口管理有关问题的通知》，拟定为受灾群众免费办理临时居民身份证、户口簿、户籍证明

---

① 参见绵阳市民政局：《关于我市遭受特大暴雨灾害情况的报告》（绵市民救〔2008〕67号）。

② 根据四川省民政厅提供的《汶川特大地震抗震救灾志（卷六）·灾区生活志》资料长编整理。

③ 《绵阳：十大惠民举措解决危房群众困难》，http://www.sc.gov.cn/zt_sczt/zttj/200807/t20080710_296030.shtml。

等 9 条便民措施。[1]

对于投亲靠友,在充分利用民间资源的同时,政府的制度性支持相应变弱。早在地震发生后的 5 月 18 日,四川省民政厅发出填报受灾群众安置工作方案表的紧急通知[2],要求各地核实 5 种情况,但这 5 种情况都不包括投亲靠友的人数。

随后,6 月 9 日起实施的《条例》规定,投亲靠友的具体补助办法由省级人民政府制定,给予了地方政府政策创新的空间,由地方分散进行决策。在省级层面上,四川省政府并没有对投亲靠友做出相关规定。此时,政策创制便落到了绵阳市这类市级政府的身上。

然而此后,绵阳市对于农村居民投亲靠友的补助问题一直都没有进行相应的规定。绵阳市内对投亲靠友进行救助是有建议声音的。绵阳市政协副主席郑和平、黄重九带领农业委部分政协委员多次深入灾区,就农村灾民救助补偿和灾后重建进行座谈、交流,了解情况,结合中央、省有关政策,提出了鼓励受灾群众投亲靠友,通过一视同仁的补偿扶持政策来减轻政府压力等 5 条建议。[3]然而,这一建议并未形成文件。不同的是,四川省其他部分市、县,如成都市、广元市青川县等地给予投亲靠友者一定的补助。在投亲靠友安置上,绵阳市内部存在城镇与农村受灾居民的政策性救助差别,与四川省内其他市县在政策规定上也存在差别。

这在一定程度上可能引发对于救助公平性的质疑。公共产品

---

① 根据四川省民政厅提供的《汶川特大地震抗震救灾志(卷六)·灾区生活志》资料长编整理。

② 参见四川省民政厅:《关于填报四川"5.12"地震受灾群众安置工作方案表的紧急通知》(川民电〔2008〕50 号)。

③ 参见《绵阳年鉴 2009》。

是经济学分析的一个重要概念，萨缪尔森对其的经典定义是“任何一个个人的消费都不会减少其他个人对这类物品的消费”；消费上的非竞争性和非排他性成为公共产品的两个本质特征，由此衍生出两类准公共产品：能排他但非竞争的“俱乐部产品”和有竞争性但不能排他的“共用品”。冯俏彬、贾康以此为基础延伸出权益—伦理型公共产品。[①] 过渡性安置作为灾害救助的一部分，可以称之为具有排他性但不具有竞争性的准公共产品。这类产品的生产和供给主体可分开，不管是通过提供板房集中安置、自建过渡安置房，还是投亲靠友，不管生产的主体是政府本身还是受灾群众自身，各级政府都应当承担起供给产品的责任，负担部分生产成本。如果出于自身财力的考虑，根据受灾群众本身原有的资源禀赋而厚此薄彼，对其中的某一种安置方式不进行救助，或者对不同安置方式给予的救助数额不一致，在制度理念上来说是不公平的。

灾害发生后，受灾群众对于政策的公平性尤其敏感。同样是受灾群众，如果给予的救助政策不一致，且政策告知不到位，容易使他们产生不公平的感觉，引起公平性的质疑。对于公平性的质疑体现在以下两个方面，不同安置方式获得的救助水平不一致。在绵阳市，农村居民投亲靠友无补助，城市居民投亲靠友可每月获得补助 260 元，农村居民自建过渡房补助 2 000 元。与此同时，绵阳市受灾群众与其他省市受灾群众同一安置方式下获得的救助不同，同样是农村居民的投亲靠友，其他部分地区出台了补助政策，而绵阳市未出台。

救助政策在救助对象上的互相粘连则可能导致某一种安置方

① 冯俏彬、贾康：《权益—伦理型公共产品：关于扩展的公共产品定义及其阐释》，载《经济学季刊》2009 年第 3 期。

式（如板房集中安置）产生了此后的一系列政策红利，形成文件上鼓励分散性安置而实际上谁进行分散安置谁吃亏的现象，从而扭曲了受灾群众的期望，不利于资源的合理分配。部分通过活动板房集中安置的受灾群众实际获得补贴达到 5 000—10 000 元/人，而部分分散安置的农村居民以四川的标准计只有 800—1 000 元/人，而绵阳市没有补贴，差距过于明显。部分受灾群众认为，只有住进活动板房，才能获得未来长久性安置的政策补贴，因而选择迁入活动板房，浪费了其本身具有的社会资源。过渡性安置期间，临时安置期间在外投亲靠友的受灾群众返回后，统计时被遗漏而不能及时领取自建过渡安置房的补助。

张欢等在绵阳市 9 个区（县、市）随机抽取家庭开展入户调查后分析发现，灾后救助政策公平感由分配公平、人际公平和信息公平三个维度构成，最适合灾后救助的价值标准是按需要分配原则，“按损失分配”是灾后救助政策中一种不适当的分配方式。[①] 为了提高受灾群众的公平感，在灾后救助政策实施中，应统筹考虑各项政策对象的救助水平，加强大众媒体和政府发布政策信息的力度和广度，加大对受灾群众期望的管理。

三、其他分散安置方式

除以上两种主要的分散安置方式外，绵阳市还采取了修建永久性农房、维修加固已有房屋、货币安置等其他安置方式。

1. 建设永久性农房

绵阳市政府通过建设永久性农房来分担过渡性安置的任务。

---

① 张欢、任婧玲、刘倩：《析灾后救助政策公平感的影响因素——基于汶川地震的实证研究》，载《南京大学学报（哲学·人文科学·社会科学版）》2011 年第 3 期，第 31—41 页。

2008年7月，绵阳市及时全面启动了永久性农房建设，市、县两级分次召开专题会议研究农房重建工作，相继制定出农房重建工作实施意见，成立了以政府主要负责人为组长的灾后农房建设领导小组。中共绵阳市委五届九次全会决议明确要求，加快推进永久性住房建设，力争春节前，除北川县城外，通过永久性住房建设解决农民越冬问题，2009年底前全面完成农村永久性住房建设。此外，绵阳市还明确了北川擂鼓镇、安县晓坝镇、江油青莲镇、平武南坝镇和平通镇、游仙魏城镇6个市级灾后农房重建试点。各级民政、建设、国土、规划、林业、水利、税务、技术监督等相关部门，各司其职，各尽其责，简化审批程序，减免各种费用，支持农房重建。[①] 绵阳市还抽调了1000余名市县机关干部下派至重灾乡镇、村驻点支持农房建设。[②]

绵阳市在农房重建初期面临着建设用地紧缺、建造成本高企等困难，比如北川、平武、安县等极重灾区有的地方不宜开展大规模的永久性农房建设，次生灾害多发，且活动板房占用土地后可用宅基地缺乏；基础设施受损严重，道路不通，建材价高且紧缺，如震前安县每块砖的价格为0.17—0.21元，到7月份时价格普遍在0.40—0.45元左右，与安县接邻的绵竹县禁止建材外销，而新建砖厂需要3—5个月才能投产；人工工价从50—80元/天上涨为80—120元/天，技工极为缺乏，施工队伍水平参差不齐。[③]

---

① 《关于“5·12”地震受灾群众安置情况的调研报告》(内部资料)，2008年8月19日。

② 《绵阳：再大的困难也挡不住奋进的步伐》，http://scnews.newssc.org/system/2009/02/17/011579148.shtml。

③ 《关于“5·12”地震受灾群众安置情况的调研报告》(内部资料)，2008年8月19日。

根据规定，农房重建补助的标准为平均每户2万元，最高可至2.6万元[1]，绵阳市除了尽快给予补助之外，对农房重建每户最高可给予5万元的贷款[2]，并发布通知对户籍、空挂户、异地购房等部分补助政策具体问题进行了解答[3]。根据四川灾区多个县市提供的数据，农村砖混结构自建房土建成本在300—500元/平方米，3万—5万元即可在灾区农村建成具有较高实用性的长久性住房。同时，绵阳市在四川全省率先建立了农房重建建材特供机制，加强对建材价格特别是标砖价格的监督，以确保主要建材的价格稳定，减轻受灾群众建房负担。[4]

从以往经验看，农村自建长久性住房的周期一般在3—5个月。[5] 截至2008年12月8日，绵阳市计划修建永久性农房44.95万户，已开工建设40.86万户，占比达到90.9%；已建成17.66万户，占比达到39.3%。[6]

2. 维修加固房屋与货币安置

震后，绵阳市政府出台文件，规定了维修加固原有房屋，鼓励贷款购房等货币安置方式的具体操作办法。绵阳市委、市政府在

---

① 参见绵阳市民政局、绵阳市财政局：《关于“5·12”地震灾后农村居民住房重建补助资金发放和管理实施意见的通知》（绵市民救〔2008〕37号）。

② 《携手共筑新家 绵阳人擦干眼泪再写坚强》，http://scnews.newssc.org/system/2008/08/23/011060620_01.shtml。

③ 参见绵阳市民政局：《关于农房重建政策相关问题的通知》（绵市民救〔2008〕42号）。

④ 《绵阳：再大的困难也挡不住奋进的步伐》，http://scnews.newssc.org/system/2009/02/17/011579148.shtml。

⑤ 国家减灾委员会、科学技术部抗震救灾专家组：《汶川地震社会管理政策研究》，北京：科学出版社2008年版，第58页。

⑥ 参见绵阳市民政局救灾救济福利科：《关于2008年度工作总结的报告》（内部资料），2008年12月8日。

国家、省政府政策未出台的前提下，为了缓解城区房屋受损群众的困难，先期启动市城区震灾受损房屋处置工作，并对城区房屋受灾群众实施十项帮扶惠民措施（见专栏 4.2）。

2008 年 12 月 3 日，绵阳市发布了城镇震灾受损房屋建筑修复加固及拆除的暂行实施办法。其中规定，修复加固资金筹集渠道有三种：一是政府补助。符合政府补助条件的，按政府补助资金管理办法规定程序办理。二是住宅专项维修资金。政府补助资金不足的，可依照相关规定申请住宅专项维修资金。三是业主自筹。政府补助和住宅专项维修资金仍然不足以支付修复加固费用的，由该幢房屋所有业主共同自筹支付；没有交存住宅专项维修资金的，除符合条件享受政府补助资金部分外，房屋修复加固费用由该幢所有业主自筹支付。[①] 截至 11 月下旬，绵阳市计划加固农房 78.32 万户，实际开工 55.8 万户，完成加固 51 万户，向 10.5 万户发放受损农房维修加固补助 1.4 亿元。[②]

专栏 4.2

绵阳市对于城镇受灾群众的部分支持政策

◎ 组建市城区震灾受损房屋处置工作领导小组，在原有鉴定的基础上牵头做好城区受损房屋处置工作。在前期应急安全检查的基础上，进行安全鉴定，房屋安全鉴定费用由各级政府分别承担。

---

① 参见《绵阳市城镇震灾受损房屋建筑修复加固及拆除实施办法（暂行）》（绵府发〔2008〕33 号）。

② 参见绵阳市民政局救灾救济福利科：《关于 2008 年度工作总结的报告》（内部资料），2008 年 12 月 8 日。

◎ 为受灾居民提供经济救助

1. 对城区因地震造成无房居住的城镇居民，政府鼓励通过自筹资金和申请银行优惠贷款相结合购房来解决住房问题。贷款申购各类住房（含经济适用住房），由财政给予260元/月的贴息补助，期限5年。

2. 对城区因地震造成无房居住的城镇居民，不符合银行申贷条件或自筹资金不足，只能靠租房、投亲靠友等方式解决住房的，由财政给予260元/月的租金补贴，期限5年。

3. 待国家和省政府有关补助标准出台后，我市按就高不就低的原则执行。若国家政策定为一次性补助，由本款所指无房户在一次性补助、贴息补助、租金补助三种形式中自行选择一种。财政补助费用按属地管理原则分别承担。

◎ 放宽住房公积金使用政策

对已参加住房公积金且本人现无住房公积金贷款的职工，凡是房屋受到严重损毁需加固维修的，均可申请提前支取本人账户内的住房公积金，用于房屋加固维修。

◎ 落实国家震灾受损房屋处置有关税收政策

1. 对受灾地区个人取得的各级政府发放的救灾款项、接受捐赠的款项免征个人所得税。

2. 由政府为受灾居民组织建设的安居房免征城镇土地使用税。

3. 对在地震中损毁的应缴而未缴契税的居民住房，不再征收契税；对受灾居民购买安居房，按法定税率减半征收契税。

◎ 加快廉租住房、经济适用住房项目建设，增加建设规模

今年开工建设的廉租住房、经济适用住房项目要尽快建成投入使用。

◎ 开辟绿色通道，提高惠民办事效率

政府各职能部门要开设绿色服务通道，为广大市民办理震后房屋权证登记、注销、挂失、税收减免、项目报建等业务，提供快捷方便的服务。

资料来源：《绵阳城区震灾受损房屋处置十大帮扶惠民措施》。

对于分散安置来说，安全越冬是一个极大的挑战。2008 年 10 月 28 日，绵阳市委召开专题会议听取市重建委及各县市区的汇报并部署相应工作。在冬天来临前，绵阳市重新对过渡性安置进行了梳理，对于自建过渡房进行了保暖加固，确保不能住进永久性住房的受灾群众安全过冬。截至当年 12 月 8 日，绵阳市 1.56 万户按照技术要求进行了加固保温处理。① 同时，绵阳市委、市政府多次组织安全过冬督查组，对全市受灾群众安全过冬工作措施落实情况进行全面检查、督导，做到重点乡镇必查，其余乡镇抽查，进行入户调查，全面掌握受灾群众安全过冬各项保障措施落实情况，及时采取有效措施，确保受灾群众得到妥善安置，做到安全温暖过冬全覆盖，不留死角。绵阳市粮食部门在北川、平武、安县等极重灾县高寒边远山区设置储粮点 79 个，设供应网点 89 个，共储备越冬粮食 5 080 吨、食用油 508 吨，让灾区有粮可供、有店售粮。②

---

① 参见绵阳市民政局救灾救济福利科：《关于 2008 年度工作总结的报告》(内部资料)，2008 年 12 月 8 日。

② 根据四川省民政厅提供的《汶川特大地震抗震救灾志(卷六)·灾区生活志》资料长编整理。

第四节 特定人群安置

除普通受灾群众安置工作外，绵阳市根据实际情况，针对几个特定人群也开展了多种形式的安置工作，并给予特殊的政策支持，投入了极大的精力。因此，本节将对“三孤”人员、因灾失地群众、返乡地震伤员等特定人群的安置工作进行描述。

一、“三孤”人员安置

1.“三孤”人员安置决策

根据民政部相关文件，“三孤”人员指无生活来源、无劳动能力、无法定抚养人的儿童、老年人、残疾人，是受灾群众中最困难的群体。① 为落实国家和四川省②政策，对他们进行妥善安置，2008年6月4日晚，绵阳市委副书记曾万明主持会议，专题研究“三孤”人员安置等工作，成立“三孤”人员安置工作领导小组，由副市长任组长，市政府副秘书长张明桂、市民政局局长杨学辉、市建设局局长王绵生任副组长，有关部门负责人为成员，具体负责此项工作。

① 参见《关于汶川大地震四川省“三孤”人员救助安置的意见》，该意见由民政部与四川省人民政府共同研究，并征得国家发展改革委、教育部、财政部同意，于2008年6月3日发布。

② 四川省民政部门为做好“三孤”工作，密集发布通知，2008年5月19日发出《四川省民政厅关于做好对“5·12”地震灾害后遗留孤老、孤儿身份确认和统计工作的紧急通知》(川民电〔2008〕55号)，5月25日发出《四川省民政厅关于做好接纳“5·12”地震灾区孤儿、孤老、孤残人员准备工作的紧急通知》(川民电〔2008〕67号2)，5月28日发出《四川省民政厅关于切实做好地震灾害中孤老、孤儿等对象安置工作的通知》(川民电〔2008〕49号)，6月6日发出《四川省民政厅关于汶川特大地震孤儿身份认定有关问题的通知》(川民电〔2008〕90号)，6月9日发出《四川省民政厅关于汶川大地震孤儿安置有关问题的通知》(川民电〔2008〕94号)。

会议要求市民政局尽快研究制定“三孤”人员的安置、管理办法。6月11日，绵阳市抗震救灾指挥部发出《关于认真做好“三孤”人员清理确认和安置工作的紧急通知》(绵指〔2008〕169号)，明确“政府主导，多方参与，就近为主，异地为辅”的工作原则，在清理登记、身份确认、三孤安置等方面进行了规定(参见专栏4.3)，并参照国家和省级政策[①]明确了针对“三孤”人员的临时救助政策，即“三孤”人员每人每月30斤粮、600元钱生活补贴，期限3个月。该通知同时提出民政部门对“三孤”人员下一步就近安置和异地安置工作，视其过渡期的安置情况，另行研究。在后续生活救助上，绵阳市按照四川省的政策对“三孤”人员每人每月补助400元，不再发放粮食。[②]

专栏4.3

绵阳市关于“三孤”人员安置管理的有关工作要求

灾后新增“三孤”人员的安置，要坚持以人为本，一方有难，八

---

① 在临时救助上，2008年5月20日民政部、财政部、国家粮食局发出的《关于对汶川地震灾区困难群众实施临时生活救助有关问题的通知》明确，规定因灾造成的“三孤”人员补助标准为每人每月600元，受灾的原“三孤”人员补足到每人每月600元，补助期限3个月。5月21日，四川省转发该通知。

② 在后续救助上，民政部、财政部2008年7月18日发出的《关于对汶川地震灾区困难群众实施后续生活救助有关问题的通知》(民发〔2008〕104号)规定，对于“三孤”人员后续生活救助的时间为2008年9—11月，为期3个月；救助标准上，不再发放口粮，每人每月平均200元，四川省可适当提高该标准；补助标准由省级民政、财政部门统一制定，报省级人民政府批准后执行，所需资金由中央财政一次性切块安排给地方，由地方政府包干使用。四川省民政厅《关于切实做好汶川地震灾区困难群众后续生活救助工作的通知》(川民电〔2008〕145号)将因灾造成的“三孤”人员每人每月补助提高到400元，受灾的原“三孤”人员每人每月补足到400元。

方支援,“政府主导,多方参与,就近为主,异地为辅”的原则,对他们予以妥善安置,特别关爱。

(一)扎实有效地做好孤儿的安置工作

孤儿身份确认后采取以下方式进行安置:

1. 鼓励领养(亲属监护)。坚持亲属优先原则,孤儿首先由有监护能力的亲属监护抚养,依法履行监护职责和义务,确保孤儿在熟悉的家庭环境中成长。

2. 家庭收养(办理收养)。尽早对符合条件的孤儿,依法开展家庭收养工作,遇难学生家庭愿意收养地震孤儿的可优先安排收养。

3. 家庭寄养。对于无法被家庭收养的孤儿,要通过家庭寄养为孤儿提供家庭化的照料模式。当地民政部门要按照民政部《家庭寄养管理暂行办法》的要求,选择有爱心、有条件、有能力的家庭开展家庭寄养,并切实加强对寄养家庭的监督、指导和服务。

4. 类家庭养育。招募社会上符合条件的爱心家庭,通过建立集中或分散的家庭式设施养育孤儿。每个家庭为3—5名孤儿提供养育服务,使孤儿能够在家庭环境中健康成长。

5. 学校寄宿。对在校和适龄读书的孤儿,根据他们的意愿,安排在原学校和市内其他条件好的公办学校读书;学校为他们提供住宿和生活照顾、管理。凡被分配安置任务的学校都必须无条件接收。

6. 集中救助安置。上述方式尚未安排完的,首先过渡安置在绵阳市社会福利院和绵阳市梓潼儿童福利院。同时,要抓紧规划,筹建“绵阳市儿童福利机构——绵阳市儿童村”。

(二)切实做好孤老、孤残人员安置工作

按照属地管理的原则,确保孤老、孤残人员的生活和身心健

康。在过渡期中，我市重灾区孤老、孤残人员的安置采取自行安置和对口帮扶安置相结合的办法。江油、安县实行自行安置，北川、平武实行对口安置，由涪城区、游仙区、三台县、梓潼县、盐亭县负责，安置任务由市民政局分配。各承担安置任务的县区一定要以高度的政治责任感，抓紧作好准备，扎实、细致、有效地做好两孤人员的安置工作。

……

“三孤”人员救助安置管理经费发放办法根据上级文件规定在此次大地震中“三孤”人员每人每月30斤粮、600元钱生活补贴（发三个月），由县市区民政部门按核实后的“三孤”人员花名册以现金或银行储蓄卡形式发放，对有行为能力的，补贴兑现给“三孤”人员本人；对无行为能力的，发给“三孤”人员监护人；是集中供养的，发给供养单位。

资料来源：绵阳市“5·12”抗震救灾指挥部：《关于认真做好“三孤”人员清理确认和安置工作的紧急通知》（绵指〔2008〕169号）。

与国家层面的政策不同的是，绵阳市在孤儿安置中，将集中救助安置作为鼓励领养（亲属监护）、家庭收养（办理收养）、家庭寄养、类家庭养育、学校寄宿之后的补充手段，而不是主要手段，并舍弃了社会助养这种手段；在孤老、孤残人员的安置上，采取自行安置和对口帮扶安置相结合的办法。

2. 政策的落实

该项工作一直由绵阳市民政局牵头，在具体政策的落实上，市民政局做了大量的工作。震后“三孤”安置工作不仅针对地震新增

“三孤”人员，而是统筹所有“三孤”人员进行安置和救助。截至2009年11月，地震新增“三孤”人员603人，绵阳全市共有“三孤”人员23142人。[①]

(1) 安置政策的落实。[②]

地震后，全市共有孤儿1114人（包括地震新增孤儿321人）。绵阳市各级党委、政府及民政、教育、妇联、共青团等相关部门采取多渠道、多种方式，对孤儿进行妥善安置。

一是亲人代养。按照国家政策规定，对有亲属愿意代养的孤儿，由当地乡镇、村与其亲属签订代养协议，实行代养安置；全市共有1002名孤儿由其亲属代养。

二是集中安置。绵阳市将查找不到亲人或没有亲人愿意代养的孤残儿童，统一集中安置在梓潼儿童福利院；全市有84名孤儿（其中地震孤儿10名）被集中安置在儿童福利院。

三是单位、家庭助养。对身体健康、亲人不愿送其社会收养的孤儿，绵阳市动员有爱心的企事业单位和家庭与其签订协议，实行慈善助养安置。全市共有321名孤儿被单位和个人助养。中国人寿保险公司于2008年12月在绵阳市启动“国寿汶川地震孤儿爱心助养”活动，给予地震孤儿每人每月600元的生活资助，直至年满18周岁。

四是社会收养。绵阳市民政局设立公开电话，就地震孤儿收养的有关政策接受社会咨询。依据《中华人民共和国收养法》有关规定，收养登记机关严格把关，重点审查收养方的家庭情况、经济

---

① 参见绵阳市民政局：《关于“三孤”人员安置情况的汇报》（内部资料）。

② 《汶川特大地震绵阳市民政局抗震救灾志》编纂委员会：《汶川特大地震绵阳市民政局抗震救灾志》，2011年7月，第231—236页。

状况、身体健康情况，经多次复查，优中选优，方确定领养。截至2008年11月，绵阳全市共办理2例地震孤儿收养手续。

五是转移安置。在全国妇联、中国儿童少年基金会大力支持、帮助协调下，绵阳市妇联、市民政局、市教育局共同努力，从2008年6月17日起至7月2日止，先后分四批将132名孤儿（其中因震孤儿65名）转移到山东省日照市钢铁集团“安康家园”集中安置就读。北川羌族自治县、平武县、梓潼县、安县、江油市政府在征求孤儿及其亲属意见的基础上，分别与中国儿童少年基金会签订《关于开展把爱心奉献给孩子们——安康家园“爱心大行动”协议书》，由日照市钢铁集团负责资助这批孤儿学习、生活，直到就业。

针对“孤老”和“孤残”，绵阳市主要采取集中和分散的方式进行安置。绵阳各县（市、区）加快对社会福利机构、农村敬老院的重建进度，加固维修受损福利设施设备。截至2008年底，新建55所，维修加固93所，恢复床位4200张；搭建活动板房386套，增加床位678张。全市共利用社会福利机构、农村敬老院集中安置孤老、孤残人员8033人，确保他们的生活得到适宜的照顾。其余孤老、孤残人员（原179人已陆续返回原址进行安置）分散安置在各乡镇和活动板房安置点，由亲属照顾，部分孤老、孤残人员投亲靠友。

（2）救助政策的落实。

2008年6—8月，绵阳市对地震新增603名“三孤”人员按规定及时发放为期3个月的临时生活补助金，月补助金额600元，共补助资金约108.5万元；全市向21735名原“三孤”人员发放临时救助金约3001.5万元，救助标准按每人每月补足到600元。2008年9—11月，对因灾造成的新“三孤”人员603名，每人每月补助400元，共发放补助金72.7万元；向受灾21735名原“三孤”人员发放救助金 1 750 万元，每人每月补足到 400 元。在后续生活救助结束后，绵阳市及时将新“三孤”人员按政策规定分别纳入城市“三无”对象和农村“五保”对象保障范围，发放国家补助金。

（3）健康服务。

对所有“三孤”人员，绵阳市民政局建立了包括姓名、性别、年龄、文化程度、身体状况、饮食习惯、个人爱好等在内的详细档案和基础台账，针对不同对象，采用不同的方式，提供无微不至的关心和服务，保证他们的需求能得到满足。许多“三孤”人员由于失去亲人和家园非常痛苦。为使他们尽快走出地震灾难的阴影，重新树立生活的信心和勇气，绵阳市各级政府积极协调社会各级心理咨询机构，选派心理医生为他们进行专业的心理干预治疗，疏导其创伤的心理，鼓励他们乐观地面对生活；同时，组织动员社会志愿者和专业的社工队伍对他们进行帮助，与他们交心谈心，为他们排忧解难。在各福利院、敬老院“三孤”人员集中安置点设立医务室，配备专业医生，还定期派出医务人员为散居的“三孤”人员巡诊。对需住院治疗的“三孤”人员，及时安排到各医疗机构就医，并派专人护理；对需康复治疗的孤残人员，则安排到残疾人康复中心进行康复治疗，从而保障“三孤”人员有病能得到及时救治。

（4）安全过冬保障。

为确保受灾“三孤”人员安全过冬，绵阳全市以县为单位，对“三孤”人员安全过冬情况进行全面排查，按“一乡一册、一户一卡”的方式建立详细台账。受灾“三孤”人员每人发放不少于两床棉被、一套棉衣裤、一个热水袋，一户一个火炉。市委、市政府多次组织安全过冬督查组，对全市受灾“三孤”人员安全过冬工作进行全面检查、督导，做到重点乡镇必查，其余乡镇抽查，进行入户调查，全面掌握受灾“三孤”人员安全过冬各项保障措施落实情况，及时采取有效措施，确保受灾“三孤”人员得到妥善安置，做到安全温暖过冬全覆盖，不留死角。

二、因灾失地群众安置

促进就业是极为重要的民生工作。震后一些农村居民失去了土地等生产资料，经过临时安置后陆续返乡，又因为当地企业遭受重创无法吸纳全部因灾失地农民就业，对其进行妥善安置就成了保障民生的一项内容。四川省将因灾失地农民安置作为一项专门的工作来抓，这在灾后过渡安置过程中是较为少见的，也与地震中大量耕地损毁、灭失相关。①

1. 因灾失地群众安置决策

2008年10月28日，绵阳市政府办公室转发了四川省政府办公厅的通知②，要求尽快组织有关方面对此情况进行全面调查、汇总。此后，绵阳市各局(委、办)出台了自己的政策。市民政局于11月21日发出《关于做好因灾失地群众返乡安置帮扶工作的通知》(绵市民救〔2008〕93号)，对帮扶对象、帮扶原则和帮扶内容进行明确，并要求主动与国土部门衔接，摸清底数(见专栏4.4)。

---

① 参见四川省人民政府办公厅:《关于做好因灾失地群众返乡安置帮扶工作的通知》(川府办发电〔2008〕140号)，2008年9月11日。

② 参见《绵阳市人民政府办公室转发四川省人民政府办公厅关于做好因灾失地群众返乡安置帮扶工作的通知》(绵府办函〔2008〕249号)。

专栏4.4

绵阳市民政局关于因灾失地群众返乡安置帮扶工作的相关规定

一、帮扶的对象

因“5·12”地震灾害失去土地(宅基地、耕地、林地等),返乡重建有较大困难,且符合帮扶救助条件的受灾群众。

二、帮扶的原则

1. 实事求是的原则。各地在确定帮扶对象时,务必实事求是,按照具体的情况,准确地确定每一个帮扶对象。

2. 优先安排的原则。现行救助政策的要求非常明确,对符合救助条件的对象,要按照要求优先及时安排,确保他们按政策规定得到帮扶救助。

3. 自力更生为主,帮扶支持为辅的原则。主要依靠受灾群众自己的努力,要鼓励受灾群众通过不同的方式自力更生解决面临的各种困难,防止出现等靠要的现象。对确实没有能力自己解决困难并符合救助条件的对象,务必按政策给予及时帮扶救助。

三、帮扶的内容

后续生活救助;冬令春荒救助;发放御寒衣被;农村低保;农村医疗救助;农村新“三孤”安置;资助参加农村新型合作医疗。

资料来源:《关于做好因灾失地群众返乡安置帮扶工作的通知》(绵市民救〔2008〕93号)。

2008年12月2日,绵阳市政府办公室发布《关于进一步做好因灾失地群众返乡安置帮扶工作的实施意见》(绵府办函〔2008〕63

号)，规定按照“自力更生为主，帮助支持为辅”的原则，以“有饭吃、有房住、有地种，近期生活有保障、长远生计有出路”为目标，对地震中损毁耕地(含宅基地、林地)、返乡重建面临巨大困难的受灾群众，通过抓灾毁耕地复垦、抓土地承包权调整、抓农房重建、加快基础设施建设、促进就业等手段安置帮扶。此外，该实施意见还明确了因灾失地群众返乡安置帮扶工作实行属地管理，各县(市、区)人民政府对辖区内失地群众安置帮扶工作负总责，市级相关责任单位进行帮扶(见专栏 4.5)，其中绵阳市国土资源局为牵头单位。

专栏4.5

绵阳市落实因灾失地群众返乡安置帮扶工作的各部门职责

市国土资源局：负责牵头做好因灾失地群众返乡安置帮扶的日常工作。负责灾毁耕地复垦项目的规划设计、实施和管理，农村宅基地的分配和复垦整理，组织实施土地整理开发项目和“双挂钩”试点，组织开展地质灾害危险性评估，组织实施地质灾害避让搬迁工程。

市委农办、市发改委：负责安置帮扶工作的总体协调和督促检查，做好因灾失地群众返乡安置工作的政策制定，指导各地编制新农村建设规划。

市财政局：负责筹集安置帮扶资金，保障帮扶工作的资金需求，抓好资金使用的监管工作。

市建设局：负责组织和督促各地编制村镇规划和村庄规划，提供农房重建设计图例。负责指导农房重建规划选址、基础设施配套建设管理和工程质量安全监督。

市农业局：负责制定农村土地承包权调整政策，指导各地为失地群众调整承包地，开展土地承包经营权流转和灾毁耕地复耕确权；负责为失地群众提供种植技术指导和培训。

市林业局：负责制定灾毁林地修复和重建规划；组织实施重点造林工程，将不适宜复垦的灾毁耕地复垦为林地；指导各地为因灾损毁林地的农户调剂林地承包权，支持农民开展多种林业经营。

市畜牧局：负责对因灾失地群众发展畜牧养殖业给予技术指导。

市劳动保障局：负责失地群众的技术培训，组织实施劳务输出。

市民政局：负责失地群众的困难救助、生活救济、安全过冬以及遇难人员家属抚慰金审核和发放工作。

市交通局：负责组织实施灾毁耕地区域的农村公路建设和工程质量监管。

市水务局：负责组织实施灾毁水利设施的修复工作和工程质量监管。

资料来源：《关于进一步做好因灾失地群众返乡安置帮扶工作的实施意见》（绵府办函〔2008〕63号）。

此后，北川极重灾区因灾失地群众安置工作作为此项工作的重中之重被提到议程上。2009年9月15日，绵阳市委办公室、市政府办公室发出通知，提出了市级部门帮扶北川重灾乡镇，做好因灾失地农民安置工作的政策，明确市级69个部门对口帮扶北川羌族自治县5个极重灾乡镇、84个重灾村的7 700余户、2.4万人。绵阳市委组织部、市纪委、市委宣传部、市委农办、市直机关工委负责所帮扶乡镇的牵头工作。其中，市直机关工委负责该项工作的

日常情况收集、整理、上报等工作，市目标督查办负责对该项工作进行专项督查，市重建办负责该项工作的综合协调。市级各部门主要领导是帮扶工作的第一责任人，并确定一名行政副职领导具体落实帮扶工作，派出2—3名工作人员驻村帮扶。[①]

2. 决策的落实

因灾失地群众安置帮扶工作事关群众利益、社会稳定和灾后恢复重建，在群众自愿、确保安全的前提下，本着“就近、就地、分散、安全”的原则，绵阳市成立了因灾失地群众返乡安置帮扶工作领导小组，实行“一把手”负责制、包干负责制和属地管理责任制，从制度上保证因灾失地农民安置帮扶工作落到实处，并采取一镇一村一策的办法层层落实。另一方面，绵阳市还做好因灾失地群众安置后续发展工作，提供广泛的就业平台，开展职业技能培训，有力地确保了因灾失地群众的利益。[②] 下面以绵阳市级部门对口帮扶北川重灾区以及绵阳市民政局对于陈家坝乡的帮扶为例说明绵阳市因灾失地农民安置帮扶决策的落实。

案例一 绵阳市级部门对口帮扶北川重灾区[③]

1. 具体措施

摸清工作底数。在2009年9月15日相关通知下发后，绵阳

① 参见中共绵阳市委办公室、绵阳市人民政府办公室：《关于市级部门帮扶北川重灾乡镇做好因灾失地农民安置工作的通知》(绵委办〔2009〕80号)。

② 《省督导组赴江油安县督导因灾失地农民安置帮扶工作 切实解决特殊困难群众安置帮扶问题》，http://www.my.gov.cn/MYGOV/147211412819673088/20110520/567449.html。

③ 部分引自《市级部门帮扶北川因灾失地农民返乡安置工作阶段总结》(简报第二十六期，2009.12.2)，http://www.my.gov.cn/bmwz/945508531631554560/20100324/485833.html。

市各部门迅速研究落实分管领导，确定驻村人员。9月22日前，派驻84个村的157名干部全部到位，很快摸清帮扶村和帮扶群众的基本情况，确定了帮扶工作的方向、重点和切入点，提出帮扶工作措施720条次。

动员群众返乡重建。绵阳市相关部门深入安昌板房区、擂鼓板房区、任家坪板房区及各乡镇的临时安置点，通过座谈、召开村民大会、走访、拉家常等形式向群众宣传返乡安置政策；与乡、村干部一起确定返乡工作的重点对象，通过做通重点对象的返乡工作影响带动周围群众；发动因灾失地暂住在亲朋好友家的村民的亲属、朋友对其做说服工作，劝其尽快返乡重建。一些部门对带头返乡的群众给予精神和物质奖励，为返乡群众提供车辆、帮助搬运生活用品等服务，赠送彩条布、帐篷、米、油等物资，用于群众返乡后的临时安置。与村干部、党员一起研究返村群众的临时安置，动员村干部、党员挤腾自有住房临时安置群众。据不完全统计，市级部门为返乡群众提供各类服务7 160余人次，基本完成了帮助群众返乡的工作。

帮助群众选择安置地。市级部门将专家指导论证、规划部门规划与群众安置意愿有机结合，协调地质“洋”专家与群众“土”专家对拟选定的集中安置点进行地质灾害评估、建房地址勘测。组织动员4 053户、12 480名群众进驻95个集中安置点安置，帮助2 281户、7 335名群众选择分散建房点1 883个。

帮助群众重建农房。绵阳市级部门通过多种形式引导选择集中安置方式的群众进行统规统建、统规联建或统规委托代建，帮助分散建房的群众选择所建房屋的样式、结构、面积和户型。帮助办理贷款手续、组织砖和水泥等建材物资、联系车辆运送等。部分单位向建房群众赠送水管、发电机，帮助协调挖掘机等设备，帮助群众尽快、加快开工或建房进度。一些部门协调建材供应商进驻村民集中安置点提供检验合格的钢筋、水泥、红砖、水管等建材，帮助群众减少购料运费及运送时间，降低建房成本，确保建材质量。驻村干部协调规划建设部门帮助培训村民质量监理员，提高村民的质量安全意识，组织村民监理员到建房点巡查，协助查找质量问题，及时消除隐患，确保建房质量。

帮助整治基础设施。派驻干部积极协调挖掘机、炸药等，帮助村民疏通村道、人畜便道、机耕道等道路，以方便群众返乡、运送建材、修建房屋。和水利专家、村民一起寻找水源地，确定引水线路和方案；通过部门资助、职工捐赠、协调社会资金等方式筹集资金，帮助村民修建水池、水渠、泵站、管道，满足村民生活和建房用水的基本需求；协调电力部门恢复或新架设电线，以保群众生产生活用电；协调移动、联通、电信等部门恢复或新建基站，解决部分村通信不畅的问题；协调相关部门在村民集中安置点建日用品购销点103个，保证货源供应，方便群众日常生活。

帮助群众逐步恢复生产生活。驻村干部与群众一道测量因灾损毁土地面积，及时报送耕地损失情况，争取国家的土地整理项目，以求尽快恢复耕地，恢复生产。一些部门为群众提供技能培训，组织村民参加县乡举办的培训班，联系长虹、九洲等企业为联系村群众提供就业岗位；引导村民不等不靠就近务工，增加收入；部分市级部门根据联系乡镇联系村的土地资源、气候条件帮助进行玫瑰、花椒、核桃、药材等生产规划，积极协调林果站技术人员进村，帮助管理果树，协调生态修复资金，尽量帮助群众在重建住房的同时尽可能恢复生产。

落实救助政策。绵阳市民政局充分利用民政各项救助政策，将符合条件的困难户纳入最低生活保障；加大对因灾失地农民中的困难群众的临时生活救助、医疗救助和学生上学救助，对遇难学生家庭和“三孤”“五保”、特困户、遇难人员家属的救助，及时解决他们的实际困难。[1]

2. 保障措施

领导重视，带头做好帮扶工作。市级领导亲自参加帮扶工作。市委书记吴靖平，副书记、市长曾万明，政协主席张世虎，人大党组书记、副主任左代富及市级33个领导先后多次深入北川县、乡、村、安置点、农户家中调研情况，实地踏勘农房选址，查看重建进度，听取群众意见，查找解决问题。市级各部门领导带头参与帮扶工作，69个部门“一把手”先后深入联系村270余人次，亲自开展帮扶工作，帮助解决群众返乡建房中的具体困难。

管理制度保障。市委组织部、市纪委、市委宣传部、市委农办、市直机关工委按照市委的要求，积极协调，并建立沟通协调机制。各牵头部门探索建立相关管理和工作制度，建立会议制度、交流制度、信息通报制度，及时掌握工作进度、发现问题、交流经验；建立与市县部门联系制度，发挥市、县优势；建立考勤签到制度、请销假制度，督查暗访制度、工作报告制度、点评通报制度等，确保帮扶工作务实推进。

资金保障。绵阳市委、市政府安排专项资金494万元用于驻村工作中帮助群众解决公益设施建设。副市长召集相关会议落实，市财政局迅速调集资金按照各部门承担安置工作任务的情况，分别拨付各部门5万—10万元。为确保经费用于安置群众，财政局、工委制定了资金使用的范围和要求，会同市纪委（监察局）、审

---

① 《汶川特大地震绵阳市民政局抗震救灾志》编纂委员会：《汶川特大地震绵阳市民政局抗震救灾志》，2011年7月，第243页。

计局加大对资金使用的监管，以确保资金用于群众急需的水、电、路的修建。市级部门挤出经费，保障了各工作组人员的必需经费。

督查保障。绵阳市目标督查办抽调工作人员组成6个督查组，采取明察暗访、每月轮换、查问题与宣传典型结合等方式对市级部门的帮扶工作进行经常督查。督查工作人员深入建房点、农户家中访察、检查人员的到位情况、检查措施的落实情况、检查工作的进展情况、检查群众对帮扶工作的反映，编印11期督查专报，查找反映25个相关问题，提出29条工作建议。绵阳市直机关工委通过派出工作组到乡村召开座谈会、实地查看群众建房安置点、与群众交流座谈、听取驻村干部意见和收集整理文字资料等督查各部门的驻村工作。

宣传保障。绵阳市直机关工委建立了帮扶工作专报，组建5个片区信息收集、整理、编送组，及时反映市级各部门开展帮扶工作的情况，畅达领导、部门、驻村工作组情况沟通渠道，共编制专报25期，对69个部门的情况作了410余条次的反映；建立了工作进度周报制度，每周对各部门的工作情况进行数据和文字的整理；指导各部门建立了因灾失地农民基本情况台账。充分发挥新闻媒体的宣传作用，与市委宣传部一起部署对帮扶工作的专题宣传，通过《四川日报》《绵阳日报》《绵阳晚报》、绵阳电视台、绵阳政务网、工委网站等媒体宣传帮扶北川工作67条次，并对19个集体和个人进行了专项宣传。

截至11月30日，69个市级部门共组织2万余名群众返乡，占应返乡群众总数的97.3%；帮扶的7001户应建房农户中，90.5%已选定宅基地，4391户已开工，1823户已完工，分别占总数的62.7%和26.0%

案例二 绵阳市民政局对口帮扶陈坝乡[①]

绵阳市民政局从2009年9月开始承担对北川羌族自治县陈家坝乡红岩、金鼓、太洪、龙坪、勇敢5个村失地农民的安置帮扶工作。市民政局成立以局长张学民为组长，机关党委书记李丹玲为副组长的因灾失地农民安置工作领导小组。2009年9月16日，派出2名工作人员进驻陈家坝乡，对5个村因灾失地农民开展安置帮扶工作。从9月18日开始，工作组成员经过10多天翻山越岭，逐村、逐户的核实，基本摸清情况，最终锁定帮扶5个村因灾失地农民共260户、904人需要安置。其中：红岩村因灾失地农户71户、256人，集中安置69户，投亲靠友异地购房2户；金鼓村因灾失地农户38户、140人，集中安置16户，分散安置19户，投亲靠友异地购房3户；太洪村因灾失地农户120户、383人，集中安置39户，分散安置65户，投亲靠友异地购房16户；龙坪村因灾失地农户23户、87人，集中安置1户，分散安置11户，投亲靠友异地购房11户；勇敢村因灾失地农户8户、38人，集中安置3户，分散安置5户。

帮扶工作组通过召开村、组干部座谈会，入户调查等方式，加强宣传省、市、县的农房重建、困难户重建补助政策、《北川羌族自治县“5·12”地震因灾失地农户安置办法》和补充办法，准确掌握每个因灾失地农民家庭的具体问题，认真倾听他们对农房重建、安置和生活救助等方面的意见和建议。同时根据每户实际情况，同乡、村、组干部一道帮助重建选址，并制订详细的重建和安置计划，

① 《汶川特大地震绵阳市民政局抗震救灾志》编纂委员会：《汶川特大地震绵阳市民政局抗震救灾志》，2011年7月，第242—244页。

积极鼓励其自力更生，勤劳重建。

帮扶工作组注重科学重建、安全重建，积极协调地质勘察院，对各安置点进行灾害评估，做到集中安置点重建有设计院进行勘察设计，按程序开工建设。积极配合监理公司对建筑质量、安全进行定期和不定期检查、监督，保证每点至少有一个监理。配合质量监理20余次对帮扶5个村的自建户进行检查，对查出违规和有质量安全隐患的47户自建户，提出整改意见，按照监理的要求进行监督整改。通过8个月的艰苦努力，帮扶5个村因灾失地农民房屋修建全部竣工，并于2010年5月7日通过验收。

从10月下旬开始，局领导带队对陈家坝乡群众安全温暖过冬进行全面排查，掌握居住在板房、自建过渡房和帐篷中的困难群众的基本情况和在寒冬来临之际群众的需求，并向上级提出对自建过渡房和帐篷采取保暖措施，发放大米、食用油，进行后续临时救助等建议。“中秋”“国庆”期间，市民政局局长张学民带队，组成5个组，分别对帮扶5个村的13户遇难学生家属和22名“三孤”人员入户慰问。11月25日，组织“送温暖、献爱心”主题实践活动，由局领导、调研员、各科室、局直属各单位相关人员对5个帮扶村的“三孤”人员、五保户、低保户、遇难学生家庭、因灾家庭成员遇难户、因灾家庭成员致残户进行慰问，用市民政系统干部职工捐赠的2万余元购买物资，为每户送去大米10斤、菜油1桶、防寒衣1件，帮助温暖过冬。春节前，市民政局再次组织对260户失地农民进行慰问，及时送去党和政府对他们的关心。

此外，绵阳市民政局及时下拨市财政8万元专项公益设施建设补助资金，其中太洪村2万元，红岩村、金鼓村、龙坪村、勇敢村各1.5万元，用于群众公益设施建设。根据5个村的实际情况，大力培育种植养殖产业，帮扶养殖大户发展；培育林业产业，逐步恢复发展生态，发展生态旅游；加大劳务培训，组织劳动输出；引导带动以个体为主的第三产业发展，确保因灾失地农民的生产和发展。

三、地震伤员返乡安置

绵阳市转移到外地救治的地震伤员4 000余人，其中市统一组织转移3 381人，部分自行转出和直升飞机直接救出到外地救治的伤员约700余人。这些伤员分布在重庆、湖北、广东、广西、辽宁、北京、山东、山西、陕西、浙江、湖南、江苏、天津等10余个省（自治区、直辖市），以及省内遂宁、南充、眉山等地。经过治疗后，部分轻伤员从5月20日开始返乡。6月11日，大批伤愈返乡地震伤员和陪护人员从远至大连、广州、杭州，近则重庆、西安陆续返回绵阳。

1. 决策过程

绵阳市委、市政府对地震伤员返乡工作非常重视，指定市民政局负责组织接收、安置。市民政局接受任务后，立即启动接收安置工作，及时成立地震伤员接收安置领导小组；确定以市救助管理站为集中接收点，由市救助管理站负责接送全市地震伤员，各县（市、区）负责接收安置所辖地地震伤员的工作机制。各县（市、区）也成立相应的接收、安置机构。

2008年6月15日，根据四川省民政厅、省财政厅此前下发的通知[①]，绵阳市民政局、市财政局联合发出明电通知，要求认真落实地震伤员赴省外就医返回交通食宿补助政策。对于省外就医返乡

---

① 即2008年6月12日四川省民政厅、省财政厅下发的《关于做好赴省外就医地震伤病员伤愈返程工作的通知》，强调接收、安置地震伤病员的重要性和要求，规定省外就医地震伤病员及陪护人员返乡途中的食宿补助标准。

伤员,按1名伤员1名陪护人员给予补助,其中:对于自行返乡的人员,一天之内到达目的地的,一次性发给每人伙食费50元,在返乡途中住宿的,发给每人每天食宿费150元包干使用;对于指挥部或民政部门接送人员,每人每天发给伙食费50元,中转住宿的(含在救助站中转住宿的),由民政部门按每人每天100元以内安排住宿,凭发票实报实销;在省外就医的截肢、截瘫和精神病人,按1名伤员和1—2名陪护人员给予交通食宿补助;在省外就医死亡人员的陪护人员,根据实际情况按1—2名陪护人员给予交通食宿补助。

10月13日,根据四川省财政厅文件[①]精神,结合本市实际,绵阳市财政局、市卫生局、市民政局、市劳动和社会保障局、市残疾人联合会发出《关于汶川地震出院伤员后续医疗有关问题的通知》(绵财社〔2008〕87号),明确规定对地震伤员的后续医疗实行免费医疗,后续医疗的免费期限为2008年12月31日;免费期满后的各种医疗费用,按正常渠道和办法执行。

2. 决策的落实[②]

绵阳市领导高度重视地震伤员返乡安置工作,市政府副市长、副秘书长张明桂代表政府对地震伤员进行慰问,稳定地震伤员的情绪,并协调财政部门及时保障应急经费。绵阳市民政局局长杨学辉多次协调、指导接待工作。

地震伤员返乡接待量大,仅交通、食宿等方面就远远超出绵阳市救助管理站的接待能力。受领任务后,绵阳市救助管理站动员

---

① 参见四川省财政厅、省民政厅、省劳动和社会保障厅、省卫生厅、省残疾人联合会:《关于汶川地震出院伤员后续医疗有关问题的通知》(川财社〔2008〕88号)。

② 《汶川特大地震绵阳市民政局抗震救灾志》编纂委员会:《汶川特大地震绵阳市民政局抗震救灾志》,2011年7月,第236—241页。

全部力量，成立由党支部书记、主持工作的副站长为组长的领导小组，制定接收、安置地震伤病员工作流程及工作制度，指定专人负责伤员资料查询接收、车辆协调、途中运输、食宿保障。市救助管理站加强同护送地的民政部门、卫生部门联系，提前了解并掌握返乡伤员、陪护人员的人数、伤情、地址以及车次、到站地点等详细资料，随时了解、掌握伤员变化和途中运行情况，及时通报给伤员户籍所在地民政部门做好接收、安置准备。

地震伤员及陪护人员大多是由医疗单位送到成都火车站或双流机场，从成都到绵阳的运输由市救助管理站负责。面对救助管理站车辆不足的情况，市政府从捐赠车辆中调配三台，市民政局与市抗震救灾指挥部车辆调配处联系，协调转运车辆 110 多台次。同时，市民政局和市救助管理站还主动向四川省民政厅汇报争取支持，省民政厅协调安排成都到绵阳运送伤员大巴车 60 余台次；请求省卫生厅、市卫生局支援救护车辆 70 余台次；市救助管理站自己出车、租车 200 余台次。

地震伤员返乡多是批量返回，且行李较多，最多的一次从武汉返回地震伤员 200 余人，加上陪护人员共计 500 余人。在成都火车站下车时，为尽快、有序组织伤员下车，绵阳市救助管理站与成都火车站协调车辆停放位置、上车场地，与成都军供站、在成都火车站值勤的哈尔滨特警沟通请求支援，得到积极支持，500 余人在 30 分钟内顺利完成转车。在接收地震伤员期间，市救助管理站得到成都军供站、哈尔滨特警、四川工业大学、双流机场、成都火车站等单位的大力支持，他们及时组织派出志愿者 30 余次、1 500 余人帮助、协助抬运伤员上下车。

为接待地震返乡伤员，市救助管理站在院内搭建 20 余顶救灾帐篷，租借 20 余张餐桌、200 余张座椅，安置 20 余台电风扇，准备

(借用)10付单架、10张轮椅,增加临时床位30余张,更新被褥和生活用品200余套,休息场所配备开水、饮用水、防暑药品,以减少受助人员待站时间。这些措施改善了市救助管理站的接待条件,增加了接待能力。市救助管理站在自身接待能力不够时,与邻近饭店达成协议,按每人每餐30元的标准为伤员、陪护人员供应热菜、热饭;还为每名伤员、陪护人员在返乡途中准备一份方便食品(价值20元);向地震伤员、陪护人员发放慰问信5 000余份,表达同情、慰问之情,宣传安置政策,在力所能及范围内帮助他(她)们解决困难和问题。

绵阳市卫生局在市救助管理站内设立医疗保障和专家鉴定组,对伤员进行伤情鉴定,需继续治疗的由市卫生局及时安排,随时保障地震伤员的医疗。在地震伤员返乡过程中,市卫生局派出30余次医疗组伴随保障,安排800多人二次住院治疗。

在此期间,绵阳市民政局加强与四川省民政厅以及湖北、陕西、湖南、江苏、重庆等10多个伤员治疗地民政、卫生部门的联系沟通,做好衔接安排;为确保地震伤员运输途中的安全,积极与市卫生局协调医疗保障措施,重伤员返乡提前通报给市卫生局作好二次住院治疗安排;在成都到绵阳运输中,要求市卫生局派救护车和医疗组实施途中保障;从捐赠物资中为市救助管理站调拨3吨方便食品、20顶救灾帐篷以及部分应急物资,在市救助站人手不足时从民政局直属单位抽调200余人次支援。游仙派出所、涪城区和游仙区部分社区组织志愿者50余人次到市救助管理站为返乡伤员服务,维持秩序。

截止到2009年3月29日,绵阳市出动工作人员800余人次,组织社会志愿者2 000余人次,累计安全接回、妥善安置返绵"5·12"地震外出就医伤员及陪护人员6 312人,其中伤员2 542

人,陪护 3 770 人,共用经费 90 余万元。经绵阳市救助管理站接回、接待的地震伤员及陪护人员,以北川县最多,伤员达 1 351 人,陪护2 322 人。各县(市、区)分布,见表 4-1。

表 4-1 绵阳市救助管理站接回、接待的地震伤员及陪护人员

县(市、区)	伤员(人)	陪护(人)
北川县	1 351	2 322
平武县	307	469
安　县	405	416
江油市	271	285
涪城区	80	90
游仙区	71	93
三台县	31	55
梓潼县	7	11
盐亭县	6	10
高新区	13	19

此外,绵阳市还针对极重灾区的学生进行了异地复学安置。截至 2008 年 11 月底,绵阳市学生异地复学共计 2 131 人,其中小学生 603 人,初中生 47 人,普高生 75 人,中职生 1 406 人。转移省外就读的学生(不含投亲靠友和随家长外出就读的学生),以河北省最多,达 1 070 人。具体所在省份及人数见图 4-2。[①]

第五节　相关问题的探讨

总体来看,绵阳市过渡性安置工作较好地实现了预期的各项目标,为今后特大自然灾害过渡性安置工作提供了经验和借鉴。

① 郭伟等:《汶川特大地震应急管理研究》,成都:四川人民出版社 2009 年版,第 207 页。

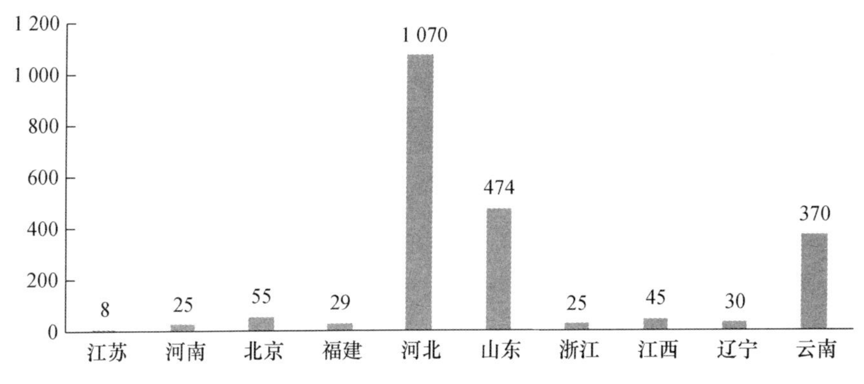

图 4-2　绵阳市异地复学的学生分布及人数

但由于汶川特大地震灾害的突发性和应对经验的不足,不可避免地存在一些需要加以改进和完善的地方。当我们回过头来审视绵阳市过渡性安置工作,有以下几个问题值得探讨。

一、过渡性安置方式的选择

在进行过渡性安置的决策时,绵阳市政府面临着安置地点、安置方式的矩阵群选择,更在人、财、物的限制之下,面临着安置主体、安置对象和安置区域的选择,并在出台政策的时候设置安置标准(见图 4-3)。中央政府对此的规定通常是指导性的,需要省级甚至市级政府进行明确或根据实际情况迅速进行政策创制。

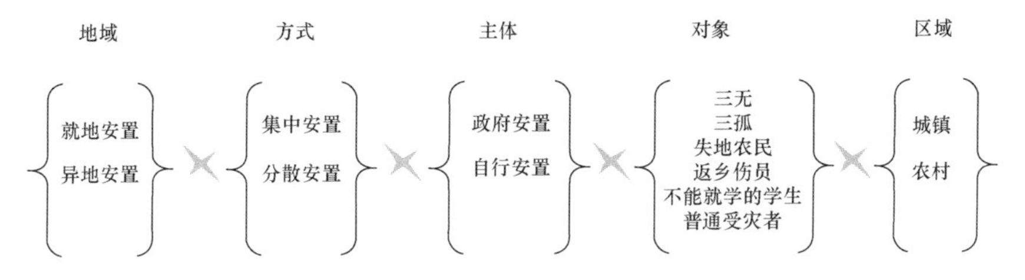

图 4-3　过渡性安置方式选择矩阵

对于过渡性安置方式的选择,中央和四川省政府的相关政策中仅提出了具体的几种方式和基本原则，对于什么样的对象，选择什么样的安置方式并没有具体的规定，需要绵阳市自行规定。在所有安置方式中，帐篷安置、活动板房安置、自建过渡安置房、加快修建永久性住房是主要的安置方式。在安置的时间长短上，帐篷安置时间最短，而永久性住房安置则完全与恢复重建接轨，安置时间最长。集中板房安置、自建过渡安置房可接替帐篷安置，而修建永久性住房则可替代前二者。选择何种安置方式，以何种速度替换安置方式，都需考虑到受灾群众的实际需求、绵阳市地理情况、土地永久性存续利用等问题，否则容易形成几种安置方式用地上的矛盾，影响过渡安置、恢复重建的进度，且对土地资源长期发展的配置和利用造成影响，对绵阳市当地农民的生计和相关产业造成损害。

在这里，我们重点讨论集中活动板房安置这种方式。历史上，在唐山大地震的恢复重建阶段，曾经因初期过渡性安置房的规划选址不够科学，安置房建设不当，给后期永久性住房带来建设困难。绵阳市接受这个教训，从最初的规划阶段就力求避免这个问题，强调规划先行，既要解决当前问题，又要考虑长远利益。但是，由于事发突然，实战经验缺乏，工期要求时间紧迫，加上急于求成，在土地资源利用上还是不可避免地出现了一些问题。

绵阳市以山地居多，平地相对较少，大面积相对平坦的地块更少，耕地资源相当紧缺。但是集中建设活动板房安置区需要成片的平坦地块，按照规定，集中单元建设需要达到1000套，大约需要110—120亩土地。受地理地貌限制，绵阳市在建设部分板房集中安置区时，由于实在找不出符合《过渡安置房规划建设指导意见》要求的场地，建设用地主要来自对农民耕地的征用。这些被征用的耕地，由于建设活动板房造成的地面硬化等因素，短期内很难恢复耕种能力。按照原有计划,板房使用期限一般为3—5年,但是从绵阳市的情况看,活动板房安置点完全拆除,释放所占用的土地,所需要的时间比预计的3—5年更长,对当地农业生产产生了较大的负面影响。此外,由于一些活动板房安置区占用了部分的土地资源,导致永久性住房恢复重建的用地受到挤占,反而延误了恢复重建的开展。由此可见,尽管活动板房在当时来看是比较理想的选择,但也产生了更多的问题,应减少板房的使用。在2015年8月本书项目调研组一行在绵阳市实地调研座谈过程中,大家也表达了类似的观点。

从绵阳市的经验和教训来看,对于土地资源紧张的地区,为了更好地进行过渡安置、恢复重建,保护和合理利用土地资源,在安置方式上,对于普通农村居民,由于农村地区生产与生活房屋多合一,与城镇地区生产设施与生活住房分离、恢复重建需要3年的过渡安置阶段不同,过渡安置期相对来说较短[①],可优先选择帐篷安置,此后利用过渡安置房、维修加固原有住房、投亲靠友等方式对帐篷安置方式进行替代,并通过提高金融支持力度加快修建永久性农房、货币安置等方式完成住房的恢复重建,形成对此前安置方式的完全替代,尽量减少活动板房的使用,有限的活动板房用于公共设施;对于城镇居民,在帐篷安置之余,通过投亲靠友、维修加固原有房屋、货币安置等方式进行安置,活动板房安置用地也尽量选择原有建筑用地。

二、政策执行主体的多元化

在抗震救灾和恢复重建的前三年期间,绵阳市除了转发中央

---

① 国家减灾委员会 科学技术部抗震救灾专家组:《汶川地震社会管理政策研究》,北京:科学出版社2008年版,第55—56页。

和省级(含部门)发布的有关过渡性安置政策文件外,以市政府、市抗震救灾指挥部、市属职能部门和县市政府、抗震救灾指挥部、职能部门等名义印发了多部过渡性安置政策文件。从这些政策的实际执行情况来看,包括绵阳市各级政府部门("条条块块")、基层组织、受灾群众、社会力量等在内的执行主体多元化,是绵阳市完成过渡性安置工作的重要执行主体保障。

政策执行主体之一是绵阳市政府和各部门。不论是在集中安置区或安置点的管理和服务上,还是对因灾失地农民的帮扶安置上,绵阳市委、市政府的各个部门都有自己职能内的明确分工,也有对应到某个区域的包干任务。与此相对应,绵阳市所辖县(市、区)的各个部门也是如此。在市级和县级层面上,建立这些"块块"之间的协调机制,极大地促进了绵阳市过渡性安置工作的开展。灾害发生后,由上级某个职能部门包干下级某个地区的过渡安置和恢复重建在如今已成为惯例。此外,在过渡性安置工作的监督上,市政府领导多次视察、检查过渡安置工作,纪检部门关口前移、全程监督,各个职能部门多次发文、派出工作组对工作进行检查指导,通过信息披露接受社会各界的广泛监督,实现工作的可监控性。

政策执行主体之二是基层组织和受灾群众。在集中安置区和安置点建设临时社区委员会,组建临时党支部,充分发挥民主自治,极大地调动了基层干部、党员和普通民众互帮互助、共建家园的积极性。[①]

政策执行主体之三是社会力量。过渡安置阶段不仅是受灾群众从"救命"到"安身"的过渡阶段,也是地震后社会组织从无准备

① 详见本章第二节集中安置部分。

状态下参与公共事务,到有目的、有准备参与社会公共事务的过渡阶段。政府在灾后一段时间内,在一系列微观问题的处理、个性化需求的满足方面,存在着先天缺陷,而汶川地震后市县政府损失了大量的干部,有些干部因为心理压力过大而自杀[1],政府力量严重不足,但过渡安置期内工作量大,政府公共服务供给相对短缺,给社会力量的参与留下了极大的空间,相对于需要较强专业技能的紧急救援阶段,大量的社会组织和志愿者能够发挥更大作用。在过渡安置期内,多个社会组织进入绵阳市,在集中安置区,从事居家照顾、心理抚慰与疏导、基础设施的修建、社区关系修复、弱势群体关怀照顾;在农村,为受灾村民提供搭建临时过渡安置房的材料、资金和技术支持。如广东狮子会在绵阳魏城镇试点建设竹木结构过渡安置房,友成基金会在绵阳遵道镇探索试点建设轻钢结构过渡安置房,都在一定程度上优于当时最普遍采用的自建过渡性安置房和活动板房,但由于未能及时向政策制定者反映,未能大面积推广。[2]

冯俏彬认为,政府、市场、志愿部门并不是完全分割对立的部门,三者的关系从互相替代、挤出到有效合作的现代化趋势已无法阻挡。[3] 外国学者对于社会力量的理论描述,经过了市场部门失灵—政府部门失灵—志愿部门失灵三个阶段。萨拉蒙归纳了志愿失灵的四个表现:一是基于资源有限性的“慈善供给不足”,二是基

---

① 阿建:《在难中——深度访谈北川乡镇书记》,北京:人民文学出版社2009年版,第116—121页。

② 钟开斌:《风险治理与政府应急管理流程优化》,北京:北京大学出版社2011年版,第219页。

③ 冯俏彬:《应急财政——基于自然灾害的资金保障体系研究》,北京:经济科学出版社2012年版,第25—34页。

于特定目标群体的“慈善特殊主义”，三是“慈善组织家长式作风”，四是基于专业性不足的“慈善业余主义”。[①] 汶川地震的经验表明，在过渡安置期内，社会力量自身的资源和项目较为缺乏，没有有效的资源配置机制，行动缺少本土化、专业化的长期规划，对于政府工作并没有起到较好的补充作用。社会组织的行动还表现出空间和时间上的非均衡性以及自律机制的缺乏。在空间上，草根民间组织和志愿者往往选择活动于媒体曝光率较高的地方，容易造成人员、物资扎堆，而一些急需的地方则无人问津、资源匮乏，造成公平性的质疑，给政府的救灾工作造成被动；而在参与时间上，随着时间的推移，灾区志愿者以非正常的速度流失。[②] 随着社会力量参与救灾的热情日益高涨，如何引导社会力量规范、有序、有效参与灾后过渡安置期的救灾工作，已经成为绵阳市政府不得不面对的问题。2015 年 10 月出台的《民政部关于支持引导社会力量参与救灾工作的指导意见》对这个问题做出了指导，在重点范围这个部分中规定，在过渡安置阶段，有序引导社会力量进入灾区，注重支持社会力量协助灾区政府开展受灾群众安置、伤病员照料、救灾物资发放、特殊困难人员扶助、受灾群众心理抚慰、环境清理、卫生防疫等工作，扶助受灾群众恢复生产生活，帮助灾区逐步恢复社会秩序。相对于这个全国性指导文件，绵阳市等市级政府完全可以结合过往灾害经验，先行先试，探索具体的实施方案和操作办法。

---

① 〔美〕莱斯特·M. 萨拉蒙：《公共服务中的伙伴——现代福利国家中政府与非营利组织的关系》，田凯译，北京：商务印书馆 2008 年版，第 47—50 页。

② 郭虹、庄明：《NGO 参与汶川地震过渡安置研究》，北京：北京大学出版社 2009 年版，第 151—175 页。

三、政策执行的资金保障

在中央及四川省政府出台相关文件对过渡安置期间受灾群众生活保障的政策项目进行规定后，绵阳市政府对政策进行了落实（包括发通知、培训工作人员等），并通过调研、总结、检查，在原来5项政策（因灾“三无”群众每人每天10元钱、1斤粮，补助期限3个月；因灾新“三孤”人员每人每月600元，补助期限3个月[①]；因灾死亡人员家属抚慰金每死亡一人发放5000元；自建过渡性安置房每户补助2000元；地震灾区农村居民重建住房补助）的基础上，根据实际情况新增了一项唐家山堰塞湖三分之一溃坝淹没区疏散撤离群众临时生活补助。这几个明确的救助项目对于整个国家来说，都是新创设的救助项目，瞄准的目标都是特殊的受灾群众，比如“三无”群众、“三孤”群众、房屋倒塌的群众，对于一般受灾群众并没有提供政策性的照顾。这种针对特殊群众重点救助的思路此后也贯穿于历次重特大自然灾害的救助工作中。在实物救助方面，在灾后的半年多时间里，绵阳市采取本地组织加工和市外调入成品粮相结合的方式，累计向全市250余万名救助对象发放救灾成品粮11.82万吨、食用油5079吨。[②] 然而，在补助资金方面，绵阳市在实际操作中遇到了一些麻烦。

因为是新增项目，在实际操作中没有之前的经验支持和资金准备，导致绵阳市在执行过程中在救助需求统计、资金拨付发放等环节都出现了一定的问题。从2008年8月至12月，绵阳市民政

---

① 参见民政部、财政部、国家粮食局:《关于对汶川地震灾区困难群众实施临时生活救助有关问题的通知》(民发〔2008〕66号)。

② 根据四川省民政厅提供的《汶川特大地震抗震救灾志(卷六)·灾区生活志》资料长编整理。

局每个月统计救助情况时，都表达了对救助资金缺口的担忧；从10月开始，更是每月向上报送关于生活救助项目资金的报告，反映救助需求被砍、资金拨付不足等情况。[①]

绵阳市过渡安置期内需救助人口的统计数据一直在变动。绵阳市的过渡性生活救助分为两个阶段：6—8月为临时生活救助，9—11月为后续生活救助。根据9月份绵阳市民政局提供的数据，6—8月全市需实施生活救助人口有近250万人，但其报送至四川省的方案对人数进行了缩减。[②] 出现变动的原因，一部分在于统计上的问题，不断有外出务工的群众返回后申报政府救助；一部分在于高新区在城市住房震后鉴定完毕后大量房屋需重建和加固维修，新增了因灾"三无"人员，增加了救助人数。而9—11月的后续生活救助方案中，拟定的需后续生活救助人口为76万多人。

需救助资金也一直处于缺口状态，延缓了受灾群众救助金的领取。截至2008年12月5日，绵阳市应向125万余人发放生活救助，已发放后续生活救助36.5万人、1.1亿元。主要原因在于四川省与绵阳市认定的需救助人数不一致，资金下拨速度过慢，市县政府本身财政资金不足，以及发放程序未得到严格执行。四川省救助金采取分5次进行预拨，三个月结束后进行清算时，绵阳市才发现四川省确认的救助人数小于绵阳市上报的需救助人数。此时做一些工作为时已晚。在发放过程中，个别地方存在平均发放

---

① 参见《绵阳市民政局、绵阳市财政局关于"5·12"地震灾区困难群众临时生活救助及农房重建政策兑现情况的报告》(绵市民救〔2008〕78号)，2008年10月20日；《绵阳市民政局、绵阳市财政局关于"5·12"地震困难群众临时生活救助资金缺口的紧急报告》(绵市民救〔2008〕83号)，2008年11月7日；《绵阳市民政局关于解决我市"5·12"地震受灾困难群众临时生活救助金缺额的紧急请示》(绵市民救〔2008〕106号)，2008年12月11日。

② 《关于"5·12"地震受灾群众安置情况的调研报告》(内部资料)，2008年8月9日。

等现象。[1]

其中，资金下拨速度过慢体现在以下几个方面[2]：

一是资金下拨不及时。根据绵阳市的统计，6—8月的救助资金每月需要近8亿元，但到9月份，中央和四川省只到位资金16亿元左右，只够发放两个月，部分群众未领取到救助资金。10月15日，四川省预拨绵阳市后续生活救助资金2.45亿元（不含三台县2593万元、江油市12124万元），此资金仅为一个半月的后续生活救助资金数额。四川省资金下拨至绵阳市后，市民政局和财政局在各县（市、区）上报救助情况的基础上，形成资金分配方案，将资金下达到各县（市、区）时已是11月3日。此后，各县（市、区）根据各乡镇（街道办）的数据情况，将救助资金下达到各乡镇（街道办），各乡镇（街道办）部分地方根据上报名册直接通过农村信用合作社发放到符合条件的对象“一折通”，部分地方通过现金发放到符合条件的对象手中。

二是资金调度速度较慢。由于地震灾害的影响，各重灾地的银行（农村信用社）系统受灾较重，部分地方已经没有较完整的服务系统，大多是临时办公场所，从而使资金调度速度较慢，并且部分乡镇日常没有较多的资金量，必须提前做好资金需求，向上申请后才能提取到足量的资金。

三是救助政策宣传力度不够。各地对“5·12”地震灾害困难群众救助政策虽然进行了各种宣传，但宣传的力度还不够。具体

---

① 参见《绵阳市民政局关于救助政策落实情况的汇报》（内部资料），2008年9月4日。

② 分析整理自《绵阳市民政局关于救助政策落实情况的汇报》（内部资料）2008年9月4日；《绵阳市民政局关于后续生活救助资金分配的报告》（内部资料），2008年10月17日；《绵阳市民政局关于对北川县曲山镇、擂鼓镇、安县安昌镇后续生活救助发放情况核实的报告》（绵市民救〔2008〕104号），2008年10月17日。

表现为:一些地方部分为躲避余震而搭建防震棚的群众也认为可以领取过渡安置房补助,未领到后开始上访;盐亭、涪城、三台等地向不该享受救助的群众也发放了救助金和救济粮;高新区、仙海区、北川、平武等地农房重建补助资金标准不少困难群众不知晓,个别地方也没有按要求进行公示,不知道自己该领取多少建房补助金;部分不符合后续生活救助条件的群众在公示后提出一些公平性的异议,多次初审影响进度。

根据本项目委托中国人民大学社会学系赴绵阳市的一项问卷调查显示,在329名被调查受灾群众中,过渡安置阶段迫切需求资金物资支持的占到了62.6%(见表4-2),可见补助资金的延缓发放对于受灾群众生活保障和心理情绪的影响。随着后续生活救助的开展,前期还没有领取到临时生活救助的群众情绪更加激动,部分群众陆续到市民政局、市委市政府进行上访,要求及时兑现救助金。涪城区、高新区、经开区等由于资金缺口量大而没有能力垫支发放的地方政府,花费了大量精力对上访群众进行劝解。

表4-2 受灾群众过渡安置阶段的迫切需求分布

需求类别	人数(人)	百分比(%)
资金物资支持	206	62.6
技能培训	59	17.9
灾情和救灾信息	35	10.6
情感慰藉	11	3.3
没有	17	5.2
其他	1	0.3

资料来源:由本项目委托中国人民大学社会学系2015年8月3—7日对绵阳进行社会调查后形成的报告——《汶川特大地震抗震救灾案例研究报告——以四川省绵阳市为例》。

为解决好临时生活救助钱粮的缺口,绵阳市采取了多种办法。

一是市民政局、市财政局于10月16日向四川省民政厅、财政厅递交书面报告，争取上级解决；二是10月19日，绵阳市民政局副局长带领救灾救济福利科的同志专程到省民政厅汇报，争取缺口资金，省民政厅答复先在省、市内调剂解决，如还不能满足，再向民政部、财政部写报告争取解决；三是要求涪城区、高新区对临时生活救助的对象从严核实，并积极设法解决救助钱粮缺口，确保社会稳定。[①] 可以看出，在当时，如何统筹绵阳市本级财政力量、为过渡性安置提供资金支持确实是一个面临挑战的事项，在市级财政预算中设置特定的科目进行保障并进行相应的制度性规范也就此提出。

与以上几个新设项目不同的是，其他可与社会保障等原有民生政策相结合的项目施行起来在资金上的难题就少得多。从2006年开始，绵阳市集中力量开展民生建设，从2006年“为民办十件实事”发展为2008年的“八项民生工程”，再发展到2010年的“十项民生工程”，延续至今。民生工程主要包括了就业促进工程、扶贫解困工程、教育助学工程、社会保障工程、医疗卫生工程、百姓安居工程、道路畅通工程、环境治理工程等。过渡性安置工作开展中，绵阳市将安置与民生工程相结合，把受灾困难群众的需求作为民生工作的重要内容，有力地保证了工作的落实。[②]

比如，绵阳市于2008年11月出台了对因灾失地群众返乡安置的帮扶政策，对其帮扶包括后续生活救助、冬令春荒救助、发放御寒衣被、农村低保、农村医疗救助、农村新“三孤”安置、资助参加

---

① 参见绵阳市民政局：《关于对北川县曲山镇、擂鼓镇、安县安昌镇后续生活救助发放情况核实的报告》（绵市民救〔2008〕104号）。

② 《2008年度全市“八大民生工程”实施情况》，http://mymsgc.my.gov.cn/bmwz/949429493225750528/20120807/654188.html。

农村新型合作医疗。[1] 这其实是将这一批受灾群众的帮扶纳入到原有的社会救助和社会保险政策范围内，这种方式反而更快更好地维护了受灾群众的切身利益。

总之，这场灾难对于中国防灾减灾救灾政策的创制无疑起到了巨大的推动作用，此后灾害生活救助项目、救灾物资管理办法、资金分担等相继在各级政府层面出台。在政社合作的今天，如何充分利用社会、市场资源，使多个部门在救灾工作中产生合力，也成为不得不面对的重要命题。

---

① 参见《绵阳市人民政府办公室转发省政府办公厅关于做好因灾失地群众返乡安置帮扶工作的通知》(绵府办函〔2008〕249号)和《绵阳市民政局关于做好因灾失地群众返乡安置帮扶工作的通知》(绵市民救〔2008〕93号)。

第五章

恢复重建

在排除唐家山堰塞湖险情后，恢复重建提上了绵阳市的工作议程。从2008年9月正式开展恢复重建工作到2011年9月底，绵阳市基本实现了“三年重建两年基本完成”的目标任务。截至2011年底统计，全市7 314个（规划7318个）重建项目、2267.3（规划为2266.3）亿元重建投资全面完成，实现“家家有房住、户户有就业、人人有保障、设施有提高、经济有发展、生态有改善”。新建和维修加固农村住房118.3万户、城镇住房45.2万户、学校751所、医疗卫生机构531个、敬老院和福利院232所、村级组织活动场所3094个，重建公路7610公里，北川新县城建成并投入使用。[1]

纵观整个恢复重建的过程，“规划制定”和“规划实施”构成了绵阳市恢复重建的两大核心工作。所以，在这

---

① 数据来源于绵阳市民政局提供的《绵阳市抗震救灾志灾后重建篇》（征求意见稿）。

一章，我们重点围绕恢复重建规划的制定和实施，从四个方面总结和分析绵阳市的恢复重建。一是恢复重建规划，从规划编制的决策困境、经验借鉴和主要做法三个方面，介绍绵阳市在时间短、任务重的巨大压力下如何快速编制恢复重建规划；二是恢复重建实施，从民生项目重建、基础设施重建、产业重建和援助援建四个方面，介绍绵阳市推进恢复重建实施的主要内容；三是恢复重建保障，从机构人员保障、资金物资保障、执行进度保障、工作协作保障、廉洁重建保障、重建环境保障六个方面，总结和分析绵阳市如何保障恢复重建顺利实施；四是相关问题讨论，从速度与质量、安居与生计、建材供应和建筑垃圾回收、重建资金有效使用四个方面，对绵阳恢复重建中潜在的问题进行了分析讨论。

第一节　恢复重建规划

2008年5月27日，绵阳市委、市政府召开全市灾后重建工作会议，提出“立即梳理灾后重建项目，通过各种渠道在全国邀请一大批有经验的规划专家到绵阳帮助搞好县城、镇乡、村社重建规划，尽快启动基础设施重建工作，把需要重建的学校、医院及水、电、气、路、通信等基础设施项目迅速上报”等八项恢复重建工作任务。6月初，绵阳市在全省率先成立市、县灾后重建规划实施方案编制领导小组，38个市级部门、科技城管委会和9个县（市、区）1 000余人参与灾后重建总体实施规划和各专项实施规划编制工作。在编制工作中，绵阳市坚持以《汶川地震恢复重建条例》《四川汶川特大地震灾后重建规划工作实施方案》《四川汶川特大地震灾后重建总体规划纲要》《汶川地震灾害范围评估》《汶川地震重灾区资源环境承载能力评价》《灾害损失评估》《绵阳市国民经济和社会发展第十一个五年规划纲要》和国家相关法律法规为依据，着眼重建与发展、恢复与提升的有机统一，尊重客观规律、科学规律和经济规律，注重统筹兼顾、全程全域、多方对接、开门纳谏。期间，组织大量规划和专业技术人员深入受灾现场实地踏勘，多次召开总体规划与专项规划、子规划对接座谈会，邀请国内规划设计专家和省发改、住建、国土等部门领导专题召开《绵阳市"5·12"地震恢复重建总体实施规划》(以下简称《总体实施规划》)专家组咨询会。

2008年8月，绵阳市编制完成《总体实施规划》，城镇体系、农村建设、城乡住房、基础设施、公共服务设施、生产力布局和产业调整、市场服务、生态环境、国土资源等9个专项规划和9个县(市、区)恢复重建总体实施规划，北川新县城选址规划及总体规划，161个乡镇和477个村庄灾后重建规划，以及旅游、林业、交通、农业等24个子规划，形成了城镇规划与乡村规划结合、产业规划与要素规划衔接、住房规划与公共服务设施规划统一的恢复重建规划体系。

一、规划编制的决策困境

困境是指困难的处境。[①] 作为一项重大的政策措施，绵阳市恢复重建规划的编制必然要充分考虑各种矛盾之间的关系，以及面临的重大现实困难。这些矛盾和困难构成了规划编制的决策困境。归结起来，决策的困境主要体现在以下四个方面。

一是短时快速重建与长远规划之间的矛盾。按国家汶川地震灾后重建的要求，2010年前要完成恢复重建的主要任务，使灾区

---

① 辞海编辑委员会:《辞海》(第六版彩图本)，上海：上海辞书出版社2009年版，第1280页。

家家有房住、人人有保障、设施有提高。但从重建的态势来看，恢复重建的过程必然是一个高度强调速度与效率的过程，而城镇规划是中长期安排，要有长远与宏观的战略眼光。因此，如何协调近远期建设之间的关系，既兼顾到近期灾民安置的迫切需求，又照顾城镇的长远与整体利益，构成城镇灾后重建研究的重要课题。此外，少数民族悠久的历史，在历史长河中沉淀出独特的地域文化，在快速重建过程中如何延续地方传统文化，塑造山地城镇特色，也是灾后重建过程中需要重点关注的问题。

二是公众利益与个人利益之间的矛盾。灾后重建规划是城市空间资源再分配的过程，分配是否公平与合理，直接关系到重建规划实际操作的可行性。震前山区多数城镇存在规划建设管理上的漏洞，建筑密度过高，街巷狭窄，公共空间缺乏，这些涉及灾区城镇公众利益的问题必须在灾后重建规划中得到解决。灾后重建过程涉及多方利益，小区重组重建、原址重建与异地重建都将牵扯公众利益与个人利益的冲突与矛盾。如何在灾后重建中实现各方利益均衡，成为备受当地群众关注的焦点。

三是生态环境重建的难度较大。这次特大地震受灾地区地处四川西部，受灾地区地质结构复杂、自然灾害频发、生态环境脆弱、经济基础薄弱、贫困人口较多，恢复重建的艰巨性和复杂性超乎人们的想象。鉴于特殊的地理环境因素，地震灾害所造成的危害包括以下几个方面：(1) 气象灾害风险加剧。汶川特大地震引发四川省气象灾害及其次生灾害的风险将进一步加剧，尤其是灾区，受地震影响，生态系统严重受损，植被大面积被破坏，局部区域气候改变，衍生灾害构成新的威胁。(2) 次生灾害影响长久。汶川特大地震次生地质灾害分布范围广，以北川、汶川、青川、绵竹、什邡、都江堰、彭州和平武等县(市、区)分布最为密集。次生地质灾害将继续形成滞后性的滑坡、崩塌、泥石流灾害链，严重威胁着灾区安全。(3) 生态环境破坏巨大。生态环境是人类生存非常重要的依托和支撑。这次强烈地震引起的塌方、泥石流，造成河流改道、河道堵塞、公路损坏、房屋倒塌，都是对这一区域生态环境的极大破坏，使本来脆弱的生态系统遭受更大的打击。如何将生态恢复纳入灾后重建规划也需要规划编制者给予高度关注。

四是城镇重建用地需求相对紧张。按照《国家汶川地震恢复重建总体规划》要求，除生态重建区以外，受灾城镇基本上采取原地重建的方式，但这种重建战略却面临严峻的客观现实条件的挑战。一方面，绵阳许多受灾城镇山高坡陡，人多地少，城镇建设用地条件相对紧张。另一方面，除一部分条件受限的城镇外，多数城镇既要考虑自身人口规模增长，又要吸纳附近一些失去建设条件或建设条件受限的城镇、乡村的人口。人口的增长使城镇建设用地规模急需拓展，城镇建设用地需求与山地特殊环境之间的矛盾给灾区城镇重建工作带来了极大的困难。

二、规划编制的经验借鉴

地震灾害作为一种突发性灾难，是所有自然灾害中破坏力最强、影响最大的灾难。据统计，地球上每年发生约 100 万个大小地震，其中 20 个左右是 7 级以上、足以使现代化城市毁灭的大地震。[①] 各国各地区在应对自然灾害过程中积累了值得借鉴的丰富经验。绵阳市在恢复重建规划的编制中吸取了其中的经验教训，有效规避了恢复重建中的风险。

---

① 李迅、卢华翔等:《关于汶川地震灾后重建规划的几点思考》，载《城市发展研究》2009 年第 4 期，第 19 页。

一是对日本地震灾害风险规避的经验借鉴。从 1994 年到 2003 年，全世界共发生过 960 次 6 级以上地震，其中的 220 次(即 22.9%)发生在日本。[①] 日本在防震抗灾方面有着丰富的经验，日本政府早些年就明确规定，学校、政府、体育馆等公共场所，建筑物的抗震级别要达到 8 级以上。遵守"学校是第一避难所"的基本原则，要求以"学生的生命维系着国家未来"为最高原则，加强房屋抗震性。绵阳市在农房重建和包括学校在内的公共设施重建中，充分借鉴日本经验，建筑物抗震级别普遍达到了 8 级以上。

二是对美国灾后重建规划体系的经验借鉴。美国的重建规划体系较为完善，强调政策目标的过程性。政策目标的确定过程是衡量社区重建规划工作能否顺利开展的重要前提条件。在美国宪法影响之下，重建规划工作在指导政策目标的确定过程中充分考虑到长期目标与短期利益、经济恢复、土地利用、减灾、灾前防御、时间选择、公众意识及其他综合规划要素间的衔接性等方面问题，进而充分体现了重建政策目标的针对性、明确性以及引导性。绵阳市借鉴美国经验，在重建规划上充分考虑灾后建筑环境的优良，提倡将减灾规划纳入总体规划范畴，配套建设了 355 个应急避难场所，并开展具有实践性、有效性和正面效益的减灾行动。

三是对我国台湾地区灾后重建的经验借鉴。注重灾后文化重建是台湾地区灾后重建的重要经验。我国台湾地区 1999 年 9 月 21 日发生了 7.3 级大地震。这次地震是台湾地区近百年来遭遇的强度最大的一次地震，造成 2 321 人死亡、8 722 人受伤，数万间房屋坍塌，形成数万栋危楼，地震产生的破坏十分严重，数十万民

---

① 李帆：《灾难中的安全家园——从日本东北地区地震谈中小学校防灾设计》，载《建筑与文化》2011 年第 10 期，第 126 页。

众无家可归。[1] 震中有少数民族聚居，因此，在生计之外，文化与族群聚落的灭绝问题也必须考虑。台湾“9・21”大地震的灾后重建即充分考虑到这一点，在灾后重建的过程中注重对地区文脉的延续，并通过相关的社区建设、文化活动带动了社区自发建设的高潮。灾后重建需针对不同地区地质条件、民族背景的不同而采取不同的重建手段，如针对少数民族聚居区尽量采用不脱离原生活平台的“文化重建”方式，即原址重建、保留传统房屋特色、维持原有社会风气和地域文脉，渐进式发展。绵阳市是全国最大的羌族聚集地，重建中借鉴了台湾地区做法，充分体现羌族文化特色。在北川新县城，着力打造羌族文化品牌，建起羌族文化博物馆。农房重建注入羌族文化元素，体现民族风格，成为一道独特的重建景观。

四是对我国大陆其他地区灾后重建的经验借鉴。1976 年唐山大地震后，建设行政主管部门和工程技术专家在认真分析震害情况后，对 1974 版的抗震规范进行了修订，于 1978 年发布了《工业与民用建筑抗震设计规范》。震后的唐山市总体规划在城市功能分区、防灾减灾规划、城市公共环境营造等方面做出了有益的探索。但唐山地震后的城市选址一直为国人所诟病。唐山市在原址上恢复重建，并没有避开断裂带，使得作为震中的路南区到现在还处在进退维谷的尴尬境地。另外，唐山在震后重建过程中对地震遗址保护不足也留下了不小的遗憾。1996 年 2 月 3 日云南省丽江市发生 7.0 级地震，在恢复重建的 3 年时间内对新发放的贷款利率一律实行基准利率，并适当放宽信用贷款条件；对由于执行基准利率而出现的政策性亏损，上级行在考核上给予照顾；在灾后重建

① 余慧：《汶川地震灾区历史文化名城灾后价值分析与保护机制》，西南交通大学博士论文，2012 年，第 42 页。

期间允许各商业银行免缴上级行的二级准备金；人民银行积极发放再贷款和支农再贷款，保证商业银行和农村信用社有充足的信贷资金来源。绵阳市在规划编制中吸取了这些经验教训，北川县整体异地重建，避开地震断裂带，保留了老县城地震遗址。从重建资金来看，绵阳市积极采取政府担保的方式，对特困农房建房，通过农村信用社无息无抵押贷款的方式予以支持，缓解了特困农户建房的资金困难，从而加速了重建步伐和进程，实现了"人人有房住"的目标。

三、规划编制的主要做法[①]

编制规划是一项极为复杂的系统性工作。它不仅需要大量的人力资源，还需要充分的时间来进行前期评估和后期编制工作。然而，对绵阳市恢复重建规划的编制来说，由于特定的政策诉求和迫切的现实需要，编制的时间仅有三个多月。在如此之短的时间内，完成任务繁重的规划编制任务，压力之大可想而知。[②] 面对巨大压力，绵阳市委、市政府迅速决策，确定规划编制的指导思想和原则，成立专门的规划编制机构，建立有效的工作制度，并邀请专家参与规划编制，按照计划完成规划编制工作。

1. 迅速成立规划编制工作机构

按照 2008 年 5 月 30 日四川省政府灾后重建规划工作会议和

---

① 本部分主要参考绵阳市发展和改革委员会：《坚持规划引领 推动科学重建——绵阳市科学编制灾后重建规划的主要做法与经验启示》，载绵阳市重建委办公室、绵阳市委政策研究室：《绵阳市抗震救灾和恢复重建经验启示录》，绵新出内(2012)字第 80 号，2012 年 4 月，第 89—92 页；绵阳市民政局提供的《绵阳市抗震救灾志灾后重建篇》(征求意见稿)第三章"重建规划"。

② 事实上，这也是绵阳市恢复重建规划编制面临的一个决策困境。

6月1日四川省灾后重建规划组办公室工作会议要求，绵阳市委、市政府于6月3日、4日召开紧急会议，传达贯彻省政府灾后重建规划工作会议精神，专题安排绵阳恢复重建规划的编制工作，研究制定《绵阳市地震灾后重建规划实施工作方案》。成立由代市长曾万明为组长，市政府副市长林新、市发改委主任陈兴国、市建设局局长王绵生以及北川、平武、安县、江油四县（市）政府主要负责同志任副组长，市级有关部门和非极重灾区县（区）政府主要负责人为成员的灾后重建实施规划编制领导小组，领导小组办公室设在市发改委，办公室下设综合、信息、筹资、政策、资料数据和专家等6个工作小组。从市住建、规划、经委、农办、目标督查办等38个市级部门，以及科技城管委会、9个县（市、区）分别抽调1—3名工作人员，统一集中办公，开展总体实施规划和各专项实施规划的编制工作。

2. 科学确立规划指导思想及原则

2008年6月5日，林新副市长召开市灾后重建规划实施方案编制领导小组办公室会议，明确重建规划方案编制的指导思想、基本原则、规划范围和规划实施期、基本框架、规划和项目编制要求，制定和印发《编制灾后恢复1＋10规划实施工作方案》。确定灾后重建规划的指导思想为“以科学发展观为统领，以安全安居、民生民俗、人文生态、产业布局、城乡统筹和可持续发展为主线，注重城镇规划与乡村规划相互结合、产业规划与要素规划相互衔接、住房规划与公共服务设施规划相互统一”。确定灾后重建规划的基本原则为“坚持以人为本，优先恢复重建受灾群众基本生活和公共服务设施，把基础设施恢复重建放在突出位置；坚持尊重科学、尊重自然，充分考虑资源环境承载能力，逐步恢复生态环境，科学调整城镇乡村、人口、经济布局；坚持统筹兼顾，与推进工业化、城镇化和新农村建设相结合，与主体功能区建设和产业结构优化升级相结合，与保护弘扬民族文化和灾区人文精神相结合，努力建设安居乐业、生态文明、安全和谐的新家园”。

3. 按照职能职责落实工作责任

绵阳市灾后重建实施规划编制任务包括三个方面：一是组织专项评估。组建工作组积极配合国家汶川地震专家委员会和四川省地震灾后重建规划专家指导组，在广泛深入开展现场调查研究、科学论证、地质地理条件评估和建设项目科学选址的基础上，形成灾害范围评估、灾害损失评估和环境承载能力评价等专项报告，为规划编制工作提供了依据、奠定了基础。二是开展政策研究。由市委政策研究室牵头，对财政、税费、金融、土地、产业、对口支援、社会募集和援助救助等支持灾后重建政策进行专题研究，提出可行性建议。三是实施规划编制。按照职能职责分别落实牵头部门，《灾后重建总体规划实施方案》《基础设施建设规划实施方案》《公共服务设施建设规划实施方案》和《生产力布局和产业调整规划实施方案》由市发改委牵头；《城镇体系规划实施方案》和《农村建设规划实施方案》由市住建局牵头；《城乡住房建设规划实施方案》由市住建局和房管局共同牵头；《市场服务体系规划实施方案》由市商务局牵头；《生态环境恢复与防灾减灾规划实施方案》由市防灾减灾局和市林业局共同牵头；《灾后重建国土规划实施方案》由市国土资源局牵头。

4. 建立健全编制工作制度

为确保规划编制工作高效有序开展，规划领导小组办公室专门制发《灾后重建规划实施方案编制工作制度》。一是实行每日例会制度。规划领导小组办公室每日组织相关人员召开会议，通报当日工作进度，集体研究解决编制工作中遇到的困难和问题。二是实行每周报告制度。总体规划、专项规划各编制小组，每周向领导小组办公室和市目标督查办上报规划实施方案编制工作进展、存在问题及工作建议，强化工作协调和沟通衔接。三是实行审签制度。各编制小组形成的相关文件资料，必须经各组组长、规划领导小组办公室负责人逐级审签上报。重大问题及时请示市委、市政府，会后及时形成《绵阳灾后重建规划工作动态》报市级相关领导、目督办和市级相关部门。经过一个月艰苦努力，2008年6月底，基本形成《总体实施规划》和9个专项实施规划初稿。

5. 集思广益，广征意见

为确保恢复重建规划的高起点、高标准，增强科学性、合理性和可操作性，绵阳市坚持开门开放、集思广益，广泛征求意见，开展多方面的对接工作。一是与省上对接。由副市长林新、李亚莲带队，三次向省规划组，省发改委刘捷主任、王光四副主任，省住建厅邱建总规划师等领导汇报绵阳灾后重建规划编制工作。总体规划、专项规划和子规划工作组的同志先后多次到省相关部门汇报，与省编制组的同志交换意见。期间，按照省规划办公室的要求，绵阳派出相关人员参与省规划的编制以及省、市规划的对接协调工作。二是总体规划与专项规划、子规划对接。总体规划的基础资料和数据来自于专项规划，专项规划的编制又建立在子规划的基础上。规划组加强与科技城管委会、县（市、区）、园区和市级部门沟通协调，先后8次召开对接座谈会，多次深入县（市、区）调研北川新县城、地震博物馆建设选址等重大问题。各规划小组坚持经常对接，主动沟通，协调一致完成规划编制工作。三是与专家和灾区群众对接。规划编制的技术资料来自中国城市规划设计研究院、中科院成都分院等专业机构的研究成果，同时省发改委、住建厅、地震局、国土厅等多个部门的专家亲赴绵阳实地踏勘，指导规划编制工作。6月28日，林新副市长主持《总体实施规划》专家组咨询会，省发改委副主任、省灾后重建规划组办公室副主任王光四和12名省内外知名专家、科技城管委会、各县(市、区)和市级主要部门负责人参加，对《总体实施规划》提出修改意见。7月29日，市政府将《总体实施规划》印发各地各部门，广泛征求灾区干部群众意见。8月6日，曾万明市长主持召开市政府第48次常务会议，对《总体实施规划(送审稿)》进行讨论审议，并修改完善。9月，《总体实施规划》上报省发改委审批并纳入全省规划组织实施。

背景资料

北川新县城规划编制重视专家作用

在北川新县城规划编制中，绵阳市邀请中国城市规划设计研究院担纲，组织全国50余家具有甲级资质的规划设计单位参与方案设计，组织召开规划设计专家咨询、论证、评审会议100余次，包括吴良镛、周干峙等6位两院院士，张锦秋、崔恺等6位全国建筑设计大师在内的专家，参与指导北川新县城规划建设超过1100人次。

资料来源：绵阳市重建委办公室：《以人为本 科学重建 加快建设灾后美好新家园——绵阳市恢复重建的主要做法和经验启示》，载绵阳市重建委办公室、绵阳市委政策研究室：《绵阳市抗震救灾和恢复重建经验启示录》，绵新出内(2012)字第80号，2012年4月，第22页。

第二节 恢复重建实施[①]

恢复重建规划制定之后，规划的实施也就成了最重要的工作。"在实现政策目标的过程中，方案确定的功能只占10%，而其余的90%取决于有效的执行。"[②]政策执行是政策方案被采纳之后，把政策规定的内容转变为现实的过程。[③] 在规划的实施过程中，绵阳市把规划转化为项目，将其作为重建工作的具体方式。

为有效推进项目实施，绵阳市委、市政府成立项目推进工作领导小组，出台《绵阳市关于进一步加强项目推进工作的实施意见》《绵阳市项目管理和推进工作考核办法》等一系列指导性文件和配套措施；科学安排重建项目建设，坚持城乡住房、公共设施、基础设施、重大产业重建"四个优先"；按照"工作项目化、项目责任化、责任具体化"的要求，逐一明确项目业主、责任人、督查督办人和时间进度表，正排工序、倒排工期，加快重建项目推进；在具体项目建设中，严格落实施工程序和工作流程，严格执行抗震设防标准和工程建设规范，确保重建工程经得起群众、历史和实践的检验。

一、民生项目重建

灾后重建关乎灾区群众的切身利益。在重建项目实施中，绵

① 本部分主要参考绵阳市重建委办公室：《以人为本 科学重建 加快建设灾后美好新家园——绵阳市恢复重建的主要做法和经验启示》，载绵阳市重建委办公室、绵阳市委政策研究室：《绵阳市抗震救灾和恢复重建经验启示录》，绵新出内(2012)字第80号，2012年4月，第22—32页。

② 转引自丁煌：《政策执行》，载《中国行政管理》1992年第11期，第38页。

③ 张金马：《政策科学导论》，北京：中国人民学出版社1992年版，第205页。

阳市委、市政府按照“以人为本，安民为先”的重建理念，把民生改善作为恢复重建的首要目标，优先推进以城乡住房重建、公共服务设施重建、精神家园重建、促进群众创业就业、帮扶因灾特困群体为主要内容的民生项目重建。

1. 城乡住房重建

面对震后250余万失去家园的灾区群众，绵阳市坚持把城乡住房重建作为灾后重建的首要任务。注重把农村永久性住房重建与新农村建设、城乡环境综合治理有机结合，按照“就地、就近、分散”的安置原则，组织1500余名专业技术人员深入镇村科学选址、科学规划，设计26套房屋户型图纸，供农民自主选择。为又好又快推进城乡住房重建，全市先后建立6个市级示范乡镇、10个县级示范乡镇、260个示范村，构建政府帮扶、部队突击、援建支持、群众主体的“四位一体”工作机制，创造了委托代建、互助自建、帮扶援建、包工建房、联户共建和分期建房等6种建房模式。为破解农房重建资金难题，绵阳在及时兑现城乡住房补助资金的基础上，在全省率先实行由援建单位和市、县财政共同出资设立住房重建担保基金，金融机构按1∶10的比例放大，为城乡住房重建户提供建房专贷。全市城乡住房重建贷款担保基金达到15亿元，各级金融机构投放城乡住房重建贷款99.1亿元、惠及23.59万重建户。针对建材紧缺、价格上涨的情况，坚持内扩外引，支持原有建材企业复产扩能，新建页岩砖企业203家，并与周边市州及相邻省市建立标砖联系机制，为农房重建任务的全面完成提供了有力保障。农房维修加固、永久性农房重建分别于2008年12月和2010年11月全面完成，城镇住房维修加固任务于2010年12月基本完成，城镇住房恢复重建任务于2011年9月全面完成。

2. 公共服务设施重建

绵阳市始终把改善灾区群众生产生活条件作为灾后重建的首要目标,全力加快教育、医疗卫生、社会福利等公共服务设施建设。为将学校、医院建成最坚固的建筑,严格执行抗震设防标准和工程建设规范,在建筑主体规划设计上统一做到:同一个区域,学校、医院的抗震度必须提高一度。着眼优化医疗卫生机构的空间布局,实现公共服务设施重点向社区、农村和新城转移,在灾后卫生重建中启动了县、乡、村医疗卫生服务体系等重点公共服务设施建设。截至 2011 年 12 月,751 所重建学校全部完工;381 个医疗卫生机构重建全部开工,完工 380 个,完工率 99.74%;232 个社会福利院、敬老院全部完工;1 405 个文化设施重建全部开工,完工 1 356 个,完工率 96.51%;27 个体育设施重建项目全部开工,完工 20 个;125 个广播电视(电影)重建项目全部开工,完工 122 个,完工率 97.6%。在"后重建"时期,更加注重用现代理念、现代手段管理重建公共服务设施,不断加强队伍建设,完善管理制度,强化运营保障。市政府多次召开专题会议,对重建公共服务设施管理运营进行研究部署,专门印发《关于加强学校医院等恢复重建公共设施管理工作的通知》,要求把各类重建公共服务设施维护好、管理好、运营好。

3. 精神家园重建

绵阳市按照"政治上关心、工作上支持、心理上抚慰、生活上关爱"的原则,加强灾区干部群众的关心关爱工作。震后,绵阳市委、市政府迅速成立地震灾区精神家园建设协调小组、干部群众和学校师生心理服务协调小组以及覆盖全市的 4 个心理服务指导小组,加强全市精神家园建设和心理援助技术指导。2009 年 4 月 28

日，下发《关于加强地震灾区精神家园建设的意见》（绵委发〔2009〕13号），进一步明确具体工作措施。从市级部门抽调68名副科级以上干部，赴极重灾区开展为期两年的“一对一”干部群众关爱工作，与灾区干部群众同吃、同住、同劳动，引导重点群体尽快走出地震阴影。建立党员领导干部“一帮一”结对帮扶机制和联系遇难党员、干部、学生家庭工作责任制。各县（市、区）成立以党政主要领导为组长，组织、宣传、卫生、民政、教育、文化、财政、公安、信访、残联、公会、团委、妇联等部门为成员单位的组织机构，建立心理服务工作协调机制。市县开通“心理援助热线”，设立心理咨询门诊80个，邀请专家开展“5·12”地震心理卫生专业服务人员培训3 060人次，初步形成市、县、乡、村四级心理卫生服务网络体系，推动灾后心理服务工作深入持续开展。采取制作心理卫生专题片、开辟心理抚慰专栏、印发咨询手册等方式，广泛开展心理健康宣传和心理卫生健康知识普及，印制《彩虹重现》《震后心理辅导》《咨询手册》和宣传画等资料，制作电视专题节目15期。成功创作大型舞蹈诗剧《大北川》，并于2009年9月正式搬上舞台，先后在四川、陕西、北京、山东、河南等地演出107场，观众人数累计超过7万人次，成为展现绵阳人民坚强不屈乐观精神和感恩全国人民深厚感情的有效载体。

4. 灾区群众就业创业

绵阳市以创建全国创业型城市为契机，广开就业门路，拓宽就业渠道，大力促进灾区群众就业创业。成立由市政府主要领导任组长、市级相关职能部门主要负责人为成员的就业工作领导小组，制定下发《关于支持恢复重建就业和社会保险政策的实施意见》《关于建立绵阳市就业援助联席会议制度的通知》《绵阳市灾后就业援助专项工作计划》等一系列文件，建立就业工作目标管理责任制和就业援助情况通报制度，将15.84万因灾失业人员全部纳入就业援助对象。通过开发公益性岗位、支持受灾失业人员自主创业、自谋职业或灵活就业、劳务输出等一系列措施，全市就业援助对象全部实现震后初次就业。严格执行特殊优惠政策，鼓励用人单位吸纳受灾劳动者就业，对企业吸纳持《就业援助证》人员就业并签订劳动合同的，给予每人每月200元岗位补贴；对企业吸纳持《就业援助证》人员就业、签订劳动合同并参加社会保险的，按照企业实际缴纳部分进行补贴。为帮助灾区群众就地就近就业，职能部门主动掌握重建项目用工需求，通过加强技能培训，引导受灾劳动力就近就业、就地务工，全市灾后重建项目吸纳灾区劳动力约16万人，其中灾区农村劳动力约15万人。

5. 因灾特困群体帮扶

绵阳市本着“政府主导、群众主体、社会参与、项目扶持”的原则，坚持扶贫帮困与扶贫开发、民政救助与政策扶持有机结合，通过健全机制、整合资源、政策倾斜、项目扶持、结对帮扶等措施，深入开展扶贫开发、残疾帮扶、适龄儿童入学、民政救助、工会维权和金秋助学等活动，有效解决灾区贫困群众的脱贫致富、就业就医、就学和基本生活保障等困难。市、县、乡镇(街道)党委政府成立专项工作领导小组，层层落实工作责任，坚持一级带着一级抓帮扶；市县党政部门扎实开展“领导挂点、部门包村、干部帮户”活动，全市38名市级领导干部联系38名困难户、38个城镇社区、37个贫困村和35户优势企业；121个市级部门6853名党员干部联系125个村、1.96万户群众；9个县市区4.6万名党员干部结对联系困难群众，帮助解决生产生活中的实际困难。为加大对北川因灾特困群体的帮扶力度，2009年9月成立北川县重灾乡镇帮扶工作领导小组，69个市级部门抽调157名干部进村入户做好政策宣传、安置指导、扶贫帮困和维护稳定工作。为解决困难群众的长远生计问题，市级部门组织技能培训 1 360 人次，联系企业提供就业岗位 1 630 个次，帮助村民就近务工 2 153 人次，安置“零就业”家庭、“4050”就业困难人员、遇难人员家属等就业困难对象 7 905 人，帮助 76 个村复垦土地 8 102.9 亩，改善因灾失地农民生产生活条件。

二、基础设施重建

在恢复重建中，绵阳市按照“立足长远、提升功能”的方针，通过统筹规划、整合资源、优化布局、系统配套，不断提升基础设施功能，为灾区经济社会持续健康发展提供强有力的保障。

1. 重大基础设施重建

在交通恢复重建方面，绵阳市坚持将“铁、公、机”三位一体、贯通南北、连接东西的西部区域性综合交通枢纽作为基础设施重建的重中之重，编制完成《区域性交通枢纽建设规划》《“5·12”特大地震灾后交通公路、水路重建规划》《加快推进城乡一体化路网公路项目(快速通道)建设方案》。截止到 2011 年 12 月，1 182 个交通重建项目全部开工，完工 1 180 个，完工率达到 99.83%；完成投资 163.41 亿元，占规划总投资的 111.39%。在水利恢复重建方面，绵阳市坚持把水利工程质量安全放在首位，严格执行抗震标准和工程建设规定，强化项目质量资金监管，确保水利灾后重建又好又快推进。加快推进武引二期等大中型水利工程，加强水利基础设施建设。唐家山堰塞湖后期治理有效推进，涉及农村供水、震损水库修缮、堰塞湖治理、堤防除险、灌区工程、水土保持、水资源检测、山洪预警、微型水利等 764 个水利重建项目全部开工，完工 762 个，完工率 99.74%；完成投资 77.71 亿元，占规划总投资的 101.33%。全市水利工程总供水能力达到 20 亿立方米，解决了

257.3万人安全饮水问题，农村群众生存环境、生活水平、健康状况得到有效保障和不断提升。近年绵阳在遭遇多次特大暴雨洪灾的情况下，无一座水库溃坝、无一处堤防决口，水利工程和人民生命财产安全得到有力保障。在电网恢复重建方面，绵阳市围绕电网基建、灾后技改、10千伏配网、营销系统重建等七个方面，狠抓电力设施重建。154个电力设施重建项目全部完工，完成总投资20.53亿元。在通信重建方面，绵阳移动、联通、电信公司以灾后重建为契机，着力优化完善传输、数据承载网络结构，通信能力较震前成倍增长。

2. 重点城镇建设

在集镇恢复重建中，绵阳市按照“布局合理、功能完善、特色鲜明、环保生态”的总体要求，着眼地域特色、民俗文化传承和城乡一体化发展，因地制宜、科学选址、统筹实施，恢复和提升城镇主体功能。全市纳入省级重点重建集镇10个，涉及基础设施和公共服务设施重建项目195个，完工185个，完成投资12亿元；纳入市级重点重建集镇6个，涉及基础设施和公共服务设施重建项目196个，完工188个，完成投资8.68亿元。在重建过程中，始终坚持科学规划、科学选址，坚持以项目为主线实行一体化运作，大力推进灾后重建重点镇乡公用设施、配套设施、公共绿化、风景旅游景区、居民居住环境等五大基础设施建设，夯实了集镇的硬件基础。截至2011年12月，16个省市重点集镇已建成基本框架，形成基本功能，展现基本形象。举国关注、群众期待的北川新县城2010年9月建成基本框架，2011年9月全面完成重建，成为“城建工程标志、抗震精神标志、文化遗产标志”。安县晓坝镇，平武南坝镇、平通镇，江油青莲镇，北川安昌镇等一批极重灾乡镇成为辐射带动一方经济的特色城镇。围绕打造"六个绵阳"[①],进一步完善绵阳城市"一城三区""三江六岸"[②]市政基础设施建设。绵阳城区47个市政重建项目全部完工,完成投资5.02亿元。随着长虹干道、临园干道等一批主干道路的美化建设,东津大道等一批城市道路的扩建提升,滨江广场人行绿道的精心打造,22座人行天桥的新建和维修,绵阳城区基础设施得到不断完善,宜居、宜业、宜商的功能整体提升,现代、山水、生态的城市形象进一步彰显。

3. 生态环境恢复提升

地震后,绵阳森林生态系统、林地生态系统功能遭受前所未有的灾难,次生地质灾害的潜在危害影响深远,生态系统及环境修复周期长,林业与生态修复面临长期而艰巨的任务。在恢复重建中,绵阳按照尊重自然、统筹兼顾、科学重建的原则,坚持人工修复与自然修复相结合,恢复重建和发展提升相统一,加快推进重点生态工程建设,加大环境保护与综合治理力度,进一步改善和提升生态环境,促进经济与社会、人与自然协调可持续发展。在灾毁土地复垦中,对重度和极度损毁耕地,采取工程复垦的方式予以推进;对轻度损毁耕地,组织动员受灾农户利用农闲时节,自行复垦灾毁耕地。全市复垦灾毁耕地84.01万亩,初步构建"地成方、渠成网、路相通"体系,实现生态环境效益最大化。坚持生态修复、资源保护与合理开发利用相结合,抓好林业灾后生态修复。149个林业灾

---

① "六个绵阳"是指,打造"和谐绵阳",增强群众幸福感;打造"科教绵阳",培育核心竞争力;打造"畅通绵阳",大力改善交通条件;打造"森林绵阳",大力改善自然环境;打造"宜居绵阳",大力改善居住环境;打造"清洁绵阳",扎实开展城乡治理。

② "一城三区"的一城是指科技城(城中心);三区是指科教创新区(科创区、西科大、教育园区及"三新城")、城西新区(高新区为主)和城南新区(经开区为主,包括塘汛片区、农科区片区、游仙区五梁片区);"三江六岸"是指涪江、安昌河和芙蓉溪三条河流及两岸。

后重建生态修复项目全部开工，完工 113 个，完成投资 16 亿元。大熊猫栖息地 39 万亩全部修复，完成受损植被恢复 140.8 万亩，恢复重建种苗基地和种子园 2 425 亩、林区道路 789.4 公里、通信线路 133 公里、供水管线 138 公里、供电线路 198.7 公里。通过灾后重建，震损植被基本得到恢复，森林覆盖率达到 48%，林业基础设施不断完善，灾区生态迅速恢复提升。

三、产业重建

地震使绵阳产业发展遭受重创，经济损失达 333.95 亿元。灾后重建中，绵阳市按照“优化布局、调整结构”的原则，联动推进三次产业发展，工业、农业、第三产业形成良性互动态势，为灾区发展振兴奠定了坚实基础。

1. 工业产业重建振兴

在工业产业恢复重建中，绵阳市坚定不移地实施工业强市战略，市委、市政府成立工业领导小组，构建“一个产业、一名责任领导、一套班子、一系列政策、一抓到底”的产业推进机制。积极推行产业规划、城镇规划和要素规划“三规衔接”，先后编制完成《绵阳市工业发展规划(2010—2015 年)》《“2+4”特色优势产业发展规划》《工业生产要素保障规划》等重要规划，初步形成了以科技城为核心，绵安北、绵江平、绵三盐、绵梓为主线的“一核四带”产业发展布局，市县经济一体化进程明显加快。大力发展电子信息、汽车及零部件和冶金机械、新能源新材料、环保化工、食品及生物医药“2+4”特色优势产业，2011 年全市“2+4”产业实现工业总产值1 620 亿元，同比增长 31.7%，占全市工业总产值比重达到 91.2%。深入实施优势企业、产业、园区“三倍增”计划[①]，川渝中烟绵阳分厂灾后异地重建项目、双汇食品工业园全面投产；长富智能手机、旭虹玻璃基板、九洲软件园、攀长钢万吨钛材、华晨汽车南方基地、好圣汽车零部件、世界500强艾默生网络能源、“新三城”建设、丰谷酒业优质曲酒等一批重大标志性项目顺利推进；世界500强富士康、神华集团进驻绵阳。涉及电子信息、材料、冶金等13个行业的882个工业重建项目全部完工，完成投资352.04亿元。2011年全市地区生产总值、规模以上工业增加值较2007年分别增长58.2%、104.9%，地区生产总值成功迈上千亿元台阶。

2. 农业产业重建振兴

灾后农业恢复重建中，绵阳市始终坚持“一基五化”[②]发展路径，积极培育大型龙头企业、做强优势产业，不断推进农业发展方式转变，农业产业化水平加快提升。截至2011年12月，660个农业(含农机、畜牧)重建项目全部开工，完工655个，完成投资63.99亿元。大批龙头企业在灾后迅速崛起，投资6.2亿元的双汇食品工业园达产后年屠宰生猪能力达到200万头；投资5 000万元的沪川牧场、投资2 000万元的绵英桂柳祖代种鸭场，先后开工建设。市级以上重点龙头企业298个，市级重点专业化合作组织1 384个，产业化经营助农人均增收300元。努力扩大农产品生产基地规模，做大做强特色产业基地。全市建成优质粮食基地130万亩、优质水果基地10万亩、“双低”油菜143万亩、无公害优质蔬菜10万亩、地道中药材10万亩、无公害茶叶10万亩，奶牛存栏达1万

---

① “三倍增”计划是指优势企业倍增、产业倍增和园区倍增。

② “一基五化”是指，加强农田水利基本建设，加快推进种养规模化、经营集约化、生产标准化、分工社会化、管理信息化。

头以上，肉羊出栏增加10万只，实现规模化经营。大力实施“一村一品强村富民工程”[①]，充分发挥崭山米枣村、营城麦冬村、白玉水果村等40个省级和100个市级“一村一品”重点示范村的辐射带动作用，不断扩大“一村一品”覆盖面。

3. 第三产业重建振兴

在旅游业恢复重建中，绵阳市充分依托丰富的旅游资源和中国（绵阳）科技城城市品牌，坚持科学统筹规划，加快旅游基础设施建设，调整优化旅游产业结构，大力拓展旅游产业发展空间，提升旅游产业品质，以崭新的形象定位、独特的文化内涵，极大增强了市场吸引力。截止到2011年12月，42个旅游重建项目全部开工，完工37个，完工率88.1%。受损最严重的国家4A级景区九皇山风景区于2010年7月对外开放；灾后新建的药王谷旅游度假区以其独特的保健养生内涵，赢得了省内外游客的青睐；北川新县城的落成和九环东线沿线景区的开放，掀起了地震遗址—九环线新的旅游热潮；北川地震纪念馆项目纳入全国红色旅游总体建设方案（二期）和“三基地一窗口”[②]建设，成为绵阳旅游的新热点。在商贸流通业恢复重建中，绵阳市按照“大市场、大流通、大商贸”思路，坚持规划引领，注重项目带动，着力优化流通体系，完善提升服务功能。经过不懈努力，商品流通市场迅速恢复，包括百货零售、批发市场、农贸市场、配送中心及物流业、生猪屠宰及其他居民服

---

① “一村一品”是指在一定区域范围内，以村为基本单位，按照国内外市场需求，充分发挥本地资源优势、传统优势和区位优势，通过大力推进规模化、标准化、品牌化和市场化建设，使一个村（或几个村）拥有一个（或几个）市场潜力大、区域特色明显、附加值高的主导产品和产业，从而大幅度提升农村经济整体实力和综合竞争力的农村经济发展模式。

② “三基地一窗口”是指爱国主义教育基地、社会主义核心价值体系教育基地、民族团结进步教育基地和展示中国发展模式、发展道路勃勃生机的窗口。

务业等1440个(含“万村千乡市场工程”1257个)商贸流通服务重建项目,完工1436个,完成投资28.55亿元。通过重建,全市商业网点全面超过震前水平,民生性服务业快速发展,流通服务功能显著提升,闽兴现货钢材市场电子结算、高水蔬菜市场冷链储藏、北川维斯特农产品交易所等一大批具有现代流通功能的示范项目引领全市商贸流通业快速发展。2011年,实现社会消费品零售总额494.2亿元,同比增长17.8%。

四、援助援建

地震发生后,党中央、国务院做出“一省帮一重灾县”的对口援建工作部署,安排山东、辽宁、河北、河南四省分别对口援建绵阳市北川、安县、平武、江油四个县市。四川省委、省政府安排省内达州、内江、南充、资阳四市分别援建游仙区魏城、盐亭县柏梓、梓潼县许州、三台县新鲁四镇。在恢复重建中,绵阳市按照“主动衔接、加强协作”的方针,加强与援建方的对接协调,主动服务、全面配合,全力推进援助援建向对口合作转变,促进了优势互补、发展共赢。

1. 对口援建

在对口援助恢复重建工作中,绵阳市县两级专门成立对口支援工作协调机构,建立援建工作联席会议制度,主动与对口援建省市对接,在援建项目审批、建设条件、后勤保障等方面开辟绿色通道。探索建立以感情为基础、利益为纽带、园区为载体、项目为支撑、制度为保障的对口合作长效机制,促进对口援建由物质支持向智力支持延伸、由“输血”向“造血”延伸、由单方受益向互惠互利延伸。对口援建省市分别成立援建工作机构,坚持“交支票工程”与“交钥匙工程”相结合、统筹推进与突出重点相结合,前期重点援建农村永久性住房和乡镇驻地项目，后期集中力量组织重点工程、重大项目、产业园区援建大会战和智力支援服务。截止到2011年12月，965个对口援建项目全部完工，规划总投资211.78亿元，到位资金210.46亿元。烟台、潍坊、威海、唐山、洛阳与绵阳缔结为友好城市，促成以北川、安县为主体的川鲁、川辽全面战略合作关系和长期合作机制。在援建省的支持下，北川、安县、平武、江油分别建立工业园区。截止到2011年12月，四个园区已签约入园企业312户，协议引资380亿元。四个对口援建省选派160多名优秀干部到受援地挂职，派出医疗卫生队伍42支2 580人、优秀教师100名、公安干警1 400名，帮助受援县市提高社会管理和服务水平。对口援建不仅带来了资金、项目和技术，还带来了先进的理念、科学的方法和优良的作风，促进了东西部经济大合作、文化大交流、理念大融合、民族大团结，促进了区域协调发展、科学发展。

2. “特殊党费”援建项目建设

在管理使用“特殊党费”工作中，绵阳市注重加强组织领导，完善工作机制，强化全程监督，坚持建管并重，确保“特殊党费”使用规范，管理有序。市县两级成立“特殊党费”使用管理工作领导小组以及资金监督、项目管理和督查指导三个工作小组，先后召开专题会议345次，现场办公510次，组织专项检查156次。按照“用好每一分钱，不出半点差错”的要求，严格审定援助对象，建立施工进度、安全管理和监理日志三个台账，确保把“特殊党费”援助工程建成安全工程、优质工程、廉洁工程、民心工程。“特殊党费”补助绵阳农房重建44.95万户、资金14.72亿元；补助城镇住房重建1.07万户、资金6 447.6万元；慰问烈士家属4人、资金12万元；援建中小学校12所、资金4.57亿元，全部竣工投入使用；援建村级组织活动场所3 094个、资金3.56亿元；援建远程教育站点

1 493 个、资金 4 093.2 万元。“特殊党费”援助项目惠及党员群众 200 多万人。为激励灾区群众铭记党恩、奋发自强，所有“特殊党费”援助项目设置统一标志，援建学校还建设了感恩文化长廊、展览厅、陈列室，让“特殊党费”援助项目真正成为教育、激励、凝聚灾区群众的“红色阵地”。

3. 港澳援建项目建设

在港澳援建项目实施中，绵阳市成立专项工作领导小组，加强港澳援建项目管理，并将港澳援建项目推进工作纳入各级党委、政府年度目标考核体系。市级有关部门强化责任意识，加强沟通衔接，全力做好港澳援建项目的可行性研究、选址、用地、环保、招投标等各项工作。项目推进中，业务主管部门和建设单位严格履行《项目可研报告》和《合作协议》，严格落实项目建设程序规范，严格执行项目资金“专户专存，专项管理”等财务制度。2011 年年底，香港、澳门特区政府总投资 15.88 亿元的 48 个援建项目已陆续竣工并交付使用。

4. 社会各界援建项目建设

在社会各界援建项目实施中，绵阳市坚持把高质量完成社会援建项目作为灾后重建的重要任务，坚持“政府主导、部门协作、群团和社会组织参与”的推进模式，加快捐建、援建项目实施，务求以“优质工程、廉洁工程、样板工程”来回报社会各界的无疆大爱。与各受援县签订《社会援建项目协议书》，建立项目进展情况月报制和共商机制，重点抓好项目执行、安全质量和资金管理。市红十字总会争取资金 8.38 亿元用于 687 个灾后重建项目，其中学校 102 个、卫生院 76 个、农房安置点 106 个（13 919 户）、卫生站 388 个、其他项目 15 个。市县两级慈善组织募集资金 5.1 亿元，用于全市

178个公共服务设施的灾后重建，项目涵盖学校、医院、敬老院、福利院、农房和农村基础设施等领域。台湾同胞、台资企业及台湾社会团体捐建的25个重建项目全部开工，完工25个，完工率100%，完成投资2.25亿元。中国侨联援建、凝聚全球华人爱心的北川中学2010年8月顺利竣工，9月1日学生们已搬进坚固实用、功能齐全的新校舍，开始崭新的学习生活。

第三节　恢复重建保障

恢复重建实施并不是一件容易的事情，尤其是在遭遇突发性特大自然灾害等非常态情形之下。尽管如此，绵阳依然按照进度完成了恢复重建规划的各项任务，体现出优秀的政策执行能力。

究竟是哪些因素让绵阳恢复重建能够顺利实施，从不同的角度会得出不同的结论。按照一些公共政策学者的研究，除了理想的政策制定本身需要科学化、民主化并具备高质量的政策方案之外，必要的政策资源、顺从的目标群体、正确的执行策略、合格的执行者、有效的沟通、正确的协调、适宜的环境、有效的监督等都是促进政策有效执行的重要因素。[①] 作为一种特殊的公共政策，恢复重建规划的有效实施同样离不开这些重要的因素。在这里，我们从公共政策执行保障的视角，从六个方面加以分析。[②]

---

① 参见张金马：《政策科学导论》，北京：中国人民大学出版社1992年版，第205—239页。

② 除了这六个因素，国家的支持、我国的举国救灾体制等都是绵阳恢复重建的保障因素，但与本书的主线“研究绵阳市如何应对及应对如何”相一致，在这里我们仅总结和分析绵阳市自身的主要因素。

一、机构人员保障

按照一些学者的理解，政策执行者是“通过行政过程的手段将一项政策付诸行动的正式行动人员”[①]。但事实上，政策执行者既包括政策执行的组织，也包括政策执行的人员。前者包括政党组织、政府组织、立法组织、国有企业、中介组织等，后者则是指在政策执行组织的人员。[②] 在政策的执行中，执行机构的权威性和执行人员自身的素质对政策执行的有效性产生直接的影响。

在绵阳市恢复重建过程中，重建规划的执行者主要是绵阳市负责重建的机构和人员。[③] 从绵阳市灾后重建机构的设置来看，市、县两级重建机构的规格都达到了绵阳市或县（市、区）的最高级别，2008 年 12 月 1 日组建的“绵阳市‘5·12’地震恢复重建委员会”，就由市委书记、市长任主任，相关市委常委任副主任，市人大、市政府、市政协相关领导任委员；2009 年 1 月梓潼县组建的“5·12”地震恢复重建委员会，就由县委书记任主任，县长担任常务副主任，相关县领导为副主任。在一些特别重大的专项恢复重建工作中，重建机构的设置也体现了高规格的特征，比如 2008 年 6 月 11 日成立的北川羌族自治县重建委员会，就由市委常委、副市长左代富任主任，市委统战部部长、市政协副主席文久喜、市委秘书长陈兴春、北川县县委书记宋明、安县县委书记王黎、北川县

① 〔美〕E. R. 克鲁斯克、B. M. 杰克逊：《公共政策词典》，唐理斌等译，上海：上海远东出版社 1992 年版，第 86 页。

② 参见刘斌、王春福等：《政策科学研究（第一卷）——政策科学理论》，北京：人民出版社 2000 年版，第 230—232 页。

③ 事实上，恢复重建政策的执行者还包括对口支援的机构和人员、志愿者等，本文仅讨论绵阳市的机构和人员。

县长经大忠任副主任，负责统筹领导北川羌族自治县灾后重建工作。从绵阳市恢复重建的过程来看，高规格的机构设置在政策执行中发挥了十分重要的作用，对提高政策执行的力度，及时解决执行中的问题具有十分重要的意义。另一方面，绵阳市在恢复重建中十分重视重建工作的部门职能化。2008年6月9日绵阳市委办公室、市政府办公室颁发的《关于抗震救灾和灾后重建工作职责分工的通知》（绵委办〔2008〕27号）就明确指出，抗震救灾从前期抢险救人转向恢复重建，决定整合力量，突出工作重点，逐步实现政府职能部门职能归位，灾后重建各项工作由政府及职能部门按职能职责推进，重大事项报市委常委会决定。① 从绵阳市恢复重建的实践来看，恢复重建工作的部门职能化对有序有力推进各项工作产生了十分积极的作用。可见，在遭受特大灾害之后恢复重建的特定时期，高规格的政策执行协调指挥机构和恢复重建工作的部门职能化，是恢复重建有效推进的重要因素之一。

而对于同为执行者的灾区干部，绵阳市则采取人员调整、业务培训等措施，以确保恢复重建政策执行所需的人力资源。汶川特大地震发生后，绵阳市干部队伍面临着两方面的严峻情形。一方面，干部队伍遭受重大损失，全市机关事业单位死亡或失踪干部511名，1 280名干部不同程度受伤，重伤致残82人；另一方面，在应急救援阶段，绵阳灾区干部承受着极大的工作和心理压力，“连轴转”的状态让他们也十分疲惫。面对灾区干部伤亡严重、干部身心疲惫、压力巨大、重建任务异常艰巨的实际，绵阳市迅即采取多种措施加强干部队伍建设，充实干部力量。2008年12月8日，绵

① 该通知也明确了各职能部门在恢复重建中的具体职责，本文不一一列举，感兴趣的读者可参阅该文件。

阳市委专门印发《关于进一步关心爱护灾区基层干部的意见》,就关心干部问题进行部署;在震后派出2个工作小组,分别负责北川县、平武县、安县、江油市4个受灾严重县市领导班子的考察工作;另外派出4个工作组分赴各条战线和其余重灾县区、乡镇开展干部考察工作。在此基础上,参考平时表现,选定一大批优秀年轻干部,通过从灾区提拔一批、市上下派一批、轻灾区交流一批、中央和省支援一批的方式,在灾后20天内补充任用副科级以上领导干部344名;破格提拔使用干部81人;从抗救灾一线选拔了30名干部进入县(市、区)领导班子。此外,从市级部门下派36名技术骨干进入18个重灾乡镇领导班子;从赴灾区工作人员和抗震救灾一线表现突出的党员中选派536人充实村党组织班子,选聘885名大学生到村任职,及时考录294名机关公务员和事业单位干部全部充实到极重灾县、乡镇紧缺岗位,从市县机关事业单位抽派了1000名干部到重灾乡镇、村参与农房重建。在干部充实调整的同时,绵阳市还以专项培训的方式提升灾区干部的业务素质。恢复重建期间,全市举办县级领导干部灾后重建专题培训7期,调训319人;举办科级领导干部灾后重建专题培训7期,调训332人;举办科以下干部专题培训240期,调训3.25万人。举办突发事件应急管理专题培训17期,调训县、科级领导干部、国有大中型企业高层管理人员、党校师资2070人。[①] 干部力量的充实和干部政治、业务素质的提高,为恢复重建政策的执行提供了必要的人力资

---

① 引自中共绵阳市委组织部:《鲜明导向 多措并举 坚持在救灾重建一线选育干部——绵阳市加强灾区干部队伍建设的主要做法和经验启示》。参见绵阳市重建委办公室、绵阳市委政策研究室:《绵阳市抗震救灾和恢复重建经验启示录》,绵新出内(2012)字第80号,2012年4月,第226—229页。更多关于灾区干部队伍建设的做法,读者也可参阅本引文。

源保障，有力地推进了恢复重建的各项工作。

二、资金物资保障

政策的执行离不开资金的保障。“在政策执行的全过程中，经费自始至终都是政策资源的一大要项。”①对绵阳市来说，筹集资金和用好资金是做好恢复重建资金保障的两大主要任务。在恢复重建中，绵阳全市纳入三年重建规划项目 7 314 个，规划总投资 2 267.34 亿元。其中：城乡居民住房估算总投资 729 亿元，公共服务设施重建总投资 254.7 亿元，基础设施重建总投资 286.9 亿元，工业重建总投资 367.5 亿元，学校重建总投资 115 亿元，卫生重建总投资 37 亿元，体育设施重建总投资 5 亿元，社会福利院重建总投资 9.6 亿元，文化设施重建总投资 15.5 亿元，水利设施重建总投资 76.7 亿元。全市共筹集各类灾后重建资金 1717.91 亿元，其中：财政投入资金 606 亿元（含交通重建资金 57 亿元），对口援建资金 209 亿元，港澳援建资金 14 亿元，捐赠资金 14 亿元，政府债券 1 亿元，特殊党费 23.91 亿元，金融贷款及自筹 850 亿元。中央下拨绵阳市灾后重建专项资金 519 亿元，资金到位率 100%。其中：城乡住房维修加固和恢复重建补助资金 140 亿元，重建项目补助资金 379 亿元。

面对如此巨大的资金需求和筹集的资金数额，绵阳市按照“突出重点、民生优先、量入为出、集中力量办大事”的原则，采取了四项主要措施来保障重建实施所需资金。一是削减行政经费，节约资金用于重建。2008 年 5 月 30 日，绵阳市委、市政府印发《关于艰苦奋斗重建家园的八条规定》（见专栏 5.1），从资金使用、工作

① 张国庆：《现代公共政策导论》，北京：北京大学出版社 1997 年版，第 177 页。

安排上倡导艰苦奋斗，一切从俭，节约数千万元人民币专门用于灾后重建。[①] 二是调整结构，突出重点，多渠道筹集恢复重建资金。绵阳市财政部门对全市用于灾后重建的资金来源进行认真测算，科学编制灾后重建资金筹集计划，按照调整支出结构、提高中央恢复重建资金使用效率、充分发挥财政资金“四两拨千斤”的作用、创新融资体制等多种筹集资金的办法，保证全市灾后重建项目资金需求。三是健全机制，科学规范，加强重建资金使用管理。成立由市长曾万明任组长、常务副市长任副组长，市发改、财政、监察、审计等部门主要负责人为成员的“绵阳市灾后重建资金使用联合审查小组”，强化对全市灾后重建政府性资金使用的审查；建立市政府灾后重建资金管理使用例会制度，由市长定期组织各县(市、区)和相关部门就资金管理使用、加快项目推进、加强督促指导等问题进行专题研究，及时解决项目推进中存在的资金问题；先后编制出台《绵阳市恢复重建项目使用政府性资金审批管理暂行办法》《绵阳市恢复重建和扩大内需资金管理办法》等一系列资金使用和监督文件，确定重建资金管理工作指导思想和基本原则，制定科学精简与安全有效相结合的灾后重建资金拨付规定流程，规范全市灾后重建资金申报、审批和使用程序，明确根据项目进度拨付资金的管理办法，确保全市灾后重建资金管理使用科学规范；通过建立资金拨付程序、合理掌控资金拨付进度、帮助项目实施单位完善内部财务制度等方式，开辟“特事特办、急事急办”的绿色通道，健全完善资金拨付机制；构建全市统一的恢复重建资金数据信息报送体系，为市委、市政府科学决策提供参考。四是强化监督，严肃问责，

---

① 《绵阳节约数千万元行政经费用于重建》，http://news.qq.com/a/20080530/003423.htm。

确保资金管理使用安全。市政府出台《关于恢复重建资金内部管理流程规定》《绵阳市抗震救灾资金监督管理办法》《抗震救灾捐赠资金使用管理办法》等一系列政策文件,保证重建资金分配、管理、使用有规可依、有章可循;发挥财政监督检查机构、投资评审机构的作用,与市县纪检、监察、发改、审计等部门的协调配合,建立部门定期联系制度,形成了灾后重建资金监管工作合力;按照"分级负责、分口把关"的原则,抽派骨干人员、充实检查力量、抓住关键环节、突出检查重点,加强恢复重建资金管理使用监督检查;将事后监督检查改为事前、事中、事后实时监管和现场监管,重点对重建资金分配、管理、使用及资金拨付的及时性、到位情况和合法合规性进行监督;加大信息公开力度,利用工作通报、网络媒体、市级报刊等形式,将灾后重建政策、项目投资概况、资金分配使用情况,及时向社会公布,保障群众的知情权、参与权和监督权,实现对灾后重建资金管理使用的全面监督,有效防止灾后重建中违纪违规现象的发生。① 通过这些有力的措施,绵阳市恢复重建政策执行的资金得到了有效的保障。

专栏5.1

关于艰苦奋斗重建家园的八条规定

市委市政府压缩会议、差旅费预算10%,用于建立恢复重建基金;所有市级财政拨款的行政、事业单位工作经费预算一律削减

---

① 参见绵阳市财政局:《科学精简 规范有序 确保重建资金安全有效使用——绵阳市恢复重建资金保障的主要做法和经验启示》,参见绵阳市重建委办公室、绵阳市委政策研究室:《绵阳市抗震救灾和恢复重建经验启示录》,绵新出内(2012)字第80号,2012年4月,第205—208页。

10%，充实恢复重建基金；大力调整财政支出结构，清理已批复和待批复的各类专项资金，暂缓实施一批非重点建设项目，进一步整合各类资金，集中财力帮助灾区恢复重建；除灾害造成的危房和毁损的办公场地按有关规定处理外，各级党政机关和财政拨款的事业单位一律不得新建楼堂馆所，不得借危房改造之机进行高规格装修；各级党政机关和财政拨款的事业单位一律不得购置、更换非应急抢险的公务用车，不得购买高级办公用品；暂停办理所有出国访问、业务考察和培训活动，已经办理相关审批手续但尚未成行的团组要重新报批、从严控制；严禁公款吃喝，各级党政机关和财政拨款的事业单位一律不得用公款相互送礼和宴请，不得接受下级送礼和宴请；建立严格规范的救灾款物管理制度和信息公开制度，所有救灾款物一律不得用于非救灾事项，严禁挤占、截留、挪用、贪污、私分、克扣和骗取救灾款物，发现一起，查处一起，决不姑息。

资料来源：2008年5月30日中共绵阳市委、绵阳市人民市政府印发的《关于艰苦奋斗重建家园的八条规定》（绵委发〔2008〕18号）。

在做好资金保障的同时，物资保障工作也在紧张有序地进行。在恢复重建过程中，绵阳市通过设立专门机构、建立各种协调机制、采取特别措施等，确保恢复重建所需的各种物资。比如，为进一步加强全市灾后重建物资保障工作，绵阳市重建委下设建材协调工作组，由市经委牵头协调全市灾后重建的砖、瓦、水泥、钢材等建材保障供应工作。为推进工作进度，2008年7月，绵阳市成立以市委常委、副市长蔡振红任组长的“绵阳市农房重建特供机制领导小组”，领导小组下设建材特供办公室，由市经委承担具体工作，

并明确市、县两级经济主管部门为具体执行机构。按照要求,各区县也分别成立农房重建建材特供机构,并延伸到乡镇、村,形成纵向到底的特供网络。为确保建材价格不突破规定差率和最高限价,2008年12月11日,市重建委增设建材价格监督工作组,工作组设在市物价局,下设两个建材价格联合检查组,分别负责4个极重灾县市和5个重灾县(区、园区)的建材价格巡回检查工作。在建立特定机构的同时,绵阳市还通过制定相应的政策①、建立完善特供运行机制、实行政府统一定价、建立价格监督体系、实行政府统购,合理分配资源、加快推进新项目建设,实现供需平衡、保障灾后重建建材质量安全等有效措施,保障了恢复重建所需的建材物资。

背景资料

游仙区建材特供机制

游仙区为保障恢复重建所需的红砖,探索建立“五个统一”建材特供机制。

1. 统一征购。全区52家砖厂生产的红砖由各乡镇人民政府统一征购。各乡镇分别成立红砖征购办公室,由党委、政府主要领导负主责,并派出57名分管领导、91名驻厂干部进驻全区52家制砖企业,实行24小时值守,具体负责红砖的统购分销、开票收

---

① 主要的政策有绵阳市人民政府2008年7月16日下发的《关于绵阳市灾后重建价格政策的意见》(绵府发〔2008〕16号)、2008年8月19日下发的《关于加强灾后重建建材价格管理有关问题的通知》(绵府办发〔2008〕35号)、2008年12月7日下发的《关于进一步加强灾后重建建材价格管理切实维护建材市场秩序的通告》。

款、填报销售台账等工作，从源头上规范红砖销售秩序。

2. 统一调配。根据区内各乡镇农房重建红砖需求和砖厂分布情况，划定范围、统一调配。各乡镇按照“三定”（定时、定点、定户）原则，制定出轮流供应到户的时间表，制发调拨单和供应到户的台账，确保源头控制、供应有序。同时，积极配合全市红砖的统一调配工作，调配300余万匹红砖支持北川等极重灾区灾后重建。

3. 统一运输。为加强对红砖运输环节监管，通过政府公开招标，确定运输车辆，发放《运输证》，实施身份管理；加大对驾驶员驾龄、运输车辆车况和建材特供运输证的审查力度，由乡镇人民政府与中标运输车主签订《服务承诺责任书》和《安全运输责任书》，明确职责，确保运输安全；制作《群众运价监督表》，在运输车辆将建材运到建房户后，由建房户填写运输里程、时间、地点、费用等内容，由乡镇特供办统一进行核实，有效监管了运价，保护了群众的利益。

4. 统一结算。由各乡镇驻砖厂干部统一向建房户出具售砖发票、统一填写销售台账、统一向建房户收取购砖和运砖费用、统一由乡镇红砖征购办公室向砖厂负责人和运输车主结算购砖和运砖费用（每三天结算一次）。从根本上控制了红砖销售和运输价格，避免了砖厂和运输车主直接或变相加价现象，切实保护了群众利益。

5. 统一价格。对红砖实行限价管理，红砖0.34元/匹，红砖运价30公里以内1.0元/吨·公里，30公里以上0.9元/吨·公里。同时，结合红砖主要在乡镇内调运的实际，规定15公里以内，运价0.055元/匹，既有效地控制了红砖及运输费用，又调动了运输车主的积极性，大大降低了人民群众建房成本。

资料来源：参见中共游仙区委、游仙区人民政府：《安民优先 民生为重 科学推进灾后恢复重建——游仙区恢复重建资金保障的主要做法和经验启示》，载绵阳市重建委办公室、绵阳市委政策研究室：《绵阳市抗震救灾和恢复重建经验启示录》，绵新出内(2012)字第80号，2012年4月，第354—355页。

三、执行进度保障

政策执行的力度与政策目标和政策督促密切相关。按照“三年重建两年完成”的恢复重建总体目标，绵阳市只有不断加大恢复重建实施的力度，才能在预定的时限内完成各项重建目标。所以，在目标压力既定的情形下，持续加强对恢复重建工作进度的督促也就成为绵阳市恢复重建的一项重要保障工作。从绵阳市恢复重建的过程来看，对工作执行进度的督促体现在以下三个方面。

一是决策机构的督促。从收集到的资料来看，绵阳市决策机构主要从三个方面对恢复重建执行的进度进行督促。(1) 在决策中提出进度要求。从绵阳市委、市政府2009年的各项决策来看，“加快”“加强”成为各项决策中出现最为频繁的字眼，决策的内容几乎都是要求加快恢复重建工作的进度。比如，市委、市政府2009年2月9日印发的《关于进一步加快恢复重建工作的意见》(绵委发〔2009〕1号)，2009年4月2日绵阳市召开的“加快恢复重建工作动员大会”，2009年4月21日市委、市政府印发的《关于进一步加强全市灾后重建项目工作的意见》(绵委发〔2009〕12号)等。(2) 设立专门机构进行督导。2009年5月28日，绵阳市在调整灾后重建委员会领导和相关工作职责的通知(绵委〔2009〕30号)中，决定设立三个督导组，分别负责绵阳城区、涪城、游仙、江油及各园区灾后重建工作督导；负责北川、安县、平武灾后重建工作的督导；负责三台、盐亭、梓潼灾后重建工作的督导。负责对灾后重建政策执行、重大工作推进和落到批示落实情况进行不定期督导。(3) 召开会议进行督导。比如2009年2—3月，绵阳相继召开了全市水利工程项目建设、卫生系统和农村恢复重建工作会，专题召开金融工作暨灾后重建项目资金对接会、重大项目推进会、"民生工程"滞后项目研究会等；在恢复重建后期，针对部分恢复重建解困子项目未开工，部分在建项目建设进度滞后，可能影响绵阳市灾后重建全面完成的情况，绵阳市委、市政府多次召开专题会议，逐个项目逐个问题地研究解决办法，并对相关项目责任单位，采取"发点球"的方式，定人头、定时间，确保问题项目、困难项目尽早开工建设并完工。

二是市领导的督促。市级领导的督促通常是针对重建实施中突出或急需解决的问题，由相关市级领导以调研或专题会议的方式进行。比如，对建材供应问题，从2008年7月底到12月初，在不到5个月的时间里市领导就进行了6次督促。2008年7月22日，市委主要领导深入北川羌族自治县擂鼓镇调研群众安置、农房建设及建材供应情况，要求全力保障建材生产供应，加快灾后农房建设进度；2008年7月25日，市委常委、常务副市长、市重建委主任左代富召集北川、安县、平武、江油、梓潼及市级相关部门负责人，对农民永久性住房建设用砖、砂石生产供应、水泥和钢材的货源采购等问题进行专题研究；2008年7月29日，市委常委、常务副市长、市重建委主任左代富主持召开农民永久性住房建设建材生产供应协调会议；2008年8月6日，省委常委、省国资委党委书记王少雄在绵阳市领导陪同下调研绵阳建材生产情况；2008年8月27日，市人大常委会副主任、市重建委副主任张贵乾主持召开绵阳市机砖生产供应有关问题的专题协调会议；2008 年 12 月 8 日，市委常委、常务副市长、市重建委主任左代富主持召开会议，就进一步加强建材价格监管工作进行专题研究。再比如，从 2011 年 9 月至 11 月，在短短的三个月时间里，市委书记吴靖平先后 14 次到北川调研，研究和解决恢复重建进程中存在的问题。[①]

三是职能部门的督促。职能部门主要是对本部门承担工作进度的督促。比如，为加快农房重建工作进度，绵阳市民政局加大督导检查力度，及时发现重建工作中存在的问题，研究解决的措施和办法。2008 年 9 月 2 日，市民政局下发《关于交叉检查复核地震灾害农房损失有关数据的通知》(绵市民救〔2008〕51 号)，同时从市民政局和各县(市、区)抽调包括分管副局长在内的 36 人，组成 9 个工作组，由市民政局领导分别带队，分赴 9 个县(市、区)和 5 个园区交叉检查复核数据，每个县(市、区)抽查 4 个乡镇 4 个村，主要检查农房重建户数、进度、资金发放情况、入住情况、困难农户建房、“特殊党费”使用情况；每个村入户调查 5 户，并填写入户调查表。2009 年 6 月下旬，市民政局派出工作组到县(市、区)检查农房重建情况。10 月中旬，市民政局组织局领导、科室负责人、直属单位主要负责人、县(市、区)民政纪检组长，分 7 个组深入各县(市、区)和园区督查农房重建、项目建设、板房处置、困难群众过冬准备等情况，在听取各组督查情况汇报后，召开县(市、区)民政局局长会议，通报督查情况。2010 年 3 月底至 4 月初，市目标督查办公室会同市财政局、市民政局分 7 个组，采取座谈了解、实地走访、入户调查、查阅台账、听取汇报等方式，对全市重建工作情况进行检查。检查工作结束后，市目标督查办公室向各县(市、区)人民政

① 资料来源于绵阳市民政局提供的《绵阳市抗震救灾志灾后重建篇》(征求意见稿)。

府发出《关于农房重建检查有关情况通报》，有力地推进全市农房重建的进度。截至2009年12月30日，全市核定恢复重建总户数50.31万户中，除北川羌族自治县285户未开工，其余50.28万户已全部开工，完工48.06万户。[①]

四、工作协作保障

汶川特大地震不是一省或一市所能处理的突发性特大自然灾害事件。也就是说，它已经成为一场需要国家出面才能有效处置的特大自然灾害。灾区的抢险救灾也好，恢复重建也好，都是在国家的统筹下，协调各种力量来共同完成。这意味着，在绵阳的恢复重建中，实施的主体必然是一个多元的主体。所以，在恢复重建阶段，绵阳市在协调好上级和内部关系的同时，还需要协调好与支援力量的关系。唯有如此，才能为良好的工作协作提供保障，形成恢复重建的合力。相较而言，绵阳市上下左右的关系按照现有的政权结构关系比较好协调，而与外部的关系协调，则需要在现有的法律和政策框架内，更多地通过有效的沟通、创新协作机制等才能取得良好的效果。所以，在这里我们着重分析绵阳市在恢复重建政策的执行中与外部关系的协调。从绵阳恢复重建的实践来看，绵阳市需要协调的外部关系主要有三个方面。

一是军地关系，也就是绵阳市如何与支持绵阳恢复重建的军队的协作。在这方面，绵阳市主要是通过军地对接会的方式来进行。比如，2008年6月19日，代市长曾万明与解放军第14集团军有关领导召开绵阳市恢复重建军地对接会，决定14集团军坚持统

---

① 参见《汶川特大地震绵阳市民政局抗震救灾志》编纂委员会:《5·12特大地震绵阳市民政局抗震救灾志》,2011年7月,第427—428页。

一领导，分片负责，抓紧建设公益设施，加强北川老县城地震遗址保护，加快北川地震博物馆建设和永久性学校援建工作以及抢修道路桥梁，开展废墟清理，帮助群众恢复生产等工作。

二是与援建单位的关系。按照国务院办公厅《关于印发汶川地震恢复重建对口支援方案的通知》（国办发〔2008〕53号）和四川省政府办公厅《关于印发汶川特大地震恢复重建省内对口支援工作实施意见的通知》（川府办发电〔2008〕85号）要求，山东、辽宁、河北、河南四省及四川省达州、内江、南充、资阳四市分别对口支援绵阳市北川县、安县、平武县、江油市和游仙区魏城镇、盐亭县柏梓镇、梓潼县许州镇、三台县新鲁镇恢复重建。全市恢复重建对口支援项目965个，总投资211.78亿元。其中：省外援建项目880个，总投资210.99亿元；省内援建项目85个，总投资0.79亿元。面对承担重要重建任务的各援建单位，如何协调好与他们的关系成为绵阳在恢复重建实施中需要考虑的重要因素。在这方面，绵阳市主要采取了三种做法来协调好与援建单位的关系。（1）成立对口援建专门机构，具体负责对口支援的组织协调、综合保障，主动服务各对口援建省市援建工作。各受援县市充分发挥主体作用，分别设立对口支援办公室，全力配合做好对口援建各项具体工作，形成了三位一体、援地协同、前后联动的工作格局，促进了对口援建工作有力有序有效开展。（2）建立单口对接工作模式。在援建工作实施过程中，各援建省市对援建任务进行细化、分解，落实到各专项工作组和具体建设单位，实行“一对一、点对点”单口对接工作模式，做到机构、人员、项目、责任、时限“五个落实”。绵阳市对口支援办、市级相关部门和各受援县，紧密结合灾后重建阶段工作重点，主动与对口援建省市对接，做好配合服务工作。特别是各受援县充分发挥主体作用、落实工作职责、完善工作机制，及时研究制定对口援建工作对接、信息报送和重点项目管理实施办法，全面做好援建协调配合工作，确保对口支援工作高效有序推进。(3) 建立协作机制。通过出台《关于恢复重建对口援建项目审批暂行办法》，市本级和受援县分别建立援建项目、重大事项会商机制，适时召开援建工作联席会议，通报灾后重建进展情况共同研究解决对口援建中的重大问题。[①]

背景资料

北川推动对口援建的机制

1. 协商沟通机制。建立与山东援建联席会议制度，不定期召开工作会议，研究援建项目，分析重建难题，安排部署任务，形成了自建和援建相互配合、齐抓共管、协调共进的工作格局。同时，为促进更好地交流协调，实行了干部双向挂职制度。

2. 联合办公机制。与山东援川工作指挥部共同成立山东援建北川恢复重建项目协调领导小组，建立联合办公、并联审批机制，切实为援建项目服好务。

3. 项目联合推进机制。与山东省援建方一起成立项目推进办公室，共同研究解决项目建设中存在的问题，定期对援建项目进行督查指导，重点抓好项目对接、建材供应、招标投标、项目监理和施工现场五个关键环节，确保援建项目进度和质量。

4. 营造感恩奋进的氛围。在全县范围内广泛开展以“感恩祖

---

① 参见绵阳市发展和改革委：《强化协助重实效 戮力重建新家园——绵阳市推进对口援建的主要做法和经验启示》，参见绵阳市重建委办公室、绵阳市委政策研究室：《绵阳市抗震救灾和恢复重建经验启示录》，绵新出内(2012)字第80号，2012年4月，第194—197页。

国·感恩山东"为主题的感恩教育活动,积极宣传山东人民的无疆大爱、广大援建工作者的辛勤劳动。深入开展学习崔学选等优秀援川干部的学习教育活动,营造良好的感恩山东的援建氛围,为援建工作顺利开展创造良好的外部条件。

资料来源:中共北川羌族自治县委、北川羌族自治县人民政府:《从灾难走向跨越 废墟上崛起新北川——北川县恢复重建的主要做法和经验启示》,载绵阳市重建委办公室、绵阳市委政策研究室:《绵阳市抗震救灾和恢复重建经验启示录》,绵新出内(2012)字第80号,2012年4月,第327—328页。

三是与社会各援助方的关系。在这次特大地震灾害应对中,社会各界对绵阳抗震救灾和恢复重建给予了资金、物资和智力等方面的大力支持,他们对资金和物资的在重建中的使用也特别关注。协调好与各援助方的关系,同样也是绵阳市在恢复重建实施中必须考虑的重要因素。在这方面,绵阳市重点做了以下两项工作:(1)联合开展评估论证。为确保社会各界援助项目科学实施,绵阳市与捐建、援建方对项目开展全面评估和科学论证。如在华人华侨援建新北川中学过程中,中侨联、市侨联委托香港大学、美国麻省理工学院、清华大学、同济大学等设计团队精心编制了三套高水准设计方案,组织专家和有关部门开展12次集体论证。在台湾同胞捐建项目过程中,市台办组织有关单位对项目立项、规划、地勘、环评等多个环节进行严格审查,经正式评估后列入捐建范围组织实施。市残联委托四川省工程咨询研究院和四川华睿川协管理咨询有限责任公司,对9个县(市、区)残疾人康复中心建设项目统一编制《可行性研究报告》,全部通过了"香港特别行政区援助四川恢复重建项目可行性研究报告评估会议"专家评审。(2)完善政策措施，为推进捐建、援建工作提供制度保障。各捐建、援建项目主管和指导部门结合实际，先后编制出台《“5·12”汶川地震捐赠款物管理和灾后重建文件汇编》《绵阳市红十字会地震灾后重建项目工程现场监督程序》《关于进一步理顺红十字会管理体制的通知》《绵阳市台办关于做好涉台捐建项目资金申报、管理、使用有关工作的通知》等一系列政策措施和管理制度，对项目申报、推荐、实施、督导与评估、财务管理等方面进行了全面、具体的规范，确保了捐建、援建工作有章可循、有据可依。[①]

五、廉洁重建保障

公共政策执行过程是一种利益选择。按照公共选择学派的观点，无论是政策的制定者，还是政策的执行者，都会遵循“经济人”规则。[②] 所以，加强政策执行的监管也就成为政策有效执行的重要保障。恢复重建涉及大量的资金和物资，只有建立起有效的监管体系，才能确保它们得到安全使用，进而保障恢复重建的顺利实施。在恢复重建中，绵阳市始终把监管的触角延伸到灾后重建全过程、全方位，为廉洁重建提供了重要保障。

其一是关口前移、重心下沉，构建全方位监管责任体系。灾后重建伊始，绵阳市县两级迅速成立重建项目资金监督检查领导小组和重建工程案件查处领导小组，建立纪检、监察、发改、财政、审

---

① 参见绵阳市人民政府外事侨务办公室：《凝聚民族精神 助推灾后重建——社会各界援助绵阳市恢复重建的主要做法和经验启示》，参见绵阳市重建委办公室、绵阳市委政策研究室：《绵阳市抗震救灾和恢复重建经验启示录》，绵新出内(2012)字第80号，2012年4月，第198—204页.

② 参见胡宁生：《现代公共政策研究》，北京：中国社会科学出版社2000年版，第177—178页。

计等部门参与的监督检查工作联席会议制度。市本级抽调 67 人组建了 10 个分片包干监督检查工作组、4 个项目资金专项检查组,组织市人大代表、政协委员组成 25 个督查组,聘请 370 多名特邀监察员、社会监督员参与检查,将责任落实到组、细化到人、具体到项目。按照“谁主管、谁负责”“谁使用(受益)、谁负责”原则,各县(市、区)相继抽调 313 人组建 67 个监督检查组,设立 1 512 个信访举报投诉点,实行 24 小时值守,确保每项物资、每笔资金、每个项目得到有效监管。

其二是健全制度、规范运行,构建全过程制衡约束体系。灾后重建中,绵阳紧紧围绕重点领域、关键部位、薄弱环节建章立制,做到监督检查有章可循、问责处理规范有序。为确保捐赠和援建资金使用透明、支出合规,出台《港澳援助项目资金监督检查办法》《特殊党费使用管理监督办法》等制度,实行援助援建项目资金专户结存、专账核算、专人管理。为确保灾后重建项目建设“提速不越轨”,出台《国家投资灾后重建项目管理暂行办法》《灾后重建国家技资工程建设项目招投标监督管理暂行办法》等 40 余项制度,使项目立项审批规范化、预算评审管理流程化、招投标电子化、质量安全监督合力化、资金拨付管理程序化,切实从源头上预防重建工程建设领域各类突出问题的发生。

其三是全程跟踪、拉网排查,构建全覆盖纠偏整改机制。强化介入监管,紧盯项目审批、规划调整、土地出让、资金管理、招标投标、设备采购、工程质量等权力廉政风险点,开展灾后重建项目资金定期巡查和一线检查,做到“哪里有资金项目、哪里就有监督管理,资金项目推进到哪里、跟踪检查就到哪里,问题发现在哪里、刹风整纪就到哪里”。强化同步监管,围绕灾后重建关键环节、重点领域和重大项目,组织 9 200 多人次驻县、定点、定项目开展检查,发现问题 3 324 个，提出整改建议 3 127 条，采取点对点方式督促整改问题到位 2 956 个。强化旁站监理、跟踪审计，派出 1 498 个审计组，对 3061 个项目进行了跟踪审计，涉及资金总额 762.85 亿元，审减资金和挽回损失 3.55 亿元。完成灾后重建项目工程结(决)算审计 2 739 个，涉及金额 131.8 亿元，累计审减金额 17.8 亿元。[①]

六、重建环境保障

制约和影响公共政策的制定与实施结果的外在因素统称为环境因素。[②] 从广泛意义上说，所有对绵阳恢复重建产生影响的因素都构成重建的系统环境。在这里，我们主要分析为保障绵阳恢复重建顺利实施的自然和社会环境。

1. 自然环境保障

从前面规划编制的困境分析可知，地震使绵阳恢复重建面临严峻的次生地质灾害威胁。为保障恢复重建的顺利实施，绵阳坚持把降低次生自然灾害破坏，保证人民群众生命财产安全作为重建工作的重中之重。市委、市政府召开 20 余次专题会议，组织 2 000 余名地质专家和当地有经验的干部群众，对全市震后地质、河堰、公路、桥梁、水电、建筑等进行 5 次拉网式勘查。按照合理避让断裂带、避让地质灾害隐患点、避让泄洪通道“三个避让”的原则，对全市重建的农房、学校、医院、福利院、场镇、北川新县城等进

① 参见中共绵阳市纪律检查委员会：《强化全程全域监管 确保阳光廉洁重建——绵阳市恢复重建项目资金监管的主要做法和经验启示》，载绵阳市重建委办公室、绵阳市委政策研究室：《绵阳市抗震救灾和恢复重建经验启示录》，绵新出内(2012)字第 80 号，2012 年 4 月，第 217—219 页。

② 陈庆云：《公共政策分析》，北京：北京大学出版社 1996 年版，第 60 页。

行科学规划、科学选址，把重建项目全部建在经过严格论证的安全地带。全市纳入地质灾害隐患监测点2 103处，规划实施重大地质灾害治理项目406个，275个需转人工程治理项目完工269个(在实施过程中因自然情况变化终止6处)，340个应急排危除险项目完工336个；受地质灾害威胁较大的5 983户农户全部实施避让搬迁，1.9万户失去宅基地农户全部重新在安全地带选址建房。科学制定应急避险预案，完善应急避险责任体系，制作避险明白卡发到每个可能遇险群众手中，做到对预警信号、逃生标示、避险路线和安全避灾点"四个知道"。震后以来，绵阳多次遭受特大山洪泥石流灾害，由于准备充分、预警及时、避灾果断，全市没有出现人员死亡，重建的学校、医院、场镇、农民集中安置点等没有发生倒塌损毁，灾后重建成果经受住了考验。

2. 社会环境保障

良好的社会环境对保障恢复重建顺利进行至关重要。地震发生后，绵阳灾区稳定工作面临着新的挑战：遇难及伤残人员众多，诉求情况复杂；城乡住房恢复重建任务异常繁重，不稳定诱因增加；涉灾信访及群体性上访事件呈上升趋势；涉灾案件和涉法问题较为突出；灾后重建社会敏感度高，隐蔽战线斗争形势严峻。面对新挑战，绵阳市按照"保增长、保民生、保稳定"的要求，强化组织领导、创新管理机制、细化工作措施，为恢复重建创造了良好的社会环境。

其一是建立组织机构。针对灾后维稳工作面临的新情况，特别是遇难学生家长、城乡住房重建户、遇难失踪职工亲属等特殊群体，市委、市政府迅速成立遇难学生家长抚慰稳定工作领导小组、遇难失踪职工亲属抚慰工作领导小组和因灾涉访工作领导小组。市、县、乡三级分别按照市委、市政府"保增长、保民生、保稳定"的工作要求，迅速成立稳控化解涉稳突出问题的领导班子和工作机构，突出工作重点、落实责任单位、明确主抓领导、分配具体任务，细化“分级负责、领导包案、跟踪督办、逐个化解”工作措施。对群众反映的热点、难点问题进行专题研究，在全市组织开展“一对一、多对一”结对帮扶抚慰、因灾失地农民安置和困灾特殊困难群体帮扶等工作，切实解决影响灾区社会稳定的突出问题，稳控和化解不稳定因素。

其二是创新管理机制。（1）建立台账动态管理，抓源头防范。针对灾后稳定防控工作特殊性，在抓好定期、敏感时期、重要时段排查工作基础上，创新工作方式、拓展工作思路、延伸工作覆盖面，通过调查摸排，对全市涉及重点民生工程和经济发展领域等 17 个方面的问题，按照工作系统、区域划分、维稳重点及措施保障等四个方面建立《绵阳市因灾涉稳工作台账》，并以市委、市政府名义下发各地各部门贯彻执行。通过实施台账动态管理，对涉稳案件分类梳理，明确属地管理，落实调处责任主体，有效从源头化解不稳定因素和矛盾。（2）做好风险评估，实施有效防控。按照责任部门评估、主管部门审查、领导机关决定、落实维稳措施、处置情况反馈的工作程序，抓好因灾涉稳风险评估体系建设。市委、市政府在加强日常监管的同时，重点对涉及民生问题政策的安全性、合法性、合理性和可行性进行审查把关，在深入调研和广泛征求意见基础上，制定《关于建立稳定风险预测评估及控制化解制度的意见》。各县市区分别结合自身实际，建立稳定风险评估体系和具体实施办法，对受灾群众安置、安置点管理及地震遇难伤残人员安抚帮扶政策及时加以规范，有效预防和化解不稳定因素。（3）抓好督查督办，提升维稳效能。坚持将“根本在于解决问题”作为化解矛盾、维护社会稳定的工作目标，建立完善因灾涉稳调处督查工作联席会议制度，定期召集各县市区维稳工作部门和市级有关部门召开联席会议，通报不稳定因素排查和调处情况，对个案、难案和重点案件开展会诊点评，及时总结经验教训。对群众反映强烈的矛盾问题及不稳定因素实行首问责任制、限时办结制和责任追究制，并纳入县市区和市级部门维稳年度目标考核，对除因客观因素未能及时办结的予以全市通报，对情节严重的地区、单位和责任人进行严肃问责。

其三是细化工作措施。（1）超前谋划，抓早动快。坚持“处早、处小、处了”工作思路，深入基层、深入一线摸排情况，对可能出现的矛盾纠纷和不稳定因素逐一落实责任，形成分管领导包案、具体人员办案、主要领导督案的维稳工作格局。组织开展市、县党政一把手大接访活动，加大矛盾化解和不稳定因素调处工作力度，积极稳控和化解突出问题。据统计，2009 年市级领导参与大接访 23 人次，接待群众 418 批次、2 571 人；2010 年市级领导参与大接访 42 人次，接待群众 290 批次、2 096 人；2011 年市级领导参与大接访 43 人次，接待群众 202 批次、2 572 人。（2）完善预案，加强管理。各级维稳工作部门根据矛盾纠纷及不稳定因素的排查结果，按照性质、类别、等级及处置方式，分阶段、分步骤编制应对影响社会稳定的各类突发事件应急预案和处置方案 74 个，做到应需而动。同时，根据不同时期不同重点，对应急预案和处置方案及时进行修改、完善和调整，不断提升矛盾纠纷化解和不稳定调处的针对性、实效性。灾后重建以来，全市不稳定因素排查率 100%，化解率提高到 90%以上，有效防止了重特大群体性事件和重大恶性刑事案件的发生。（3）坚持原则，分类处置。坚持一手抓矛盾化解调处，一手抓防范打击。将民工工资、征地拆迁、群众安置、安全隐患、工程欠款等涉及民生的问题作为矛盾纠纷化解和不稳定因素防控调处的重中之重，按照条块结合、统筹兼顾、协作配合、注重实效的原则，加强管理指导、实行跟踪督办，成功化解缠访闹访等不稳定因素。针对敌对势力的分裂破坏及渗透活动，将排查出的重点人员全部纳入监控视线，逐一落实监控措施，强化舆情分析研判，加强监管和依法打击，确保全市地震灾区的政治和社会稳定。[①]

第四节　相关问题的探讨

总体来看，绵阳市较为顺利地完成了预期的恢复重建目标，形成了“科学重建、和谐重建、务实重建、艰苦重建、阳光重建”五项基本经验。[②] 这些经验和做法，对未来特大灾害的恢复重建具有重要的借鉴意义。但是，由于特定的政策诉求、现实的迫切需要等原因，绵阳恢复重建工作具有十分明显的“紧迫性”特征。这一特性不仅决定了短期内完成规划编制和重建实施工作的艰巨性，同时也决定了“应急”的重建工作不可避免地存在某种内在的不合理因素。鉴于此，梳理绵阳市恢复重建潜在的问题，对未来特大灾害的恢复重建同样具有重要的参考价值。

一、重建速度与工程质量

由于国家重视、国民关注、群众需要等原因，灾后重建出现一

---

① 参见中共绵阳市委政法委员会：《全力维护灾区和谐稳定 为恢复重建保驾护航——绵阳市维护灾区社会稳定的主要做法和经验启示》，参见绵阳市重建委办公室、绵阳市委政策研究室：《绵阳市抗震救灾和恢复重建经验启示录》，绵新出内(2012)字第80号，2012年4月，第235—237页.

② 绵阳市重建委办公室：《以人为本 科学重建 加快建设灾后美好新家园——绵阳市恢复重建的主要做法和经验启示》，载绵阳市重建委办公室、绵阳市委政策研究室：《绵阳市抗震救灾和恢复重建经验启示录》，绵新出内(2012)字第80号，2012年4月，第30—32页。

味求速度、见成效的现象,工期一赶再赶,速度一提再提,跑步前进出成果的事件时有发生。如何在高速重建的同时保障重建质量成为不可回避的问题之一。2015 年 4 月 13—17 日[①],笔者在绵阳市调研过程中,当地干部群众也多次提到这一问题。重建速度过快,水泥、沥青等建筑材料往往还没有达到国家规定的保养期限就突击施工,工程质量难免打折扣、出问题。一些干部也反映工程质量的问题,像有些地方的联户路建设工程,就出现了因水泥质量太差,混凝土很长时间都“收不了汗”的情况。

按照国家的要求,三年的灾后重建工作必须在两年内完成。这一时间安排本来就已经非常紧张,但在任务层层下达的时候,任务完成的时间被人为地逐级缩短。这一任务下达到省市县的时候,地方政府都会把重建的完成时间往前推,市县业务部门安排任务时也会把完成时间提前,市县一级业务部门在向基层乡镇安排任务时又要求进一步提前完成。而且,与之相伴的责任追究给下级执行者带来极大压力。在灾区市县就有过因灾后重建进度太慢,县一级领导被撤职的情况发生。导致这种把灾后重建的时间盲目往前提的原因,就在于各业务部门都将灾后重建的进度时间作为本部门考核的政治任务,因此他们在进行规划设计时,出于政绩的考虑都将时间进度往前提,导致基层政府组织在进行项目安排时,没有足够的时间了解农户的真实需求,在材料安排、施工队伍组织、质量监督保障等方面都存在问题,最终导致工程完成质量不高。本项目委托中国人民大学社会学系开展的一项调查也提到了由于强调速度而出现的质量问题,“基层干部也指出,政府将重建速度放在了第一位,导致对重建前的规划重视不够,工程质量也

---

① 以下提到的笔者调研,均为这一时段进行的调研。

因此受到影响"[①]。笔者在绵阳调研中还了解到,一些地方追求灾后重建的进度,导致技术工人、劳动力出现短缺。这种短缺,使得技术工人、劳动力单价飞速上扬。据介绍,一些灾区县的技术工人(如建房的技术工)的价格从地震前的50元/天上涨到200元/天,且还出现有钱也请不到技术工人的状况。另外,灾后重建项目需要的大量劳动力,也由于灾后重建的项目太多、时间要求太紧而出现难以组织的情况,这不可避免地会影响到重建的质量。所以,在特定的政策要求无法改变的情况下,如何科学重建、因地制宜处理好速度和质量的关系问题是今后恢复重建中尤其要注意的问题。

二、安居与生计

由于地震灾区的主要精力都集中在新房建设上,对占用耕地的控制不是很严格。有的村庄受地震的影响,村民将会搬到邻近地势相对平坦的安全区域修建永久性住房,宅基地由乡镇进行统一协调。在此过程中,如果不对原有宅基地进行严格(或强制性)规划管理,农民搬入新居,原宅基地退耕或退还集体是一件很难的后续工作。同时,地震和多次余震及造成的次生灾害致使大量农田被淹、被毁,导致农田面积急剧减少。即使没有被毁的耕地,有许多也因滑坡等原因覆盖了大量土石,使耕地的肥力和耕作性能降低。有许多农民既失去了耕地,也失去了赖以居住的宅基地。

灾后重建,要避免搞"面子工程""目标工程""花架子工程"。盖一些漂亮的房子是容易的,建一个比震前更大、更坚固、更漂亮

---

① 参见由本项目委托中国人民大学社会学系2015年8月3—7日对绵阳进行社会调查后形成的报告——《汶川特大地震抗震救灾案例研究报告——以四川省绵阳市为例》,2015年9月,第20—21页。

的住房并不是什么难事，关键是灾民的生计问题。笔者在绵阳市走访调查了解到，震区尤其是深山区在震前多数劳动力在外地打工，其收入多数来自于打工收入，地震使他们多年的积蓄化为乌有，震后重建普遍欠债。即使政府在异地帮助建筑了永久性住房，但未来的生计仍面临极大困难。北川县震前总人口16.1万人，土地16万亩，人均土地0.97亩，中低产田占88%，以坡地为主，25度以上的土地即达8万多亩。地震中滑坡损毁了大量农田，现在，人均0.5亩都不到。震后农村人口13万人，劳动力9.9万人，三分之一的农民难以回到原住地。面对农业对劳动力的承载能力严重下降的情况，大量灾区农民必须从第一产业向第二、三产业转移，但灾区农民没有思想准备，也缺少资金创办第二、三产业。地方干部群众普遍对政府的支持有着强烈的期盼，希望政府通过重大项目建设、新农村建设、落实就业促进政策、开展就业援助和深化对口劳务合作等途径，不断拓宽就业渠道，积极促进灾区群众就业创业。当地政府也出台了一些有利的政策，如政府要求由政府部门投资的建设项目要优先吸纳灾区群众就业，鼓励实行以工代赈方式，优先安排灾区就业困难人员。要坚持开发式扶贫方针，大力实施扶贫开发攻坚工程和整村推进计划，把培育特色产业与扶贫开发紧密结合起来，加快建立生产启动专项资金和扶贫互助社，提供产业恢复与发展资金补助、短期小额贷款支持，提高贫困人口自我发展能力，不断推进扶贫开发和农村低保有效衔接，但在实施过程中，还需要进一步细化落实，真正让受灾群众在重建过程中尽快更好地恢复生产和生活，为未来的生计找到一条切实可行的致富门路。

三、建材供给和建筑垃圾

笔者在2015年4月13—17日赴绵阳的调研中了解到，由于建筑材料短缺、施工力量不足等因素，政府补贴的大部分被建筑材料涨价和劳动力价格提升所吞噬。农民现在的住房，确实既宽敞又漂亮，但农民住进漂亮的房子后，会发现债务成为难以甩掉的负担。在对绵阳住房恢复重建的研究中，我们发现，如果在永久性住房建设中，经委、商务部门做好建材企业产销衔接工作，工商、物价部门做好建材市场、建材价格监管工作，铁路、交通部门做好重建物资调运工作，注意分批分层次进行建设，同时结合扩大内需政策加大对灾区建材生产企业技术改造支持力度，扩大建材生产和供应保障能力，就能够更有效地避免集中建设造成的市场混乱、物价飞涨，以及给居民带来的新的经济负担。这是今后恢复重建需要关注的问题。

与建材相关联的另一个问题是建筑垃圾的回收利用问题。这次地震造成房屋倒塌损毁严重，垮塌的建筑垃圾和重建中新增加的建筑垃圾可谓是"浩浩荡荡"，大多数建筑垃圾堆放地的选址在很大程度上具有随意性，留下了不少安全隐患。施工场地附近多成为建筑垃圾的临时堆放场所，由于只图施工方便和缺乏应有的防护措施，在外界因素的影响下，建筑垃圾影响空气质量、出现崩塌、阻碍道路的现象时有发生。国务院发布的《汶川地震恢复重建条例》第三条要求，地震恢复重建应遵循经济社会发展与生态环境资源保护相结合的原则；第四十二条要求，对现场清理过程中拆除或者拆解的废旧建筑材料以及过渡安置期结束后不再使用的活动板房等，能回收利用的，应当回收利用。重建条例是重建工作的纲领，它为建筑垃圾的处理指明了方向。建筑垃圾走回收循环再利用之路，可有效地减少建筑垃圾量。建筑垃圾的许多废弃物经分拣、剔除或粉碎后，大多数是可以作为再生资源重新利用的。比如，废钢筋、废铁丝、废电线和各种废钢配件等金属，经分拣、集中和重新回炉，砖、石、混凝土等废料经破碎后，可以代替砂用于砌筑砂浆、抹灰砂浆和混凝土垫层等。由此可见，在灾后重建中，充分利用废旧材料，变废为宝，不仅可以保护环境，还可以有效弥补建材供应的不足，减低建房成本，进而减轻受灾群众的负担。据资料显示，目前我国建筑垃圾综合利用专利技术已达 172 项，其中绝大多数实现了成果转化。[①] 可见，建筑垃圾的回收利用在技术上是成熟可行的，但绵阳市在恢复重建中，却没有很好地应用这些技术。由此看来，如何利用好这些建筑垃圾同样也是灾区恢复重建中值得思考的问题。

四、重建资金的有效使用

在灾后重建过程中，《国家汶川地震恢复重建总体规划》提出，地震重建将多渠道筹措资金，包括中央财政、地方财政、对口支援、社会募集、国内银行贷款等，广拓资金来源。2009 年开始，国家对地震受灾市（县、区）进行了高强度的资金投入计划安排。除了每个灾区市县有对口援建省市的资金支持外，国家灾后重建资金约 1 万亿元将会通过各职能部门下拨到灾区市县的相关部门，由市县一级的部门进行具体的规划设计并组织实施。此外，大量非政府组织的资金也加入到灾区灾后重建工作之中，有的是直接面向社区，有的则是与市县一级政府机构开展合作。重建资金呈现出多

① 参见《四川灾区重建：建筑垃圾再生建材被看好》，http://www.xnjcw.com/news/387253-2.html，2009 年 2 月 5 日。

部门、多渠道的特征，但缺乏多部门的沟通和统一安排。

国家审计署2009年9月14日公布的汶川地震恢复重建跟踪审计结果显示，76个重点项目资金使用和建设管理情况总体是好的，没有发现重大违法违规问题。但部分项目存在一些问题，其中，绵阳市安县新县城堤防工程多计地震受灾损失，规划不准致资金多安排，项目规划与实际情况不符，导致多安排中央财政资金1 554万元。

固然，政府集中掌握资金可以提高资金使用的效率，但政府机构一方面掌握资金的使用，另一方面又要进行资金的监管，往往会陷入既当"运动员"又当"裁判员"的尴尬。从我们对绵阳市资金使用情况的研究来看，要避免这一尴尬的困境，就需要统筹兼顾、有的放矢、重点突出、加强监督，确保重建资金的有效使用。这也是值得今后灾后重建需要高度关注的一个问题。

第六章
灾后行动与未来发展

在前面几章，我们从公共政策制定和执行的视角，分别总结了绵阳应对汶川特大地震灾害的经验和做法[①]，对存在的一些不足也进行了分析和探讨。在这一章，我们将着重分析绵阳市2009年以来防灾减灾的实践探索，并在分析绵阳市面临的防灾减灾形势的基础上，探讨绵阳市防灾减灾的未来发展。

第一节　防灾减灾的实践探索

2009年5月，绵阳市委书记吴靖平在绵阳市委五届十一次全会上的讲话中表示，三年重建总投资2 266.3亿

① 中共绵阳市委政策研究室将抗震救灾取得胜利的经验总结为六条，绵阳市重建委办公室将恢复重建顺利完成的经验和启示各总结为五条。参见四川省绵阳市灾后恢复重建委员会办公室、绵阳市委政策研究室组：《绵阳市抗震救灾和恢复重建经验启示录》，绵阳新出内(2012)字第80号，2012年4月，第17—20页、30—33页。

元，其中防灾减灾投资22.54亿元；灾后重建投资完成后，绵阳全市城乡住房、公共服务设施、基础设施水平将提升10—20年；要把灾后重建成果整合起来，转化为现实生产力。[①] 在灾后恢复重建过程中，大量产业和事业的恢复本身就是防灾减灾工作，标准高、超前建设使各项事业和产业的防灾减灾能力和水平大幅度提升。

灾后，绵阳市迎来了经济的高速发展，GDP增长率始终高于10%，财政总收入增长率极高，在2011年甚至达到了44.2%，而CPI维持在5%以下（见图6-1），这构成了绵阳市防灾减灾救灾事业发展的基本背景。经过6年的发展，绵阳市防灾减灾救灾在规划谋划、机制建设、能力建设、投入保障等方面得到了不断的提升。本节，我们将着重探讨这方面的实践与经验。

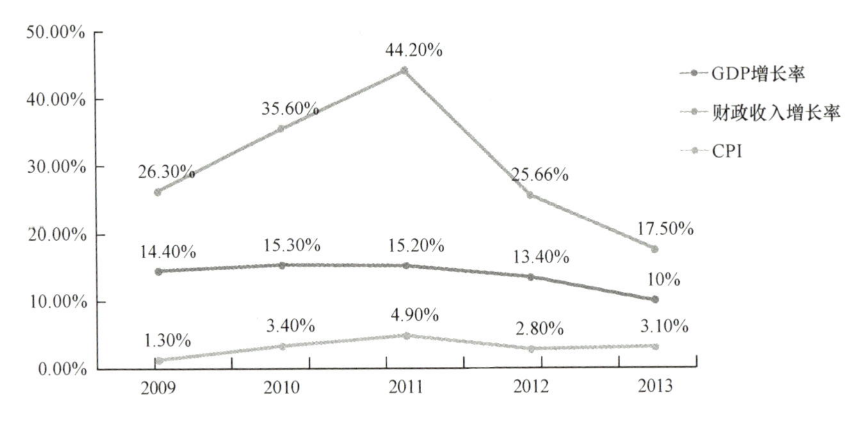

图6-1 绵阳市2009—2013年基本经济情况

注：数据源自2010—2014年绵阳年鉴。

---

① 《中共绵阳市委书记吴靖平同志在市委五届十一次全会上的讲话》，http://www.my.gov.cn/MYGOV/145812872683847680/20150824/1452510.html。

一、规划指导

根据上级工作要求[①]，以及与《绵阳市国民经济和十二个五年规划纲要》对接，绵阳市将《绵阳市“十二五”防灾减灾规划》列入一般专项规划的计划中[②]，由市防震减灾局牵头制定。2012年11月，《绵阳市“十二五”防震减灾规划》出台，针对地震灾害设置了2015年的目标、四大任务和重点项目。在这些项目中，除了市应急避难场所建设、应急物资储备及场所建设等部分任务外，并没有太多内容涉及绵阳市其他经常发生的灾害，如暴雨洪涝灾害、滑坡泥石流等地质灾害。针对单个灾种制定专项规划，这在全国并不多见。“防大灾、备大灾、救大灾”[③]是四川省的一项总体要求，因此绵阳市基于大震之后对于可能造成巨大人员伤亡和财产损失的地震给予了极高的关注。然而，很多灾害的发展具有链条的特点，灾种之间的界限并非十分明晰，我们还需要强调综合减灾。从2015年“十三五”防灾减灾规划编制的前期准备工作来看，绵阳市显然已经意识到了这个问题。[④]

除了针对单灾种的专项规划之外，绵阳市一些职能部门在制定部门发展规划时也纳入了防灾减灾救灾的部分内容。比如民政

---

① 参见2008年6月9日民政部发出的《关于做好汶川地震灾后重建规划方案的通知》(民电〔2008〕105号)，其中第三条规定提出防治地震、地质和洪涝等灾害的规划方案。

② 参见2011年4月25日绵阳市“十二五”规划工作领导小组发出的《关于开展市级各类专项规划与〈绵阳市国民经济和十二个五年规划纲要〉对接工作的通知》，http://myzwgkml.my.gov.cn/detail.aspx? id=20110817153014-921084-00-000。

③ 《省政府副秘书长陈越良检查调研我市防灾减灾与备灾工作》，http://mymz.my.gov.cn/MYGOV/150666099828981760/20140611/1055775.html。

④ 《绵阳市人民政府办公室组织召开“十三五”防灾减灾规划编制工作会议》，http://myzwgkml.my.gov.cn/detail.aspx? id=20150923165209-759647-00-000。

部门的“十二五”规划，就设置了“建立完善防灾减灾救援体系”的任务，包括加强城乡区域防灾减灾能力建设、加强自然灾害救援救助能力建设、完善救灾物资储备体系、建立灾害应急救助指挥系统四个方面（见专栏 6.1）。科技部门 2013 年印发的“十二五”规划[①]提出科技服务民生的重点领域，要加强灾害预测预警和安全防范技术研究，重点开展地震、暴雨、洪水、干旱、地质灾害等监测、预警和应急处置关键技术，灾区生态重建技术研究与应用，突发事件的预测、预防、预警和应急处置技术，提高人民的生活质量，保障公共安全。卫生部门 2013 年印发的“十二五”规划[②]提出卫生应急能力建设的重点建设项目，包括强化卫生应急协调机制、联防联控机制、区域合作机制，加强卫生应急队伍建设，配备功能齐全的应急装备和通信保障设备，加强培训与演练，建立健全卫生应急监测报告信息系统、辅助决策信息系统、应急处置信息系统，以及应急储备和保障管理信息系统等。教育部门 2013 年印发的“十二五”规划[③]提出地震灾区中小学教育提升计划，要加强校长和教师队伍建设，深化课程改革，将心理健康教育、感恩教育、生命安全教育等融入中小学教育教学各环节。

专栏 6.1

绵阳市民政部门“十二五”规划中关于“建立完善防灾减灾救援体系”的内容

进一步建立健全以“紧急救援、查灾核灾报灾、转移安置、灾民

① 参见《绵阳市科学和技术发展“十二五”规划》。
② 参见《绵阳市“十二五”卫生事业发展规划（2011—2015 年）》。
③ 参见《绵阳市“十二五”教育事业发展规划》。

生活救助、物资保障、恢复重建”为主要内容的自然灾害应急救援体系，初步建立以“健全救灾应急队伍和信息化指挥”为主要内容的综合减灾应急救援指挥体系，提升全民防灾减灾意识，着力提高防灾减灾能力，全面提高救灾减灾工作水平。

1. 加强城乡区域防灾减灾能力建设。将防灾减灾与城乡区域发展、主体功能区建设、产业结构优化升级、生态环境改善紧密结合起来。提高新建城乡建筑和公共设施的设防标准，加强城乡交通、通信、广播电视、电力、供气、供排水管网、学校、医院等基础设施的防灾能力建设。加强城乡基层社区防灾减灾能力建设，创建10个全国综合减灾示范社区、30个省级防灾减灾示范社区、50个市级防灾减灾示范社区。大力推进绵阳城区、各县市政府驻地、人口密集区、经济核心区和农村地质灾害易发区的防灾减灾能力建设，建设或改造276个避难场所，适当配置应急物资，设置应急逃生指示标识和应急广播接收装置，编制社区应急预案和灾害风险图，开展社区救灾演练，全面提高综合防灾能力。

2. 加强自然灾害救援救助能力建设。结合自身救灾业务工作特点，培育和发展“一队多用、专兼结合、军民结合、平战结合”的应急队伍建设，将公安消防队伍建成政府的综合救灾队伍。大力推进应急救援队伍针对性培训，开展专业化、集成化、模拟化、实战化训练，提高综合救灾能力。加强灾害信息员队伍建设，每个村、城市社区至少有一名灾害信息员，进一步提高应急信息保障水平。全面加强应急通信、应急广播设施、救灾专用车辆、应急救援专业机械设备等技术装备建设。

3. 完善救灾物资储备体系。建立布局合理、品种齐全、数量充足、管理规范的市、县、乡镇三级救灾物资储备体系，全面提升储备能力，扩大辐射范围，提高调度管理效率。充分利用企业储备和商业储备，提高救灾物资应急保障能力，建立救灾物资政府储备库为主、社会储备为补充的救灾物资应急保障机制。“十二五”期间，全市新建55个乡镇救灾物资储备站，在高寒山区设立20个救灾物资储备点，实现自然灾害发生后2小时物资保障能力。

4. 建立灾害应急救助指挥系统。建设标准统一、接口完善、协同配合、运转高效的市、县、乡镇、村四级联网的自然灾害应急救助指挥系统，纵向贯通到省、中央，横向覆盖各相关部门。构建连接省、中央，覆盖全市乡镇的灾害应急救助信息处理与共享平台，综合运用各种先进技术，建设完善的数据库系统，实现各类灾害应急救助信息获取、采集、传输的集成化管理和综合运用，实现灾情、决策、指挥、物资调运等各类信息的及时发送与传递。

资料来源：《绵阳市民政事业“十二五”发展规划》。

二、体系建设

绵阳市将防灾减灾救灾基本纳入了应急管理体系进行管理，这从2010—2014年每年的《绵阳年鉴》都将应急管理单独作为一章且自然灾害应对是其重头戏可以看出。由此可见，绵阳市防灾减灾救灾制度的建设基本是在应急管理建设的框架内进行。在应急管理方面，绵阳市委、市政府修订了《绵阳市人民政府突发公共事件总体预案》，先后编制出台《关于加强应急管理工作的决定》《关于加强应急管理队伍建设的意见》等一系列政策文件，市、县、乡三级建立由主要领导任主任的突发事件应急管理委员会，设置应急管理机构，配置专兼职工作人员，从建设应急管理队伍、完善应急预案体系、做好基础保障等方面强化应急管理机制建设，大力构建“纵向一条线，横向一个面”的应急管理体系。[①]

针对自然灾害的应对，绵阳市也进行了应急预案修订、组织架构调整、出台管理办法等体系建设。

在应急预案修订方面，2010年1月26日发布的《绵阳市自然灾害救灾应急预案》[②]是其中最为重要的一部。此后，各县（市、区）政府、园区管委会相继修订完善自然灾害应急预案，各企事业单位、街道办事处、乡（镇）政府及村（居）委员会等基层单位编制、修订、完善具有各自特点的简明、实用、操作性强的应急预案。除此之外，绵阳市还先后完成了《绵阳市地震应急预案》《绵阳市地质灾害应急预案》《绵阳市气象灾害应急预案》等专项预案的修订和发布，全市基本上形成横向到边、纵向到底的自然灾害应急预案体系。[③]

《绵阳市自然灾害救灾应急预案》由绵阳市政府按照“简便、易行、实用”原则，在深入开展调研、广泛征求民意基础上[④]，由2003年11月绵阳市人民政府发布的《绵阳市自然灾害救灾应急预案（试行）》修订而来。预案进行了救灾工作组织架构的重新梳理和救灾流程的再造，大大扩充了应急准备的范畴和内容，细化了自然灾害分级标准，并在一定程度上建立了市本级的应急响应制度，一些工作如物资储备从民政、粮食、供销社等部门的具体工作上升为机制，预案的操作性、实用性得到了极大的提升。其中，与2003年版预案相比，工作原则一项中增加了“市委、市政府的领导”和“属

① 参见绵阳市重建委办公室、绵阳市委政策研究室：《绵阳市抗震救灾和恢复重建经验启示录》，绵新出内（2012）字第80号，2012年4月，第239—241页。

② 参见《绵阳市人民政府关于印发〈绵阳市自然灾害救灾应急预案〉的通知》（绵府发〔2010〕5号）。

③ 作者整理自《绵阳年鉴2010》《绵阳年鉴2013》《绵阳年鉴2014》。

④ 参见绵阳市重建委办公室、绵阳市委政策研究室：《绵阳市抗震救灾和恢复重建经验启示录》，绵新出内（2012）字第80号，2012年4月，第240页。

地管理”的原则，以及依靠广大群众、动员社会参与的提法。从工作原则的变化中，我们能看出绵阳市提高了救灾工作的统筹层次，增强了多主体参与的意识。

2010 版《自然灾害救灾应急预案》通过预案的形式将自然灾害救灾应急的组织架构和应急流程固定下来（见图 6-2），这是相对于 2003 版预案来说最大的变化。

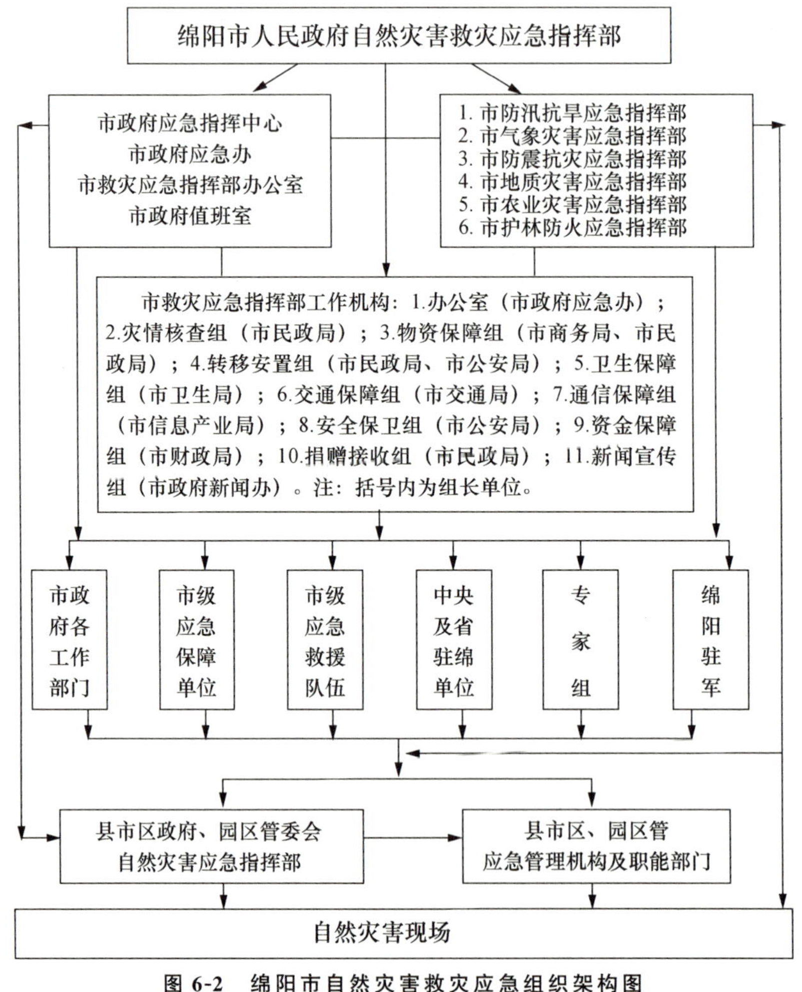

图 6-2 绵阳市自然灾害救灾应急组织架构图

来源：2010 年修订后发布的《绵阳市自然灾害救灾应急预案》。

面对自然灾害，绵阳市政府可被视为一个整体的组织，而自然灾害的应对可看成这个组织的产品。政府可以按照职能组合工作，也可以按照产品或地区组合工作，也可以使用矩阵式，即职能与产品或地区交叉组合的方式。[①] 2010年，绵阳市通过预案所确定下来的组织架构正是矩阵式。绵阳市人民政府自然灾害救灾应急指挥部为最高一级指挥机构，总指挥长由市长担任，其办公室设在市政府应急办，并下设灾情核查、物资保障等10个小组。这10个小组的职能由不同的市政部门承担，如物资保障组由市商务局、市民政局为组长单位，成员单位为市经委、市粮食局、市供销社、市工商局、市物价局。此外，从自然灾害救灾应急指挥部又延伸出了防汛抗旱、气象灾害、防震抗灾、地质灾害、农业灾害和护林防火等6个专项应急指挥部。这种组织架构在当今的自然灾害应对工作中也最为主流。然而，这类看起来面面俱到、颇为复杂的组织架构是否是最适用于自然灾害应对的方式仍有待探讨，因为这种方式适用于产品的研发和创新，过多的层级和分类会使协调成本大大增加，影响效率，起码绵阳市交通部门在一个交通应急演练的预案标题里使用了扁平化这个概念。

除了以上救灾应急组织架构外，2009年3月，绵阳市成立减灾委员会，由分管副市长担任主任，具体工作由市民政局承担，办公室设在市民政局救灾救济福利科。绵阳市减灾委员会的主要职责包括：贯彻落实国家、省减灾工作的方针、政策和规划，研究制定绵阳市防灾减灾规划，协调开展全市防灾减灾活动，指导县市区开展

---

① 詹姆斯·布里克利、克克雷佛·史密斯、杰诺德·施泽曼：《管理经济学与组织架构》，北京：人民邮电出版社2005年版，第261—273页。

防灾减灾工作，推进防灾减灾交流与合作。[①] 此后，绵阳市各县（市、区）逐渐成立减灾委。比如，为进一步加强全县减灾工作的组织领导，提高综合减灾工作能力，2012 年 5 月 11 日安县正式成立减灾委，由副县长担任县减灾委员会主任。[②]

在防灾减灾政策创制上，绵阳市修订《绵阳市地震安全性评价管理办法》（绵府办发〔2010〕8 号），制定《救灾物资储备库建设管理办法》，印发《地质灾害灾情防治分析会商制度》（绵府办发〔2010〕28 号）、《关于加快水利改革发展的意见》（绵委发〔2011〕1 号），下发《绵阳市人民政府办公室转发市防震减灾局关于进一步做好防震减灾工作意见的通知》（绵府办发〔2010〕30 号）、《绵阳市人民政府办公室转发市防震减灾局关于进一步做好防震减灾工作意见的通知》（绵府发〔2011〕4 号）、《绵阳市民政局关于进一步加强救灾物资管理的紧急通知》（绵民办〔2014〕13 号）等，促进救灾物资储备机制等一系列机制的建设。此外，2011 年绵阳市委、市政府主持编撰《绵阳市防汛工作手册》，规范、强化和提高全市防汛工作。

三、能力建设

能力建设是推动防灾减灾工作真正落地的主要手段。在防灾减灾能力建设上，绵阳市具有以下几个显著特点。

---

① 参见《绵阳市人民政府办公室关于成立绵阳市减灾委员会的通知》（绵府办函〔2009〕68 号），2009 年 3 月。

② 《安县减灾委员会正式成立》，http://anxian.my.gov.cn/ax/219851765200191488/20120517/375802.html。

1. 以项目建设促进防灾减灾能力的提升[①]

市级防灾减灾项目是“5·12”特大地震灾害后，国家发展改革委、民政部等部委自上而下规划建设的灾后重建项目。2009年，绵阳市按照国家和四川省的规划要求，结合本市实际，经充分调研、论证和反复修改完善，形成了市级防灾减灾项目的具体规划，包括绵阳市地质灾害防治能力建设、绵阳市综合减灾救灾应急指挥体系建设、绵阳市救灾物资储备仓库、绵阳市应急救援专业队伍、绵阳市大型避难场所、绵阳市志愿者队伍等6个项目，涉及29个子项目建设。绵阳市对市应急救援专业队伍规划投资1 500万元，市志愿者队伍规划投资150万元；市级和9个县(市、区)共规划救灾物资储备仓库10个，规划投资5 500余万元；综合减灾救灾应急指挥体系项目10个，规划投资3 100余万元；综合减灾(即避难场所)项目10个，规划投资1.2亿元。[②] 在实施机构上，绵阳市地质灾害防治能力建设项目的业主单位和实施主体均为市国土资源局；绵阳市综合减灾救灾应急指挥体系建设和绵阳市救灾物资储备仓库项目的业主单位和实施主体为市民政局；绵阳市应急救援专业队伍、绵阳市大型避难场所、绵阳市志愿者队伍等项目的业主单位为市民政局，实施主体分别为市级有关部门。其中，民政部门承担了大量的防灾减灾项目，因此也提出了着力构建以防灾减灾项目为重点的灾害防控体系的工作任务。

绵阳市本级防灾减灾项目规划反映了灾后绵阳市在防灾减灾能力提升方面的迫切需求，也走在了综合防灾减灾规划制定的前

---

① 本部分除第340页注释①外，参见2009年9月3日《绵阳市人民政府办公室关于切实做好市级防灾减灾项目建设工作的通知》(绵府办函〔2009〕354号)。

② 参见《绵阳市减灾委员会关于全市防灾减灾规划项目及农房重建情况的汇报》(内部资料)，2009年10月10日。

面。项目规划强调统筹，比如统筹和整合市应急救援专业队伍部分资金和资源，建设以消防支队为主体的绵阳市应急救援队；统筹和整合市大型避难场所的部分资金和资源，建设以应急办为主体的绵阳市避难救助综合基地；将民政应急救援队伍和应急知识宣传教育、标准化应急避难示范点部分资金和资源，整合到市综合减灾救灾应急指挥体系中，建设民政系统部、省、市、县内部运行的绵阳市综合减灾救灾应急指挥体系。以项目提升能力的方式，使绵阳市开展防灾减灾工作时得到良好的资金保障，取得了实在的效果。比如，截至 2014 年，绵阳市共设立 10 个市县级物资储备库、32 个乡镇物资储备站、106 个村级物资储备点，实现了较为完善的市—县—乡—村四级物资储备体系。①

2. 多主体参与社区减灾和宣传教育

灾后，绵阳市非常重视社区防灾减灾能力建设和防灾减灾宣传、演练和培训，努力提高基层干部灾害管理能力和城乡居民灾害意识和水平。在这个过程中，绵阳市政府各职能部门、绵阳市行政学院、绵阳市委党校、绵阳市地震纪念馆、各类社会组织等多个主体参与进来，形成互补。

借着国家防灾减灾日设立的契机，2009 年以来，绵阳市各级政府及各职能部门充分利用减灾日，通过街头咨询、电视、广播、标语、宣传单、展板等多种形式，广泛进行集中的防灾减灾法律法规、各项预案、自救互救知识的宣传。此外，在灾害易发地区，绵阳市对集中安置点群众、在校学生、在建工地的施工人员、地质灾害隐

---

① 《绵阳市民政局全面做好防灾救灾与备灾工作》，http://mymz.my.gov.cn/MY-GOV/150666151368589312/20140612/1057435.html。

患点监测人员等重点群体进行防灾知识培训，做到进村入户到人。[1]

组织自然灾害演练是熟悉掌握运用应急预案、提高防灾减灾意识的重要方式之一。绵阳市根据实际情况，有针对性地开展各类预案演练，对于涉及多个地区和部门的预案，通过开展联合演练等方式，促进各单位的协调配合和职责落实。2012 年 5 月，绵阳市参加四川省 2012 年“5・12”防灾救灾综合实战演练。此次演练是建市以来规模最大、范围最广、实战性最强的一次大演练。演练筹备时间长达 8 个月，参演单位涉及部队、省直机关、市级部门、县乡党委政府、企业、学校、医院、群团组织等 60 余个、3 000 余人，大型车辆装备 200 余台套。大演练突出以应对处置特大地震和地震引发的堰塞湖等次生灾害为重点，以绵阳地区客观存在的灾害隐患为基础，设置电力通信抢通、水上救援、废墟搜救、消防灭火、人工消雨、堰塞湖除险等 10 个演练科目。在全市防灾救灾综合实战演练的带动下，各县（市、区）、各园区和市级有关部门也以汶川特大地震四周年和第四个全国“防灾减灾日”为契机，组织开展各项应急演练。据统计，2012 年全市各级各部门组织各类专项演练 300 余次，参加演练人员达 80 万人。[2]

绵阳市民政局全力协助符合条件的社区创建防灾减灾综合示范社区，创建过程中，社区的防灾减灾能力得到了提升。比如，滨江社区为预防各种灾害袭击，每年组织辖区单位、志愿者队伍和部分居民开展不少于 3 次的灾害应急演练。利用社区资源，建立了青年广场、南街小学操场、绵阳广播电视台三处公共避难场所，可

---

① 参见《绵阳年鉴 2011》。

② 参见《绵阳年鉴 2013》。

容纳上万人应急避难。编制了防灾预案，成立了由党员、退伍军人、青年团员等组成的社区减灾志愿者队伍。[①]

灾后，经绵阳市政府批准，绵阳市行政学院组建了集应急管理学术研究、实务培训和参观体验于一体的绵阳市突发事件应急管理研究培训基地，面向灾区群众，联合社会组织开展“社区灾害管理能力建设”(CDRR)合作项目，以增强社区对灾害的应对能力、发挥社区在应对灾害中的主导作用，并推动将社区减灾能力建设纳入当地经济社会整体发展规划之中。[②] 此外，市行政学院还开发了相关课程，多次与志愿者团队一起前往地震灾区开展针对普通民众的防灾减灾培训。[③] “5・12”汶川特大地震纪念馆充分利用自身条件，开设了防灾减灾宣传教育中心[④]，并建成防灾减灾实训基地，针对普通群众进行生动的自救与互救防灾减灾技能培训。[⑤] 绵阳市委党校在乡镇(街道)领导干部班开展了社区减防灾参与式培训的尝试，提升基层组织灾害管理能力。[⑥]

3. 结合地方特长融合信息化建设

绵阳科技城建立于 1998 年，并于 2005 年开始逐步转型。

---

① 《提升防灾减灾能力 我市构建四级减灾应急指挥体系》，http://www.my.gov.cn/MYGOV/147211412819673088/20120511/636131.html。

② 《依托基地面向灾区 大力开展社区防灾减灾能力建设》，http://www.my.gov.cn/bmwz/946893916282552320/20091204/463233.html。

③ 《绵阳市行政学院开展防灾减灾培训活动》，http://www.my.gov.cn/bmwz/946893916282552320/20150702/1400709.html。

④ 《“5・12”汶川特大地震纪念馆防灾减灾宣教中心工程通过竣工验收》，http://www.my.gov.cn/bmwz/957016020327858176/20130702/755498.html。

⑤ 《“5・12”汶川特大地震纪念馆防灾减灾实训基地建成开课》，http://www.my.gov.cn/bmwz/957016020327858176/20141124/1202059.html。

⑥ 《我校开展乡镇领导干部减防灾专项培训》，http://www.my.gov.cn/bmwz/946893916282552320/20091105/456083.html。

2011年6月，国务院批复《绵阳科技城发展规划（2011—2015年）》，其中提及“科技城西向沿高新区、安县一线，建成以汽车关键零部件生产制造、防震减灾和循环经济示范基地”，且在电子信息产业部分提到，加快实施军用连接及传感器、预警应急指挥通信系统等项目建设。绵阳市科技城构成了绵阳市防灾减灾事业发展的信息化背景。可以说，绵阳市自身具有将信息化融入各项防灾减灾事业和产业的科技实力。2013年8月，绵阳市被住房和城乡建设部确定为2013年度国家“智慧城市”试点城市，加快发展物联网、云计算、下一代互联网技术。[1]“智慧城市”试点城市的获批，是对绵阳市信息化能力和发展潜力的肯定。

应急指挥体系的建设是绵阳市在防灾减灾能力建设中充分融入信息化的一个典型代表。灾后，绵阳市投入8000多万元积极构建市、县、乡、村四级救灾应急指挥体系，并在市民政局设立了防灾减灾指挥中心。到2012年，绵阳市建成10个综合减灾救灾应急指挥中心。[2]

2009年7月，绵阳市应急管理系统全面升级，建立两套应急指挥平台，实现与防汛指挥中心、120紧急救援中心、气象指挥中心等5大系统的互联互通和应急联动，具备应急值守、视频会商、指挥协调等应急管理基本功能。2009年9月，由市政府应急办和市无线电管理委员会办公室共同负责统筹，为市委、市政府以及市级各部门、各县市区和部分边远乡镇统一配置无线电短波/超短波电台，形成一套传统有效的独立应急指挥通信系统。根据绵阳市行政区域分布、地形地貌特点和应急通信需要，应急通信网采用异频

① 参见《绵阳年鉴2014》。

② 参见《绵阳年鉴2013》。

同播超短波通信方式，由8个固定基站、2个移动基站及由多部手持式对讲机和车载台等终端机组成。其中，市与各县的日常通信和应急指挥调度构成一级网；各县内部到各乡镇通信构成二级网；突发事件现场各终端机之间的单频对讲构成三级网。以单中心级联和多中心互联相结合、超短波通信和短波通信兼容的组网方式，以超短波通信为主、短波通信为辅，由可编程控制系统，通过无线链路（超短波或短波链路），对多个异频基站进行联网和管理，组成大区覆盖的无线多频多基站联网通信系统。①

4. 注重预防预警和工程建设

（1）多方式开展灾害预防预警。

自然灾害风险管理与预警体系的构建，是国家灾害管理部门有效履行职责的基础，是加强减灾救灾力度的迫切需要，是提升我国减灾科技水平的重要手段，是提高国家综合减灾和风险管理水平的有效途径。② 绵阳市高度重视突发事件的预警预测工作，建立健全多种手段综合运用、多种渠道相辅相成、覆盖城乡社区的立体化信息发布体系。完善预警信息发布传播网络，通过网络、手机短信、电视滚动播出、警察巡逻车、电话传真、电子显示屏、广播、高音喇叭、逐户通知等方式将灾害预警信息及时准确地传递给群众，并根据实际情况及时告知群众正确应对办法。建立横向到边、纵向到底的预报制度之后，通过防汛气象信息平台和手机短信及时发布雨情、水情，确保预警信息在第一时间到户、到人，以便第一时间采取应对措施。同时，绵阳市全力做好监测预警、临灾避险工作。

① 参见《绵阳年鉴2010》。

② 李宁、吴吉东：《自然灾害应急管理导论》，北京：北京大学出版社2011年版，第53—54页。

2010年，绵阳市恢复重建479处群测群防网络，全市设立监测点2000多个，向受灾害威胁的群众发放“两卡”25万张。[①]

（2）开展多项工程建设。[②]

绵阳非常重视防灾减灾工程设施建设，包括堤防工程、滑坡监测、房屋加固、公共设施、环境治理等。在地质灾害治理工程方面，震后绵阳全市地质灾害隐患点达2500多处，按照规划，灾后两年内利用国家及四川省资金对其中危害较大的灾害点进行工程治理。同时开展地质灾害避让搬迁工程，全市纳入工程的地质灾害避险搬迁户数为6629户。2013年，全市纳入治理范围的309个重大地质灾害项目、规划重建的593处地质灾害群测群防网络和1262个地质灾害应急排危项目全部完成，符合搬迁条件的家庭全部搬迁。

此外，绵阳市加强农田水利基础设施建设，以震毁水毁工程修复、病险水库除险加固、农村饮水安全工程建设、防汛抗旱减灾体系建设、水土保持为重点，大规模开展水利建设、农田建设、农村基础设施和生态环境建设，改善农民生产生活条件。加固整治中型水库2座、小型（Ⅰ）水库24座、小型（Ⅱ）水库93座，完成目标任务的100％。

四、投入保障

为切实保障日常防灾减灾救灾工作的开展，实现各项防灾减灾能力的提升，绵阳市在人、财、物等方面进行了大量的投入。[③]

---

① 本部分由笔者根据《绵阳年鉴2009》《绵阳年鉴2011》《绵阳年鉴2014》整理。

② 参见《绵阳年鉴2009》。

③ 以下除第346页注释①②外均由笔者根据2010—2014年的《绵阳年鉴》整理。

1. 资金和物资保障

在资金和物资保障上，除了通过项目安排资金外，绵阳市还建立了经费保障投入长效机制，把应急管理工作日常经费、救援装备及物资储备所需经费纳入财政预算，为应急工作全面、协调、可持续发展提供坚实基础。2011年，绵阳市级财政用于市应急办的专项工作经费近百万元，各级用于应急基础设施建设的投入达3亿元以上。如盐亭县投入资金1400余万元用于购买应急设备、修建消防大队营房和民兵应急分队训练基地，给县每个乡镇拨款3万元，购买应急装备。“十二五”期间，光是针对地质灾害的防治，绵阳市就投入了资金2.28亿元。

转移支付这条传统的财政渠道也得到了充分的保障。如2010年，绵阳市安排自然灾害综合财力补助资金5108万元。

绵阳市财政局、民政局还通过下达福彩公益金，支持市救灾物资储备仓库①、指挥体系、应急避难场所建设等防灾减灾救灾工作。②

另外，政策性保险，包括农村小额人身保险、小额贷款保险、政策性农业保险和农村综合性住房保险的加入，也分担了部分防灾减灾资金的压力。

2. 人力资源保障

在应急队伍建设方面，2009年，在市委、市政府的领导下，由市政府应急办牵头，会同军分区和公安、消防、民政、财政、发改等

① 《市财政局下达福彩公益金，加强我市救灾物资储备仓库建设》，http://myzwgkml.my.gov.cn/detail.aspx? id=20151207153722-985089-00-000。

② 《市财政局下达福彩公益金，加强防灾减灾工作》，http://myzwgkml.my.gov.cn/detail.aspx? id=20151207153752-878682-00-000。

部门，整合利用民政系统灾后重建项目资金，组建和装备一支由300人组成的全市综合应急救援大队，承担全市急、难、险、重的应急处置任务；市级各相关职能部门牵头，分别组建人员搜救、医疗救护防疫、交通运输、防汛抗旱等市级专业应急队伍共15支、5 300余人，县（市、区）共组建各类应急救援队伍和志愿者队伍205支、21 700余人。2010年，绵阳市综合应急救援支队成立，以市公安消防支队为主体，由公安、武警、民兵、民政、卫生等相关力量组成一支专业化应急救援队伍，主要承担全市自然灾害、事故灾难、公共安全、社会安全等突发事件的应急处置工作，市应急支队下设消防、武警、民兵、通信、巡特警、交警、民政赈灾救灾、医疗救护防疫、生活设施抢险、通信保障、交通运输保障等10个应急支队，23个分队，队员785人。2012年，绵阳市对市综合应急救援支队组织机构和责任分工进行调整，增设军地协调小组、应急专家组，新组建计算机网络、通信保障、交通运输、气象监测、地质灾害监测、查灾核灾6个大队。

2011开始，绵阳市开始调动社会力量参与，以企事业单位专兼职队伍和志愿者为辅助力量，充分发挥社会团体、红十字会等民间组织、基层组织的作用，比如将绵阳飞行学院教练机队纳入市综合应急救援支队，成立低空查灾核灾飞行侦察大队。

绵阳市民政局多措并举，加强自然灾害管理人员培训。比如，2013年10月，全市组织50名民政干部到成都参加灾害信息员培训，15人参加五级灾害信息员考试。通过学习，让一线工作人员了解灾害信息报送工作、明确报送要求，有利于提高灾害数据报送的及时性、规范性、准确性，提高信息报送质量。截至2013年底，全市累计参加灾害信息员培训的市县乡三级干部达200余人，通过四级、五级灾害信息员考试的干部50余人。同年11月，绵阳全市组织12名各县(市、区)干部到四川省减灾中心参加应急指挥体系的培训,熟悉各个系统的功能,为指挥体系的顺利启用奠定智力基础。2015年12月,绵阳市财政、民政列支经费20万元,通过购买社会组织服务的方式,培训灾害信息员100名,进一步夯实了基层灾害信息员的工作基础。

第二节 防灾减灾的未来发展

发展是事物由小到大、由简到繁、由低级到高级、由旧质到新质的变化过程。[①] 从前一节对汶川特大地震灾后绵阳市防灾减灾发展过程的梳理和分析,我们可以看到灾后绵阳防灾减灾的发展过程也是绵阳对汶川特大地震抗震救灾工作进行总结和反思的过程。在不断的总结和反思中,绵阳防灾减灾的能力和水平也不断地得以提升。随着国家综合防灾减灾进入"十三五"时期,绵阳的防灾减灾也将进入一个全新的发展阶段。在新的发展时期,绵阳的防灾减灾将面临怎样的形势,发展的方向在哪里,都是需要探讨的重点内容。在本节,我们从发展的环境分析和政策建议两个方面对此进行分析和讨论。

一、环境分析

从广义上说,环境是组织界线以外的一切事物。[②] 这些事物在系统之外构成"环境超系统",并对系统产生大小不一、程度不同的

---

① 辞海编辑委员会:《辞海》(第六版彩图本),上海:上海辞书出版社2009年版,第0550页。

② 参见〔美〕弗莱蒙特·E.卡斯特、詹姆斯·E.罗森茨韦克:《组织与管理——系统方法与权变方法》(第四版),李柱流等译,北京:中国社会科学出版社2000年版,第164页。

影响。当我们把绵阳的防灾减灾看成一个相对独立的系统时，这一系统之外的所有事物即构成了绵阳市防灾减灾的环境超系统，并且，这些环境的任何变化，都会对绵阳市的防灾减灾产生或大或小、或直接或间接的影响。

按照区域的层次，我们可以把绵阳防灾减灾系统的环境划分为绵阳市、四川省、国家和全球四个层面的环境系统。绵阳市的环境系统主要是指在绵阳区域内对防灾减灾产生影响的所有因素，比如说绵阳市的自然灾害风险、绵阳市的经济社会文化等；四川省的环境系统主要是指四川省级层面对绵阳防灾减灾产生影响的所有因素，比如说四川省综合防灾减灾规划以及一系列相关的防灾减灾政策等；国家一级的环境系统主要是指国家层面对防灾减灾产生重要影响的因素，如国家综合防灾减灾规划以及一系列相关的政策等；全球层面的环境系统主要是指在全球层面对防灾减灾产生重要影响的因素，诸如全球气候变化、世界减灾的共同行动纲领等。在这里，我们重点对后两个环境系统，从三个宏观层面进行分析。

1. 中央对防灾减灾提出的新要求

从公共政策的角度而言，中央对防灾减灾的政策要求是“确定具体政策应采取的态度，应依据的假设，应遵循的指导原则，是一种主导政策”[①]。党的十八大以来，中央对防灾减灾提出了一系列新的要求，将防灾减灾纳入社会治理和公共安全这两个非常重要的范畴中进行考虑，已是必然趋势。党的十八届三中全会提出了包括健全防灾减灾救灾体制在内的健全公共安全体系任务；2015

① 〔美〕叶海卡·德罗尔：《政策科学的构想》，美国艾尔希维亚出版有限公司1971年版，第63页。

年5月29日，习近平总书记在主持中共中央政治局第23次集体学习时，要求各级党委政府充分认识维护公共安全的重要意义，自觉把维护公共安全放在维护最广大人民根本利益中来认识，放在贯彻落实国家总体安全观中来思考，放在推进国家治理体系和治理能力现代化中来把握，编制全方位、立体化的公共安全网[①]，提出"要切实增强抵御和应对自然灾害能力，坚持以防为主、防抗救相结合的方针，坚持常态减灾和非常态救灾相统一，全面提高全社会抵御自然灾害的综合防范能力"的指导方针[②]；在近年防灾减灾救灾的实践中，新一届中央领导班子对防灾减灾救灾工作也提出了"四个更加"的要求，即更加强调"以人为本"的执政理念，更加强调统筹兼顾、科学应对和理性参与，更加强调"属地为主，分级负责"的原则，更加重视救灾工作的综合协调。[③] 这些发展理念、指导方针和新的要求，是今后相当长一段时期内，绵阳市防灾减灾救灾工作必须贯穿始终的指导思想，要求绵阳在未来的防灾减灾救灾工作中努力实现"三个转变"，即实现从注重灾后救助向注重灾害前预防转变，从应对单一灾种向综合减灾转变，从减少灾害损失向减轻灾害风险转变。

2. 新常态下防灾减灾救灾事业发展的新要求

"新常态"一词，首次出现于习近平总书记2014年5月在河南考察的表述中。"新常态"不仅体现在经济领域，也体现在我国社会发展的方方面面。认识新常态，适应新常态，引领新常态，是当

---

① 庞陈敏：《适应公共安全新形势 研究防灾减灾新课题 充分发挥民政救灾在其他突发公共事件中的重要作用》，载《中国减灾》2015年第21期，第16—19页。

② http://news.xinhuanet.com/politics/2015-05/30/C-115459659.htm。

③ 庞陈敏：《我国防灾减灾救灾工作面临的形势与任务》，载《中国减灾》2014年第21期，第12—15页。

前和今后一个时期我国经济社会发展的大逻辑，也是发展防灾减灾救灾事业的基本遵循。国家减灾委秘书长、民政部副部长窦玉沛在2015年全国减灾救灾工作会议上，对新常态下我国防灾减灾事业发展的新要求进行了深刻阐述。他认为，新常态下我国防灾减灾救灾工作出现了一些新的变化，这些变化对减灾救灾工作提出了更高的要求，要求我们加快减灾救灾事业发展方式，全面提高减灾救灾能力，大力推进减灾救灾事业全面深化改革。一是坚持法治思维，提高规范管理能力。要坚持依法推进、规范运作，制定出台与《自然灾害救助条例》相配套的地方性法规和部门规章、指导意见，健全完善有关工作规程、标准，及时将工作中的成功举措规范化、制度化。二是完善工作机制，提高快速反应能力。不断完善救灾预警、应急响应、灾害评估等机制，及时做好受灾群众紧急救助、过渡生活救助、倒损农房恢复重建和冬春救助等工作，确保灾害发生12小时内受灾人员得到初步救助。三是突出问题导向，提高创新发展能力。要深入灾区调查研究，摸清找准事关科学发展的全局问题、长期困扰的突出问题、群众关注的热点难点问题，以解决救助标准低等问题为切入点，以重点突破带动事业全面发展。四是加强自身建设，提高统筹协调能力。要进一步强化各级减灾委的综合协调职能，建立健全综合协调机制，有效整合各方资源，统筹兼顾减灾救灾工作各个环节，不断提高能力水平。五是拓宽工作渠道，提高社会动员能力。要积极支持社会力量参与减灾救灾工作，搭好平台，加强引导，健全机制，做好服务，为各方广泛有序参与创造良好环境，形成有效应对自然灾害的强大合力。六是强化为民理念，提高服务受灾群众的能力。要始终把增进人民福祉作为减灾救灾工作的出发点和落脚点，细化工作措施，不断增强工作透明度，切实提高规范化、精细化管理水平，不断满足人民群众的新期待、新需求。[①] 这六个方面的具体要求，既是国家层面防灾减灾救灾工作未来发展考虑的重要内容，也是绵阳市在未来防灾减灾工作中需要加以贯彻落实的重要内容。如何适应工业化、信息化、城镇化所带来的转型时期灾害风险新形势，如何回应受灾群众日益发展的受灾需求和舆论关切，则需要像绵阳市这样的地市级政府根据地方特点主动探索，自下而上，提出方案。

3. 全球气候变化和世界减灾发展的新诉求

自然灾害是人类面临的共同挑战，减灾是全球的共同行动。[②] 全球气候变化深刻影响着人类生存和发展，是各国共同面临的最严峻、深远的挑战之一。联合国政府间气候变化专门委员会(IPCC)评估报告阐明，全球气候变暖是一个不可争议的客观事实，人类活动影响极可能是气候变暖的主因。气候变暖造成很大危害，极端天气、冰川消融、永久冻土层融化、生态系统改变、旱涝灾害增加、致命热浪和高危传染病频发等，是全球气候变化给人类社会及生态系统带来的严重挑战。[③] 面对全球气候变化带来的严峻挑战，世界各国积极应对，形成了未来 15 年应对自然灾害的行动纲领。2015 年 3 月，第三次世界减灾大会在日本仙台举行，来自 187 个国家的代表通过了《2015—2030 年仙台减灾框架》，在减灾方面设立七大目标和四大优先行动事项(参见专栏 6.2)。这是

---

① 参见窦玉沛：《坚持法治思维 深化改革创新 努力推进新常态下减灾救灾事业创新发展——在 2015 年全国减灾救灾工作会议上的讲话》，载《中国减灾》2015 年第 5 期，第 9—11 页。

② 参见中华人民共和国国务院新闻办公室：《中国的减灾行动》，北京：外文出版社 2009 年版，第 36 页。

③ IPCC, *Climate Change 2014: Impacts, Adaptation and Vulnerability*, Contribution of Working Group II to the Fifth Assessment Report of the Intergovernmental Panel on Climate Change, 2014, Cambridge: Cambridge University Press.

全球第一个与2015年后发展议程相关的重要协议，为世界各国未来防灾减灾发展提供了重要指导和参考。2015年11月30日，约150个国家领导人出席气候变化巴黎大会开幕活动。与会领导人表示，气候变化问题是全人类面临的共同挑战，攸关人类未来，需要各方携手应对。习近平主席出席大会开幕式并发表题为《携手构建合作共赢、公平合理的气候变化治理机制》的重要讲话，强调中国将落实创新、协调、绿色、开放、共享的发展理念，形成人与自然和谐发展现代化建设新格局。[1] 这次大会形成的共识，对做好未来的防灾减灾工作带来了宝贵的启示，尤其是习近平主席强调的五大发展理念，更是我国未来防灾减灾救灾的重要指导思想。对绵阳市而言，它不可能置身于全球气候变化所带来的影响之外，同样要警醒于经济社会快速发展和城镇化进程不断加快，资源、环境和生态压力加剧所带来的自然灾害风险防范应对更加严峻复杂的这一现实。第三次世界减灾大会和气候变化巴黎大会所提出的减灾和应对气候变化的诉求，以及一系列的行动纲领，对绵阳未来防灾减灾的发展不仅是一种倡导性要求，也是一种有益的思路启示。

专栏6.2

世界减灾大会明确的7项目标和4个优先领域

第18条明确了7项全球性减轻灾害风险的具体目标，这7个具体目标是：

1. 到2030年大幅度降低灾害死亡人口，使2020—2030年平

① 参见《习近平出席气候变化巴黎大会开幕式并发表重要讲话》，http://www.jianzai.gov.cn//DRpublish/jzdt/0000000000014786.html。

均每十万人全球灾害死亡率须低于2005—2015年平均灾害死亡率。

2. 到2030年大幅度减少全球平均受灾人数，为实现这一具体目标，使2020—2030年平均每十万人受灾人数须低于2005—2015年平均受灾人数。

3. 到2030年，使灾害直接经济损失与全球国内生产总值（GDP）的比例有所减少。

4. 到2030年，大幅减少因灾造成的重要基础设施的损坏和服务的中断，特别是要通过提高综合防灾减灾能力，降低卫生和教育设施的受损程度。

5. 到2020年，已制定国家和地区减轻灾害风险战略的国家数目大幅度增加。

6. 到2030年，提高发展中国家减灾合作，对执行本"框架"的发展中国家完成其国家行动提供充足和可持续支持。

7. 到2030年，大幅增加人民可获得和利用多种预警系统，以及灾害风险信息和评估结果的机会。

第20条明确了4个空间尺度，即地方、国家、区域和全球，4个优先领域，即：

1. 理解灾害风险；

2. 加强灾害风险防范，提升灾害管理风险能力；

3. 投资减轻灾害风险，提升综合防灾、减灾、救灾能力；

4. 加强备灾以提升有效响应能力，在恢复、安置、重建方面做到让"灾区明天更美好"。

资料来源：史培军：《仙台框架：未来15年世界减灾指导性文件》，载《中国减灾》2015年第7期，第31—32页。

二、政策建议

从前一节对绵阳灾后防灾减灾实践的总结和分析可知，绵阳在防灾减灾体制机制建设、防灾减灾工程建设、防灾减灾的社会参与、防灾减灾的宣传教育等方面进行了十分有益的探索，为绵阳经济社会发展提供了坚实的保障。另一方面，绵阳的经济社会发展也为防灾减灾救灾未来发展奠定了良好的基础。“十二五”时期，绵阳市“圆满完成‘5·12’特大地震灾后重建，实现‘十二五’规划确定的主要目标。全市地区生产总值连上7个百亿台阶，地方公共财政收入突破百亿大关，规划科技城集中发展区并启动建设，获批执行国家自主创新示范区先行先试政策，科学新城、空气动力新城、航空新城取得阶段性成效，成功举办三届科博会，建成‘双百’大城市，成功创建并持续保持‘全国文明城市’称号，全面深化改革有力有序推进，人民生活水平显著提高”[①]。这些成就，无疑会为绵阳防灾减灾救灾事业提供经济、技术和文化等方面的支持。在未来的发展中，建议绵阳根据防灾减灾救灾环境变化，结合汶川特大地震抗震救灾的经验教训，按照中央对防灾减灾救灾提出的新要求，把五大发展理念贯穿于防灾减灾救灾事业发展的全过程和各领域，着力构建与绵阳经济社会发展相适应的防灾减灾救灾体系。

1. 编制绵阳市综合防灾减灾规划

规划具有强大的引导和推动作用。“十一五”以来，国家先后编制了《国家综合减灾十一五规划》《国家综合防灾减灾规划(2011—2015)》，四川省也编制了《四川省“十二五”防灾减灾规

---

① 参见《中共绵阳市委六届十次全会公报》，http://www.my.gov.cn/MYGOV/147211412819673088/20151214/1549862.html。

划》,对引导和推动综合防灾减灾工作具有十分重要的意义。建议绵阳充分发挥市减灾委的平台作用,立足防灾减灾救灾工作的新形势、新变化和新发展,坚持目标导向、需求导向和问题导向,在认真总结分析汶川特大地震灾害以来尤其是“十二五”时期绵阳防灾减灾救灾工作经验教训的基础上,厘清未来防灾减灾救灾工作发展的总体思路,科学合理设定目标、指标,统筹谋划好未来防灾减灾救灾工作发展的基本任务,统筹安排政策导向、工程项目、资金预算和人才队伍建设,增强防灾减灾救灾资源使用综合效能,做好绵阳市综合防灾减灾规划的编制,更好地服务绵阳市经济社会发展大局。

2. 充分发挥市减灾委的综合协调职能,建立健全综合协调机制

从前面对环境的分析可知,近年来,我国越来越重视综合协调在防灾减灾救灾中的重要作用,国家减灾委综合协调职能得到了较好的发挥。“从近两年来的几次重特大自然灾害应对工作来看,党中央、国务院领导几乎每次都明确批示,要求国家减灾委发挥好综合协调职能,统筹做好灾情核查、评估和支持配合地方政府开展抗灾救灾工作。”[①]但在地方,减灾委综合协调的职能在整体上尚未有效发挥出来,“国家救灾管理体制发生了很大变化,各地尚未完全适应”[②]。所以,在新常态下,“要进一步强化各级减灾委的综合协调职能,建立健全综合协调机制,有效整合各方资源,统筹兼顾减灾救灾工作各个环节,不断提高能力水平”[③]。作为市政府领导下的议事协调机构,绵阳市减灾委承担着贯彻落实国家、省减灾工

① 庞陈敏:《我国防灾减灾救灾工作面临的形势与任务》,载《中国减灾》2014年第21期,第14页。

② 同上。

③ 窦玉沛:《坚持法治思维 深化改革创新 努力推进新常态下减灾救灾事业创新发展——在2015年全国减灾救灾工作会议上的讲话》,载《中国减灾》2015年第5期,第11页。

作的方针、政策和规划，研究制定绵阳市防灾减灾规划，协调开展全市防灾减灾活动，指导县（市、区）开展防灾减灾工作，推进防灾减灾的交流与合作等重要职责，更应在绵阳未来防灾减灾发展中发挥应有的综合协调作用。按照市减灾委的设置方案，市减灾委这一综合协调的职能则主要由绵阳市民政局来承担。[①] 可见，在未来的防灾减灾中，绵阳市民政局在承担起受灾群众生活保障这一主体责任的同时，更要承担起减灾委的综合协调职能，做到"坚持主体责任和综合协调并重"，"如果只强调主体作用，而不进行综合协调，那么工作中就存在缺位现象"[②]。所以，建议在未来的发展中，绵阳市民政局要尽快建立和完善灾情会商、灾害评估、信息共享、重大减灾活动协作等协调机制，充分发挥好市减灾委的综合协调职能。

背景资料

综合协调作用得到进一步发挥

去年，国务院领导同志多次做出批示，要求国家减灾委协调有关成员单位指导和帮助地方做好抗灾救灾各项工作。部里联合有关部门赴新疆于田地震灾区调研，协调落实支持灾区恢复重建措施。鲁甸地震发生后，牵头成立国务院工作组赴灾区协助开展救灾工作，组织开展灾害损失评估。牵头推进"健全防灾减灾救灾体制"改革任务，与国家减灾委 7 个成员单位签署跨部门信息共享协

① 参见《绵阳市人民政府办公室关于成立绵阳市减灾委员会的通知》（绵府办函〔2009〕68 号）。

② 参见《树立五种工作意识 抓住机遇重点突破——民政部救灾司司长庞陈敏就如何落实二〇一五年全国减灾救灾工作会议答记者问》，载《中国减灾》2015 年第 5 期，第 19 页。

议，协调3个部门、10个省份编制完成“国家自然灾害救助管理信息化工程”项目需求分析报告和项目建议书，启动了国家综合防灾减灾“十三五”规划编制工作。各地民政部门主动发挥综合协调职能。湖北、贵州等地民政部门协调开展倒损农房恢复重建；青海省减灾委员会制定了灾情会商及发布办法，进一步规范了有关成员单位职责；甘肃建立救灾储备设施资源共享机制，有效整合各类救灾资源，提高了救灾储备资源使用效率。

资料来源：窦玉沛：《坚持法治思维 深化改革创新 努力推进新常态下减灾救灾事业创新发展——在2015年全国减灾救灾工作会议上的讲话》，载《中国减灾》2015年第5期，第8页。

3. 编制巨灾应急预案

目前，绵阳市遵照《民政部自然灾害救助应急工作规程》《四川省自然灾害救助应急工作规程》和《绵阳市公共突发事件应急预案》的要求，编制了《绵阳市自然灾害救灾应急预案》[①]。但从其内容来看，这一预案并没有将汶川特大地震灾害这种巨灾的一些情形考虑进去。比如说，在汶川特大地震灾害发生后，市委、市人大、市政府、市政协乃至市工会的领导人员都全力参与了灾害应对并负责某一方面的重要工作，相关局（委、办）比如司法局也负责了受灾群众应急安置任务，而现有的预案并没有将这些情形考虑进去。这就不可避免地存在巨灾发生后，平时并没有纳入应急预案的人员只能凭施政经验参与应急的情形[②]，因为应急预案不纳入这些机

---

① 参见《绵阳市人民政府关于印发〈绵阳市自然灾害救灾应急预案〉的通知》（绵府发〔2015〕5号）。

② 和国家层面不同，应对汶川特大地震这样的巨灾，国家层面主要是国务院和军队相关部门参与。而对一个地级市来说，则需要政权的各个机构都全力参与，这在汶川地震应对中体现得十分明显。

构和人员，应急演练他们自然也不会参与，也就难以掌握应对巨灾所需要的经验与方法。再比如，在巨灾摧毁所有现代通信设施以及大部分道路的情形下，如何及时获取灾情同样也没有体现在现有的预案中。所以，建议绵阳市根据应对汶川特大地震的实际经验和做法，编制具有可操作性的应对巨大自然灾害救灾应急预案，并至少每两年演练一次或者利用绵阳市的科技优势，通过现代科技进行桌面推演。同时，以巨灾救灾应急预案编制为契机，进一步完善现有的救灾应急体系和工作机制。

4. 进一步加强救灾物资储备体系建设

在汶川特大地震灾害中，由于道路中断，山区很多地方成为孤岛，物资难以及时运达，应急生活保障也就成了最大的问题之一。在未来的防灾减灾救灾工作中，救灾物资储备体系建设无论怎样强调都不为过，尤其是在中央出台了新的物资储备政策的情况下。[①] 作为政权体系中的第三层级，在未来的防灾减灾中贯彻落实好这一政策乃是绵阳市的职责所在。所以，建议绵阳市在未来的防灾减灾中，结合汶川特大地震出现的情况和绵阳市地理环境、城

① 2015年8月31日，民政部、发展改革委、财政部、国土资源部、住房城乡建设部、交通运输部、商务部、质检总局、食品药品监管总局等9部委（局）联合印发了《关于加强自然灾害救助物资储备体系建设的指导意见》（以下简称《指导意见》），提出了未来一段时间内全国物资储备体系建设的指导思想、主要目标和任务以及保障措施。《指导意见》围绕救灾物资管理体制机制、储备网络、主体责任、储备方式、调运时效、信息化管理、质量安全以及储备库管理等重要环节，指导各地推动建立符合我国国情的"中央—省—市—县—乡"五级救灾物资储备体系，同时，从加强领导、相互协同和多元参与等方面提出保障措施，明确9部门在体系建设中的具体职责。《指导意见》最大的亮点就是强化跨部门协作和应急联动机制，明确落实救灾物资分级储备主体责任，倡导调动社会力量共同参与，强调确保救灾物资质量安全。这一政策不仅对地方加强救灾物资储备体系建设提供了重要的政策保障，也为地方开展救灾物资储备体系建设提供了具体的指导。意见的详细内容，读者可参见民政部官方网站，http://www.mca.gov.cn/article/zwgk/mzyw/201509/20150900873902.shtml。

乡布局等特点，进一步完善布局合理、品种齐全、数量充足、管理规范的市、县、乡镇、村四级救灾物资储备体系，全面提升储备能力，扩大辐射范围，提高调度管理效率。

5. 进一步加强应急避难场所建设

应急避难场所是为了人们能在灾害发生后一段时期内，躲避由灾害带来的直接或间接伤害，并能保障基本生活而事先划分的带有一定功能设施的场地。在汶川特大地震发生后，灾区近1 000万居民在极短的时间内涌入公园、广场等空旷场地避难[①]，并且，由于担心余震，他们只能在这些地方应急安置。但这些地方往往达不到避难场所的标准和要求，尤其在不少农村地区，充其量也就是一块空地而已，这就不可避免地会出现应急救助不到位等问题。所以，在未来的发展中，建议绵阳市继续将应急避难场所建设作为防灾减灾的一项重要内容，纳入城乡建设、新区建设等规划之中，结合公园、广场、学校等公共服务设施建设和改造，就近就便增加避难场所数量，升级改造现有应急避难场所，彻底改变重挂牌、轻维护的状态，以备应急之需。

6. 进一步促进社会力量参与防灾减灾

社会力量在绵阳抗击汶川特大地震灾害中发挥了十分积极的作用，绵阳市也在如何引导和发挥好社会力量参与防灾减灾方面积累了宝贵的经验。促进社会力量参与防灾减灾，既是公共管理

---

① 据统计，5月13日，四川城镇1 000万居民选择公园、公共绿化带、街边广场、道路中央隔离带、河堤、学校操场等平整开阔地段，利用彩条布、广告布、农用薄膜、竹木板等连片搭建棚屋应急避险。5月12日晚，近万名群众在江油市李白大道、鸿安御景园等地段的厂房安置。资料来源于四川省民政厅提供的《汶川特大地震抗震救灾志（卷六）·灾区生活志》资料长编。

理念[①]的重要体现，也是推进国家治理体系和治理能力现代化的具体体现。这项工作需要立足社会治理体系来统筹考虑，并从国家层面出台相关政策。2015 年 10 月 8 日，民政部制定印发《关于支持引导社会力量参与救灾工作的指导意见》（以下简称《意见》），对统筹协调社会力量高效有序参与救灾工作，进一步提高救灾工作整体水平提出指导意见，并要求把支持引导社会力量参与救灾纳入政府灾害治理体系和综合防灾减灾规划，将社会力量参与救灾作为本地自然灾害救助应急预案的重要内容；主动为志愿参与救灾工作的社会力量提供政策咨询等服务，为救灾志愿者服务记录登记提供便利，促进有救灾宗旨的社会组织和救灾志愿服务活动健康快速发展；广泛宣传社会力量参与救灾工作的作用、意义、成效和典型事迹，表彰奖励并大力宣传救灾专业能力强、发挥作用好的社会组织和个人，营造社会力量参与救灾的良好氛围。[②] 这是政府主管部门首次将社会力量参与救灾工作纳入政府规范体系。作为国家公共政策的执行者，绵阳市同样需要在未来的防灾减灾中，将促进社会力量参与防灾减灾作为一项重要的工作内容。

7. 进一步提升公众的自救互救能力

历次大灾的经验都证实，在救助的各种方式中，自救、互救是最为重要的救助方式。“阪神・淡路大地震时，很多人被压在倒塌房屋下面，需要立刻得到救援。在救援器材和人手都极为不足的

① 公共管理强调政府与社会的共同治理，其涵义参见陈庆云：《公共管理研究中的若干问题》，载《中国人民大学学报》2001 年第 1 期，第 22—27 页。

② 参见《民政部制定印发〈关于支持引导社会力量参与救灾工作的指导意见〉》，http://www.gov.cn/xinwen/2015-10/10/content_2944638.htm。

情况下，许多人因当地居民的及时救援而得救。”[①]在汶川特大地震灾害中，在外部救援力量难以到达的时候，无论是受灾群众的自救转移，还是在骨干力量组织下的应急安置，无不体现出自救、互救的极端重要性。“更多的现场青壮年人员是最及时、最熟悉本地情况的重要救护力量，将会成为救助被埋压人员、疏散转运伤员和被困人员的主体，极大提高生命救援效率，从而减少诸如绵阳和成都等城区巨大的人员临时安置压力，避免震后几天后又动员群众返乡安置等复杂的组织工作。”[②]所以，对社区骨干力量进行防灾减灾领导力的培训，对社区公众开展止血、人工呼吸等应急治疗的自救互救技能的培训等，都是未来绵阳防灾减灾需要开展的重点工作。建议绵阳结合综合减灾示范社区建设和减灾宣传教育活动，将这项工作作为重点内容来抓。

8．推动科技减灾

绵阳市是党中央、国务院批准建设的我国唯一科技城，也是全国科技进步先进市、全国首批“三网融合”试点市、全国首批“促进科技和金融结合”试点地区、国家新型工业化产业示范基地、国家“智慧城市”试点市、国家信息消费试点市，2014 年成功获批“国家首批北斗卫星导航产业区域重大应用示范城市”。[③] 截止到 2010 年，绵阳就拥有以中物院为代表的大型军工科研院所 18 家，两院院士 26 名，享受政府特殊津贴、有突出贡献的专家 800 多名，各类

---

① 王柯：《“阪神大震灾”的教训与“创造性复兴”》，北京：中国民主法制出版社 2009 年版，第 211—212 页。

② 郭伟等：《汶川特大地震应急管理研究》，成都：四川人民出版社 2009 年版，第 221 页。

③ 参见《绵阳市 2014 年国民经济和社会发展计划执行情况及 2015 年计划草案的报告》，http://www.my.gov.cn/MYGOV/150643022969700352/20150309/1306402.html。

专业技术人才17万多名。[①] 所有这些都表明,绵阳是一个科技发展水平极高和科技人才汇聚的地方。在科技方面拥有如此得天独厚的优势,在未来的发展中,与中央、四川省科技减灾部门联动支持,利用好这些科技力量,无疑会极大地提升绵阳的防灾减灾救灾能力。建议在未来的发展中,绵阳将科技在防灾减灾救灾中的应用,以及推进减灾科技产品的研发,作为今后防灾减灾救灾的一项重要内容。

---

① 《吴靖平在政协绵阳市五届六次会议闭幕时的讲话》,2010年1月17日,载《绵阳年鉴(2010)》,http://www.my.gov.cn/MYGOV/145812876978814976/20150821/1450819.html。

主要参考书目

学术著作

1. 阿建:《在难中——深度访谈北川乡镇书记》,北京:人民文学出版社 2009 年版。

2. 陈庆云:《公共政策分析》,北京:中国经济出版社 1996 年版。

3. 〔日〕大岳秀夫:《政策过程》,傅禄永译,北京:经济日报出版社 1992 年版。

4. 〔美〕道格拉斯·C. 诺思:《制度、制度变迁与经济绩效》,杭行译,上海:格致出版社、上海三联书店、上海人民出版社 2014 年版。

5. 邓国胜等:《响应汶川——中国救灾机制分析》,北京:北京大学出版社 2009 年版。

6. 〔美〕E. R. 克鲁斯克、〔美〕B. M. 杰克逊:《公共政策词典》,唐理斌等译,上海:上海远东出版社 1992 年版。

7. 冯俏彬:《应急财政——基于自然灾害的资金保障体系研究》,北京:经济科学出版社 2012 年版。

8. 俸锡金、王东明:《社区减灾政策分析》,北京:北京大学出版社 2014 年版。

9. 〔美〕弗莱蒙特·E. 卡斯特、〔美〕詹姆斯·E. 罗森茨韦克:《组织与管理——系统方法与权变方法》(第四版),傅严等译,北京:中国社会科学出版社2000年版。

10. 傅证祥等:《近代亚洲巨大灾害地震选编》,北京:地震出版社2011年版。

11. 谷雪:《公共危机的政策分析》,北京:北京大学出版社2014年版。

12. 郭虹、庄明:《NGO参与汶川地震过渡安置研究》,北京:北京大学出版社2009年版。

13. 郭伟等:《汶川特大地震应急管理研究》,成都:四川人民出版社2009年版。

14. 国家减灾委员会、科学技术部抗震救灾专家组:《汶川地震社会管理政策研究》,北京:科学出版社2008年版。

15. 国家减灾委员会、科学技术部抗震救灾专家组:《汶川地震综合分析与评估》,北京:科学出版社2008年版。

16. 国家科委全国重大自然灾害综合研究组:《中国重大自然灾害及减灾对策(总论)》,北京:科学出版社1994年版。

17. 胡宁生:《现代公共政策研究》,北京:中国社会科学出版社2000年版。

18. 黄承伟、Thomas Bonschab:《〈汶川地震灾后恢复重建总体规划〉实施社会影响评估》,北京:社会科学出版社2010年版。

19. 黄承伟:《贫困村灾后重建案例报告选集》,武汉:华中科技大学出版社2012年版。

20. 〔美〕卡特·W. 尼克:《灾害管理手册》,许厚德主译,北京:地震出版社1993年版。

21. 〔美〕莱斯特·M. 萨拉蒙:《公共服务中的伙伴——现代福利国家中政府与非营利组织的关系》,田凯译,北京:商务印书馆2008年版。

22. 李成言等:《廉政政策分析》,北京:北京大学出版社2002年版。

23. 李飞:《中华人民共和国突发事件应对法释义》,北京:法律出版社2007年版。

24. 李立国、陈伟兰:《灾害应急处置与综合减灾》,北京:北京大学出版社2007年版。

25. 李宁、吴吉东:《自然灾害应急管理导论》,北京:北京大学出版社 2011 年版。

26. 李学举:《灾害应急管理》,北京:中国社会出版社 2005 年版。

27. 李雪萍:《灾后社区重建中的公共产品供给》,武汉:华中师范大学出版社 2011 年版。

28. 连玉明:《汶川案例·应急篇》,北京:中国时代经济出版社 2009 年版。

29. 连玉明:《汶川案例·重建篇》,北京:中国时代经济出版社 2009 年版。

30. 刘斌、王春福等:《政策科学研究(第一卷)·政策科学理论》,北京:人民出版社 2000 年版。

31. 〔美〕罗伯特·K. 殷:《案例研究方法的应用》(第 3 版),周海涛、夏欢欢译,重庆:重庆大学出版社 2014 年版。

32. 〔美〕罗伯特·K. 殷:《案例研究:设计与方法》(第 2 版),周海涛等译,重庆:重庆大学出版社 2010 年版。

33. 〔美〕罗伯特·希斯(Robert Heath):《危机管理》,北京:中信出版社 2004 年版。

34. 罗登亮:《汶川地震灾后住房恢复重建的法律选择——以"政府—市场"关系为视角》,北京:法律出版社 2010 年版。

35. 毛寿龙、李竹田等:《省政府管理》,北京:中国广播电视出版社 1998 年版。

36. 绵阳市地方志办公室:《绵阳年鉴 2011》,北京:方志出版社 2011 年版。

37. 绵阳市地方志办公室:《绵阳年鉴 2012》,北京:方志出版社 2012 年版。

38. 绵阳市地方志办公室:《绵阳年鉴 2010》,北京:方志出版社 2010 年版。

39. 绵阳市地方志办公室:《绵阳年鉴 2013》,北京:方志出版社 2013 年版。

40. 绵阳市地方志办公室:《绵阳年鉴 2014》,北京:方志出版社 2014 年版。

41. 绵阳市地方志办公室:《绵阳年鉴 2009》,北京:方志出版社 2009 年版。

42. 民政部救灾司、民政部政策法规司、国务院法制办公室政法劳动社会保障法制司:《自然灾害救助条例释义》,北京:中国社会出版社 2010 年版。

43. 秦玉琴等:《新世纪领导干部百科全书(第 3 卷)》,北京:中国言实出版社 1999 年版。

44. 〔美〕R. M. 克朗:《系统分析和政策科学》,陈东威等译,北京:商务印书馆1985年版。

45. 〔美〕塞缪尔·亨廷顿:《变化社会中的政治秩序》,王冠华等译,北京:三联书店1989年版。

46. 孙绍骋:《中国救灾制度研究》,北京:商务印书馆2004年版。

47. 汤大华、毛寿龙等:《市政府管理》,北京:中国广播电视出版社1997年版。

48. 童星等:《中国应急管理:理论、实践、政策》,北京:社会科学文献出版社2012年版。

49. 汪寿阳等:《突发性灾害对我国经济影响与应急管理研究——以2008年雪灾和地震为例》,北京:科学出版社2010年版。

50. 王宏伟:《突发事件应急管理:预防、处置与恢复重建》,北京:中央广播电视大学出版社2009年版。

51. 王柯:《"阪神大震灾"的教训与"创造性复兴"》,北京:中国民主法制出版社2009年版。

52. 谢庆奎等:《中国地方政府体制概论》,北京:中国广播电视出版社1995年版。

53. 谢庆奎等:《中国政府体制分析》,北京:中国广播电视出版社1995年版。

54. 徐颂陶、徐理明:《走向卓越的中国公共行政》,北京:中国人事出版社1996年版。

55. 许文惠等:《危机状态下的政府管理》,北京:中国人民大学出版社1998年版。

56. 〔以〕叶海卡·德罗尔:《逆境中的政策制定》,王满船等译,上海:上海远东出版社1996年版。

57. 〔美〕詹姆斯·布里克利、〔美〕克雷佛·史密斯、〔美〕杰诺德·施泽曼:《管理经济学与组织架构》,北京:人民邮电出版社2005年版。

58. 张国庆:《现代公共政策导论》,北京:北京大学出版社1997年版。

59. 张金马:《政策科学导论》,北京:中国人民大学出版社1992年版。

60. 张曙光:《中国制度变迁的案例研究》(第 1 集),上海:上海人民出版社 1996 年版。

61. 中国地震局监测预报司:《汶川 8.0 级地震科学研究报告》,北京:地震出版社 2009 年版。

62.《中华人民共和国国家标准:自然灾害基本术语》,北京:中国标准出版社 2011 年版。

63. 中华人民共和国国务院新闻办:《中国的减灾行动》,北京:外文出版社 2009 年版。

64. 钟开斌:《风险治理与政府应急管理流程优化》,北京:北京大学出版社 2011 年版。

65. 周庆:《汶川次生灾害与地表破裂带调查》,北京:地震出版社 2011 年版。

66. 周晓丽:《灾害性公共危机治理——基于体制、机制和法制的视界》,北京:社会科学文献出版社 2008 年版。

学术论文

67. 冯俏彬、贾康:《权益—伦理型公共产品:关于扩展的公共产品定义及其阐释》,载《经济学季刊》2009 年第 3 期。

68. 胡鞍钢:《特大地震灾害的应对周期》,载《清华大学学报(哲学社会科学版)》2008 年第 4 期。

69. 李帆:《灾难中的安全家园——从日本东北地区地震谈中小学校防灾涉及》,载《建筑与文化》2009 年第 4 期。

70. 李讯、卢翰华:《关于汶川地震灾后重建规划的几点思考》,载《城市发展研究》2009 年第 4 期。

71. 谢永刚、高建国:《我国重大灾害救援与重建举国体制及评价》,载《中国井冈山干部学院学报》2013 年第 6 期。

72. 余慧:《汶川灾区历史文化名城灾后价值分析与保护机制》,西南交通大学博士论文,2012 年。

73. 张欢、任婧玲、刘倩:《析灾后救助政策公平感的影响因素——基于汶川地震的实证研究》,载《南京大学学报(哲学·人文科学·社会科学版)》2011 年第 3 期。

74. 赵延东:《社会资本与灾后恢复——一项自然灾害的社会学研究》,载《社会学研究》2007 年第 9 期。

内部资料

75.《绵阳市抗震救灾志灾后重建篇》(征求意见稿)。

76. 绵阳市重建委办公室、绵阳市委政策研究室:《绵阳市抗震救灾和恢复重建经验启示录》,绵新出内(2012)字第 80 号,2012 年 4 月。

77. 四川省灾后恢复重建委员会办公室:《四川灾后恢复重建案例集》,2010 年 9 月。

78.《汶川地震应急处置与救援阶段评估报告》项目组:《汶川地震应急处置与救援阶段评估报告》,2009 年 5 月。

79.《汶川特大地震抗震救灾志(卷六)·灾区生活志》资料长编。

80.《汶川特大地震绵阳市抗震救灾志》(征求意见稿)。

81.《汶川特大地震绵阳市民政局抗震救灾志》编纂委员会:《汶川特大地震绵阳市民政局抗震救灾志》,2011 年 7 月。

82. 中共绵阳市委党史研究室:《绵阳市抗震救灾重建家园实录》,2009 年 6 月。

后 记

时间过得真快。自课题启动以来，一年半的时间一晃而过。从最初的粗放框架，到今天通过终审即将送印的精细书稿，这其中每一步都凝结了各位课题组成员的心血和汗水，凝聚着所有关心课题进展的人们的殷切希望。此时此刻，我们最大的愿望是这本案例研究能够让读者有所收获，为推进绵阳市和我国防灾减灾事业的发展尽一份绵薄之力。

本课题由民政部国家减灾中心和四川省减灾中心共同完成，国家减灾中心负责课题研究方案的编制，以及概论、灾害损失和灾害影响、应急救灾、过渡性安置、灾后实践和未来发展部分的研究和书稿撰写；四川省减灾中心负责恢复重建部分的研究和书稿撰写。

本课题凝聚着众人的力量。在整个项目研究过程中，我们始终得到课题相关单位，以及诸多专家、学者和实际工作者的支持。可以说，没有他们的支持、帮助和鼓励，要在这么短的时间内完成这样一项研究是难以想象的。

感谢民政部国家减灾中心、四川省减灾中心和绵阳市民政局，他们为我们开展课题研究提供了大力的支持。

感谢国家行政学院应急管理案例研究中心主任钟开斌教授、国务院发展研究中心社会发展研究部副研究员喻东博士、北京大学出版社副编审高桂芳博士、北京师范大学减灾与应急管理研究院副教授徐伟博士、防灾科技学院副教授徐国栋博士、《汶川特大地震抗震救灾志(卷六)·灾区生活志》特聘专家王国庆老师，他们为本课题研究提供了学术指导，并对本课题的研究成果进行了初审和复审。

感谢绵阳市民政局各位领导及有关工作人员，他们不仅为本课题顺利开展做了大量协调工作，提供了大量原始资料及研究素材，而且作为汶川特大地震抗震救灾的亲历者，为我们还原了当时的诸多情形，并对课题研究和书稿撰写提出了很多很好的建议。

最后，由衷地感谢国务院应急管理专家组组长、国家减灾委专家委副主任闪淳昌教授，他在百忙之中欣然为本书作序，这是对我们最大的支持和鼓励！

作为课题组成部分，本书是集体智慧的结晶。俸锡金提出本书写作框架，并负责全书最后统稿。各章节撰写分工如下：第一章由俸锡金撰写；第二章由袁艺撰写；第三章第一、四节由赵飞撰写，第二节由王丹丹撰写，第三、五节由袁艺撰写；第四章第一、二节由刘乃山撰写，第三、四节由徐璨撰写；第五章第一节由刘英撰写，第二节由曹蓉撰写，第三、四节由鲜圣撰写；第六章由徐富海撰写。此外，袁艺、徐璨还承担了部分章节的统稿工作。

在课题研究和书稿撰写过程中，我们参考和引用了不少绵阳市各相关单位编写的经验材料或编纂的志稿资料。在此，一并表示衷心的感谢！

本书得以顺利出版,与北京大学出版社的支持分不开。在这里,再次感谢北京大学出版社副编审高桂芳博士,他为本书出版付出了大量的心血。

作者水平有限,欢迎读者批评指正。

"汶川特大地震抗震救灾案例研究
——以四川省绵阳市为例"课题组
2016 年 3 月 16 日